RENCONTRES

346

Vertiges de la vitesse

Actes du colloque « Vertiges de la vitesse » organisé du 19 au 20 mars 2015
par l'Institut de recherche en langues et littératures européennes (ILLE)
à l'université de Haute-Alsace, publiés avec le soutien de l'ILLE (EA 4363)

Vertiges de la vitesse

Sous la direction de Peter Schnyder
et Frédérique Toudoire-Surlapierre

PARIS
CLASSIQUES GARNIER
2018

Peter Schnyder est professeur émérite de l'université de Haute-Alsace et préside la fondation Catherine Gide. Il a publié plusieurs ouvrages sur André Gide. Ses dernières publications sont *De l'écriture et des fragments. Fragmentation et sciences humaines* (Paris, 2016, avec Frédérique Toudoire-Surlapierre), et *André Gide, Maria van Rysselberghe. Correspondance 1899-1950* (Paris, 2016, avec Juliette Solvès).

Frédérique Toudoire-Surlapierre est professeure de littérature comparée à l'université de Haute-Alsace et directrice de l'Institut de recherche en langues et littératures européennes (ILLE, EA 4363). Elle est notamment l'auteure de *Que fait la critique ?* (Paris, 2008), *Le Comparatisme, un univers en 3D ?* (Paris, 2012), *Oui/Non* (Paris, 2013) et *Colorado* (Paris, 2015).

ISBN 978-2-406-07082-5 (livre broché)
ISBN 978-2-406-07083-2 (livre relié)
ISSN 2103-5636

INTRODUCTION

> La mesure du monde est notre liberté. Savoir que le monde autour de nous est vaste, en avoir conscience, même si on ne pratique pas ce monde, est un élément de la liberté et de la grandeur de l'homme[1].

L'expression *Vertiges de la vitesse* maintient – dans son titre – cette ambiguïté profonde que nous connaissons aujourd'hui, tant nous sommes pris dans cette curieuse course à la vitesse, dans cette recherche constante de vélocité qui semble bien être une spécificité occidentale. Parler de vitesse, c'est proposer un sujet dans l'air du temps (l'accélération des corps et des machines, le rythme effréné de nos journées en attestent). L'expression peut être entendue au sens littéral, la vitesse possédant toute une cohorte de corollaires : l'accélération, la dynamique, l'envol, la mobilité, l'impulsion, la poussée en avant… Autant de notions adjuvantes et concurrentielles à la fois. La vitesse est une appréhension de la temporalité, motivée par la volonté d'aller vite et/ou de gagner du temps. Nous nous sommes intéressés aux rapports entre culture et progrès, entre vitesse et vision du monde, entre vitesse et création. Du mythe d'Icare au paradoxe d'Achille (et de la tortue), de *Fast and furious*, *Odyssée 2000* au plus récent *Gravity*, la mobilité a toujours attiré les artistes et les écrivains. L'accélération est l'un des grands enjeux de la technique et de la modernité. Aussi est-il permis de dire que depuis l'industrialisation, les nouveaux moyens de locomotion et les exploits de l'aéronautique, la vitesse semble l'avoir définitivement emporté sur la lenteur, à l'instar des incitations constantes à ne pas *perdre du temps*. Peut-être peut-on y voir une explication dans le fait que le Christianisme a proposé puis

1 Entretien de Paul Virilio dans la revue *Études*, « L'ère de la vitesse et des grandes migrations », février 2009, p. 36.

imposé une approche temporelle diamétralement opposée à celle du monde antique : le temps du mythe est un temps cyclique, répétitif, alors que le temps chrétien est téléologique. Le Christianisme a favorisé et généralisé la construction et l'installation des horloges permettant de synchroniser le temps liturgique, plus tard le temps social et le temps privé. Les usines feront de même, cherchant à rentabiliser le travail des ouvriers[2]. Le temps est devenu une valeur, elle doit être *mise à profit*.

Parler de *Vertiges de la vitesse* présuppose que la vitesse pousserait à l'excès. Voyons comment. La vitesse est plurielle. Rapide, elle est de l'ordre du réflexe. La vitesse est *ontologique* (elle est innée), mais elle est aussi une façon de se projeter. Elle est mécanique, il en existe toute une scientificité : la vitesse de la lumière est d'abord une formule mathématique (qui se mesure en année-lumière ou en km/s), la vitesse absolue (vitesse de la lumière) *versus* la vitesse relative (vitesse de la machine). Elle postule un certain rapport à la terre, une façon particulière de *s'y mouvoir*, mais plus profondément aussi *d'y prendre place*. Ce n'est pas un hasard si l'on trouve des réflexions sur la vitesse dans *Mille Plateaux* et si cette lecture même provoque des *vertiges* : la vitesse ferait-elle *perdre la tête* ? Il est patent qu'elle possède un impact corporel, psychologique et physiologique. Elle est littéralement *vertigineuse*, vertige dont elle tire sa fascination. Paul Virilio insiste sur cet aspect : « Bien des astronautes qui ont tourné autour de la terre en orbite ont éprouvé une sorte de vertige dans leur propre relation à eux-mêmes. La conquête de l'espace a été une expérimentation du délire et de la perte de la terre[3]. » La rapidité crée un sentiment d'étroitesse du monde (comme des vêtements devenus trop petits). Elle rend le monde insupportable tel qu'il est, suscitant une sensation de promiscuité. La vitesse a tendance à *gullivériser la terre* dont *Alice au pays des merveilles* constitue l'un des plus fameux archétypes narratifs. Est-ce à dire que la vitesse irait de pair avec le monde de l'enfance ? C'est fort possible : il suffit de penser au vertige dans l'ascenseur de Monsieur Hulot dans *Play Time* de Jacques Tati. D'autre part, la vitesse renforce un processus de virtualisation : elle a tendance à rendre le monde imaginaire. C'est ainsi qu'on peut comprendre la puissance ontologique et esthétique du vertige des hauteurs. La vitesse

2 Le temps de travail régulier d'un ouvrier est de 14 heures avant 1900 ; à Paris, les ouvriers et les ouvrières travaillent souvent debout et doivent se lever très tôt pour arriver à l'heure.

3 Paul Virilio, *Cybermonde, la Politique du pire*, Paris, Textuel, 2001, p. 44.

embarque avec elle. Son image-mouvement emblématique pourrait être le film *Vertigo*, où le vertige a directement à voir avec la névrose, mais aussi avec l'esthétisation des images. Ces exemples suffisent à montrer combien la vitesse est liée à la création, et plus précisément encore avec *l'esthétique*. Les avant-gardes sont des mouvements artistiques qui ont justement *pris de vitesse* les formes et les genres (en bouleversant les codes et les règles). Ce n'est pas un hasard si les théories littéraires et poétiques *foisonnent* de vitesse : que ce soient le vitalisme, le simultanéisme ou encore le futurisme… Et pourtant. La vitesse semble *contre-intuitive* en littérature et le livre est sans doute l'image la plus éloquente de ce paradoxe : la lecture nécessite de la lenteur, de même que l'écriture, la réflexion, la démonstration. Toutefois, lorsque Gilles Deleuze commente, le 11 août 1972, un livre d'Hélène Cixous intitulé *Neutre*, il qualifie ce livre « d'écriture stroboscopique » en ce qu'il requiert une lecture rapide : « Les difficultés qu'éprouverait un lecteur lent fondent à la vitesse accrue de la lecture[4]. » La vitesse constituerait un mode de lecture bénéfique, et par là une façon d'être ou d'entrer en relation avec le monde (entendez le monde littéraire).

L'accélération est pandémique, elle se manifeste dans tous les domaines de la vie. Elle étend son emprise de telle sorte que toute volonté d'arythmie ou de désynchronisation semble suspecte ou impossible. Il en résulte une aliénation qui menace de se muer en totalitarisme. La quête de la vitesse est inhérente à la pensée du capitalisme. Hartmut Rosa distingue trois types d'accélération : technique, sociale, rythme de vie. Il y a accélération lorsque le temps de la narration est plus court que le temps de la fiction. En établissant un lien entre croissance et accélération, il montre que « la pénurie de temps n'est pas due au progrès technologique, mais au fait que la croissance est plus importante que l'accélération[5] ». L'accélération sociale est un processus qui englobe la technologie comme l'un des moyens pour y parvenir, car elle permet la circulation des marchandises et l'affirmation de circuits de compétition. Le progrès technique élargit notre horizon et nos possibilités de vie, il change la perception des possibles et des obstacles. Les sociétés occidentales associent croissance, accélération et

---

4 Claude Pichois, *Littérature et progrès. Vitesse et vision du monde*, Genève, La Baconnière, 1973, p. 48.

5 Hartmut Rosa, *Aliénation et accélération. Vers une théorie critique de la modernité tardive*, Paris, La Découverte, « Théorie critique », 2012, p. 33.

innovation, ce qui n'est autre que la logique même du capitalisme. Le sujet du capitalisme est un sujet qui s'adonne à l'accélération, avec ce paradoxe d'être soumis à des cadences toujours plus rapides auxquelles il s'efforce de répondre en s'appropriant la vitesse, en devenant un sujet de la vitesse, rapide, capable de se mobiliser de lui-même. Or, le temps est la seule chose qui ne peut pas être multipliée : on peut compresser le temps, mais on ne peut pas l'étendre. Tout le paradoxe de nos sociétés réside dans le fait qu'elles sont fondées sur l'idée de croissance (alors même que le temps ne peut pas croître). C'est pour cette raison qu'Adorno considère que l'accélération est un problème structurel de notre société. Paul Virilio parle de ce « futurisme de l'instant » qui n'est autre qu'une « accélération du réel ». L'accélération est également sociale : la société se dévoile à comprendre dans une lutte dialectique entre des forces d'accélération et des institutions vouées à dépérir dès lors qu'elles sont un frein à ces accélérations. Les machines permettent *d'économiser* un temps considérable dont l'homme ne profite pas. La vitesse suscite une mystérieuse dialectique dont le paradoxe reste la diminution constante de temps, car au lieu de stabiliser l'accélération, de profiter de ce que les machines font à notre place, nous voulons toujours plus, nous laissant enivrer par les vertiges de la vitesse.

L'accélération s'autoalimente, elle s'hystérise même : rythme effréné, dénonciation de la lenteur, refus de toute vacance… Le temps a anéanti l'espace : l'accélération des déplacements donne le sentiment que l'espace terrestre s'est rétréci. La vitesse dérègle notre rapport au monde et notamment ce que Virilio appelle notre « *mapping* mental[6] », notre carte mentale (la vitesse suscite ses néologismes). Elle modifie notre perception intérieure de l'espace : si je vais trop vite d'un point à un autre, il n'y a rien dans ma carte mentale ; « Plus je vais vite au bout du monde, plus j'en reviens vite et ma carte mentale se réduit à rien. » Effectivement, l'un des effets concrets de la vitesse réside dans le fait que lorsqu'on parcourt, survole ou surplombe la terre, on a l'impression d'avoir accès à un monde grandeur nature. Paul Virilio évoque le cas d'Howard Hughes, ce milliardaire américain qui a effectué, en juillet 1938, le tour du monde à bord de son avion en 91 heures et 14 min. Ce vol a eu un double effet : un effet immédiat et un second à long terme. En faisant ce tour du monde, il survole par surprise l'Allemagne malgré

6 Paul Virilio, *op. cit.*, p. 43.

l'interdiction d'Hitler, de sorte qu'à son retour à New York il est accueilli en héros. Second effet : à la fin de sa vie, il s'immobilise et s'enferme littéralement, refusant de « sortir ni de bouger de son "*desert-in*", en l'occurrence de son hôtel de Las Vegas[7] ». Paul Virilio attribue cette dépression à son vécu de la vitesse : il a été « un homme-planète » et « a identifié le monde à son corps ». Serait-ce là un effet retors de la vitesse, avoir désacralisé la terre en la miniaturisant (ce qui présupposerait qu'il avait une image symbolique agrandie de la terre) ? Ce second effet de la vitesse (à long terme) qui serait son danger : elle « réduit la grandeur du monde ». Dans un volume intitulé *Vitesses limites*, Emmanuel Mahé insiste sur l'impact anthropologique de la vitesse :

> La vitesse n'est plus une simple mesure permettant de quantifier des mouvements quelconques, elle est devenue une manière de penser et de pratiquer l'évolution de la société en y soumettant chacun de ses éléments constitutifs [...] soumis à cette pression si particulière d'une vitesse polymorphe, une vitesse devenue « atmosphérique[8] ».

Il fait écho aux analyses de Paul Virilio qui s'interroge sur l'impact anthropologique et ontologique de l'accélération de nos déplacements. Il voit dans la vitesse le signe du vieillissement du monde : « La vitesse, c'est la vieillesse du monde[9] », elle rend sensible « l'épuisement d'un monde fini ». C'est pour cela qu'elle provoque « un état d'urgence ». La vitesse est aussi un instrument de contrôle des libertés. Elle rend sensible le principe des limites, ce que Michel Foucault a appelé « le grand enfermement » et qui correspond à deux idées : un monde clos et un fonctionnement carcéral. Le monde clos fonctionne du point de vue géographique : on est trop à l'étroit et notre seule issue serait la découverte d'une exoplanète (ce sont les arguments-types des discours de la vitesse). Mais ce monde clos fonctionne aussi du point de vue temporel.

Dès lors, considérer que toute vitesse est un progrès est une erreur existentielle, puisqu'elle nous fait sentir nos limites et notre fin. On peut ainsi s'interroger sur la nature de ce progrès qu'on appelle vitesse. Loin d'être certain qu'il nous libère, quel est ce progrès qui nous déplace ? Liberté et rapidité ne sont pas synonymes. Le mouvement n'est pas

7 *Ibid.*, p. 43-44.

8 Emmanuel Mahé, « Une vitesse infinie », dans Alain Fleischer (éd.), *Vitesses limites*, Paris, Seuil, « Le genre humain », n° 49, 2010, p. 56.

9 Paul Virilio, *Vitesse et politique. Essai de dromologie*, Paris, Galilée, 1977, p. 200.

forcément un signe de libération. La vitesse possède ses détracteurs : elle est un « piétinement bruyant » (« *rasender Stillstand*[10] »). On peut s'en étonner. Pourquoi *penser la vitesse* nous conduit-il ainsi à *critiquer* la vitesse, voire à la *moraliser* ? Cette posture critique est d'autant plus étonnante qu'elle est associée dans nos sociétés au « progrès ». Pourquoi, adhérant à un système économique et commercial de la vitesse (l'automobile, le *fast-food*, les téléphones portables, les achats en ligne…), sommes-nous conduits à le dévaloriser ? La vitesse permet à l'être humain de dépasser, mais par là même, il se sent dépassé. Est-ce à dire que la vitesse déstabilise l'*ego* ? Quelle est donc cette *inquiétude* liée au vertige de la vitesse ? Pour mieux la cerner, *prenons le temps* de nous (re)poser la question : la vitesse est-elle un gain, une perte ? Il existe de fait tout un discours sur les phobies de la vitesse, à l'instar des théories de Georges Friedmann dans *La Crise du progrès. Esquisse d'une histoire des idées (1895-1935).* Les phobies de la vitesse sont un élément de cohésion sociale. Le sociologue allemand Hartmut Rosa insiste sur le changement des mentalités suscité par la vitesse. Selon Paul Virilio, elle a provoqué trois révolutions : la révolution des transports au XIXe siècle, la révolution des transmissions au XXe siècle et la révolution des transplantations (actuellement[11]). Paul Virilio contextualise fortement la vitesse en l'inscrivant dans une chronologie et même une histoire et en faisant dépendre les trois révolutions les unes des autres, ce qui peut paraître paradoxal : la chronologie n'est-elle pas l'antithèse même de la vitesse (qui est de l'ordre du synchrone et du simultané) ? Il confère, en outre, à la révolution des transports une place inaugurale et décisive. On se souvient que lors de son voyage en Italie, Goethe fait l'expérience de ce qu'il appelle la rapidité épouvantable (« *die entsetzlichste Schnelle* ») des voitures de poste qui dévalent des Alpes, pour alors s'exclamer : « *Alles veloziferisch*[12] ! » L'écrivain allemand ne pouvait pas deviner la révolution à venir des moyens de locomotion, à commencer par le chemin de fer, longtemps considéré comme relevant du domaine de Lucifer, comme l'automobile ou l'aéronautique, vision qui finit par céder à un véritable culte de la vitesse qui trouva son point culminant avec les avant-gardes précédant la Première Guerre mondiale

10 Paul Virilio, *Rasender Stillstand* [*L'Inertie polaire*, C. Bourgois, 1990], München, Hanser, 1992.

11 Paul Virilio, *La Vitesse de libération*, Paris, Galilée, 1995, p. 23.

12 Manfred Osten, *« Alles veloziferisch » oder Goethes Entdeckung der Langsamkeit*, Francfort sur Main, Insel, 2003.

et notamment le futurisme, qui inscrivit la vitesse dans son programme et en fit une philosophie conquérante[13]. En considérant que la révolution des transports est la première des révolutions, Paul Virilio fait ainsi du passage de la vitesse animale à la vitesse machinale le fondement (le point de départ) de la vitesse. Parler de vitesse animale présuppose que la vitesse pose une question de métabolisme[14]. Shakespeare ne dit rien d'autre quand il fait prononcer à Richard III le fameux « Mon Royaume pour un cheval », indiquant implicitement que quiconque possède un cheval est à même d'en conquérir un autre (de Royaume).

L'enjeu de ce volume a consisté à examiner ce que les écrivains disent de la vitesse. Dans quelle mesure fonctionne-t-elle comme une force libératrice ? Une première intuition consiste à poser que la vitesse *permet de passer outre*, qu'elle contribue à *dépasser les bornes* et *les limites*, mais également de *se dépasser* : aller *soi-même* plus loin que l'on n'aurait été *de soi-même.* Du point de vue du sujet, la vitesse est un déplacement sublimé, elle est un dépassement en soi. Mais est-ce qu'elle *libère*, suivant le présupposé d'une « vitesse de libération », eu égard au titre d'un des essais de Paul Virilio ? Au-delà du simple motif ou support de déplacement, que *provoque* la vitesse en termes de création littéraire ou artistique ? Que suscite-t-elle du point de vue fictionnel ? Comment se transforme-t-elle en dynamique narrative ? Il existe une *cadence fictionnelle*, par exemple l'enchaînement des péripéties. En quoi la vitesse peut-elle contribuer à une théorie littéraire, à une démarche critique ou herméneutique ? Sur le plan formel, on peut distinguer des formes littéraires lentes et d'autres rapides. La vitesse se place du côté du *synthétique*, elle est surplombante. Imposant d'aller à l'essentiel, elle s'apparente au résumé, à la condensation, à la concision, à la réduction. Cette concision va de pair avec ce que Hartmut Rosa appelle une « compression du présent » qui rend les choses obsolètes. Celui-ci établit une corrélation entre accélération et modernité, situant la vitesse dans le sillage baudelairien : « La modernité, c'est le fugitif, le transitoire, le contingent, la moitié de l'art dont l'autre moitié est l'éternel et l'immuable. » Si la vitesse

13 On se rappelle notamment la phrase de Marinetti dans son « Manifeste du Parti futuriste italien » (*L'Italia futurista*, 3e année, n° 39, 1918) : « Le mouvement artistique futuriste, avant-garde de la sensibilité artistique italienne, est nécessairement toujours *en avance sur la lente sensibilité du peuple.* »

14 Ainsi, les grandes marques de voitures ont choisi un animal pour les figurer : lion, loup, jaguar…

n'est qu'*un* des critères de la modernité (il en existe d'autres : la révolte, l'engagement, le progrès), notons qu'elle les confirme tous. La vitesse doit également être saisie dans un enjeu (concurrence) entre la *technè* (technique) et la nature : elle impose de se demander ce que provoque le progrès technique sur la création. La technique est une façon de dominer la nature, d'en tirer profit. Sa relation à la technologie fascine les artistes, d'autant plus que ceux-ci redoutent d'être pris de vitesse par l'art de l'ingénieur ou le design industriel.

Un poème peut être bref, il n'en est pas pour autant forcément rapide. Son organisation s'y oppose. C'est qu'il travaille avec des figures qui exigent une compréhension à plusieurs niveaux. Comprendre ce qui fait gagner du temps, le recours à la condensation, au raccourci, à l'allusion, à la prétérition, en coûte. Il faut d'abord comprendre l'ensemble pour cerner le fonctionnement de la parole poétique et ses enjeux. Un poème a besoin de temps. Le poème se lit et se comprend, il n'est pas possible de le saisir « d'emblée ». De plus, il est fait d'au moins deux temporalités : celle de sa création et celle de son actualisation par la lecture. Nous pouvons distinguer le temps du poème et le temps évoqué, un peu comme on distingue, dans le roman, « *Erzählzeit* » et « *Erzählte Zeit* ». Sa vitesse (*tempo*) et sa durée dépendent du sujet (*Gegenstand*). Faisant partie d'une codification propre, le poème résiste à la vitesse qui est l'apanage de notre temps.

Sans faire abstraction de la rapidité d'un mouvement, d'un regard, d'un geste, d'une apparition fulgurante, bref d'un instant terrifiant ou gratifiant, inoubliable, le poète travaille *contre* la vitesse. Il est capable de montrer la fuite inexorable du temps. Mais prenons ces vers, de *I died for Beauty*, d'Emily Dickinson :

> *We talked between the Rooms –*
> *Until the Moss had reached our Lips –*
> *And covered up – our names –*

Nous nous rendons compte que le poème parvient à dire le temps, et ici, la lente destruction de tout – hormis le poème lui-même. Prenons le poète italien Giuseppe Ungaretti. L'une des proses du recueil *À partir du désert*, « Élée et le printemps », demande une attention particulière. Le texte évoque la ville d'Élée, près de Salerne, dont parle également Saint-John Perse, et qui fut, voilà deux mille ans, « *una comoda città* ».

« Cette colline, un jour, avant que ne se retirât la mer, s'y est mirée : voilà mille ans, quand paraissaient encore, entre ici et Palinuro, les vestiges d'une ville à son aise[15]. » Où est la vitesse, puisque le texte évoque une longue durée de mille ans et plus ?

Si le poème rend visible le passé et l'épaisseur du temps, il est également capable de capter l'instant, c'est ce que suggère Baudelaire dans *À une passante* :

> Longue, mince, en grand deuil, douleur majestueuse,
> Une femme passa [...]
> *Un éclair*... puis la nuit ! – Fugitive beauté
> Dont le regard m'a fait *soudainement* renaître,
> Ne te verrai-je plus que dans l'éternité[16] ?

Dans la version en vers de « L'Horloge », le poème se présente comme un *memento mori* insistant sur le profit qu'il y a lieu de tirer de toutes les minutes, au vu de la mort certaine. Dans le poème en prose, le narrateur insiste au contraire sur le temps vertical de l'instant qu'il rapproche d'un sentiment d'éternité. La comparaison de ces deux poèmes nous fournit quelques éléments d'analyse concernant la vitesse. D'un côté, le poème en vers est un *memento mori* très affirmé. De l'autre, le texte en prose renverse cette donnée téléologique et en fait un présent pur. Ce n'est pas pour rien que Gaston Bachelard a parlé du temps vertical de la poésie. Ce temps est un temps subjectif, ressenti ; il ne se laisse pas dominer par les horloges. Quand le « je » lyrique du poème en prose baudelairien doit donner l'heure, il ne regarde pas le cadran, mais l'œil de son amie où il voit « une heure immobile qui n'est pas marquée sur les horloges, et cependant légère comme un soupir, rapide comme un coup d'œil ». Il voit une heure qui se fixe hors du temps : « Oui, je vois l'heure : il est l'Éternité[17] ! »

Avant Baudelaire, les romantiques français ont déjà tenté de dominer le temps : pourquoi tout va-t-il si vite quand on est heureux, quand on est amoureux, et si lentement quand on s'ennuie, quand on souffre ?

---

15 *Ibid.*, p. 84 et n. Jean Lescure a traduit une pièce de *La Terre promise* par « Récitatif de Palinure » (*Vie d'un homme*, *op. cit.*, p. 251-252) : à notre avis, « *Palinuro* » établit une aura qui n'est en rien antiquisant, mais accroît la charge poétique du vers.

16 Charles Baudelaire, « Tableaux parisiens », XCIII, dans *Les Fleurs du mal*, éd. d'Y.-G. Le Dantec, revue par Claude Pichois, Paris, Gallimard, « Bibliothèque de la Pléiade », 1961, p. 88 *sqq*.

17 *Ibid.*, p. 212.

Éternité, néant, passé, sombres abîmes,
Que faites-vous des jours que vous engloutissez ?
Parlez : nous rendrez-vous ces extases sublimes
Que vous nous ravissez[18] ?

Cette méditation sur le temps devient réflexion sur la vitesse :

Temps jaloux, se peut-il que ces moments d'ivresse,
Où l'amour à longs flots nous verse le bonheur,
S'envolent loin de nous de la même *vitesse*
Que les jours de malheur[19] ?

Le mouvement futuriste s'impose dès lors qu'on réfléchit aux rapports de la vitesse et de la littérature. N'est-ce pas LE mouvement de glorification de la vitesse que Marinetti a immortalisé (donc paradoxalement fixé) dans ses différents *Manifestes* ? Pour les futuristes, les artistes doivent être des accélérateurs dans leur domaine. La vitesse est une drogue dure, il existe une addiction de la vitesse qui s'apparente à son potentiel spectaculaire et esthétique. « Une grande vitesse est une reproduction artificielle de l'intuition analogique de l'artiste. Omniprésence de l'imagination sans fil = vitesse. Génie créateur = vitesse[20]. » Elle est une stimulation de l'imagination, elle est libération des images. Ce texte de Marinetti s'intitule « La nouvelle religion-morale de la vitesse ». Ses formules sont particulièrement frappantes : « La vitesse en ligne droite est massive, vulgaire, *inconsciente*. La vitesse dans le virage, et après le virage, est la vitesse rendue agile, *consciente*. » Mais il ne s'agit pas de n'importe quelle vitesse : « Courir Courir Courir Voler Voler Danger Danger Danger Danger à droite et à gauche en haut en bas dedans dehors flairer respirer boire la mort. » On voit apparaître ce qui pourrait être un des effets de la vitesse : la poétisation ; la vitesse exacerbe la sensibilité poétique. « Victoire de notre moi sur les perfides complots de notre poids, qui veut assassiner en traître notre vitesse en la traînant dans une bouche d'immobilité. Vitesse = éparpillement + condensation du moi. » Marinetti insiste sur les multiples vertus (forces) de la vitesse : sa beauté essentielle, son pouvoir d'échappée, la vitesse désintègre le moi. Il cite le début de la quatrième proposition du manifeste fondateur publié dans le *Figaro*

18 Alphonse de Lamartine, « Le Lac », dans *Méditations poétiques*, 1820.
19 *Ibid.* Nous soulignons.
20 Dans son *Nouveau manifeste* (1916).

du 20 février 1909 : « Nous déclarons que la splendeur du monde s'est enrichie d'une beauté nouvelle : la beauté de la vitesse. Une automobile de course avec son coffre orné de gros tuyaux tels des serpents à l'haleine explosive, [...] une automobile rugissante, qui a l'air de courir sur de la mitraille, est plus belle que *La Victoire de Samothrace.* » Un peu plus loin, il ajoute : « Après l'art dynamique, la nouvelle religion-morale de la vitesse naît dans cette année futuriste de notre grande guerre libératrice. La morale chrétienne a servi à développer la vie intérieure de l'homme. Elle n'a plus de raison d'exister aujourd'hui, puisqu'il s'est débarrassé de tout le divin. [...] Seule la vitesse peut tuer le vénéneux clair de lune, nostalgique, sentimental, pacifiste et neutre. Italiens, soyez rapides et vous serez forts, optimistes, invincibles, immortels. » Marinetti fait l'apologie d'une « grande guerre libératrice ». Il confère à la vitesse une connotation nietzschéenne, celle du surhomme avec sa puissance dionysiaque. La vitesse permet aussi de régler son compte à une certaine littérature (sentimentale, nostalgique et tournée vers le passé).

La vitesse n'est jamais seulement une forme littéraire, elle possède quelque chose d'une *arme de guerre.* La formule de Proust est connue : « On disait qu'à une époque de hâte convenait un art rapide, absolument comme on aurait dit que la guerre future ne pouvait pas durer plus de quinze jours. » Proust effectue une analogie entre le principe de la guerre éclair et l'éclair de génie. D'une manière sous-jacente, il associe la vitesse à la *conquête*, qu'elle soit technique ou spatiale, vitesse de déplacement des humains et des machines (train, voiture, avion) ou vitesse de propagation des données. On a suffisamment rappelé qu'il reprenait là la phrase-clé de *Louis Lambert* de Balzac : « Toute poésie procède d'une rapide vision des choses[21] », qui n'est autre que la transcription littéraire de l'expression « jeter un coup d'œil ». Or, dans les faits, la Première Guerre mondiale fut moins une guerre de vitesse que de piétinement, d'enfouissement, de boue qui fige. Ce qui a eu comme effet de libérer la vitesse du positivisme. La Première Guerre mondiale a provoqué une rupture épistémologique en désolidarisant la vitesse du progrès, faisant par là même de la vitesse une mesure en soi, un instrument de mesure en quelque sorte, suscitant une *rupture esthétique* dans le domaine de l'art : alors que jusque là, on avait une approche positiviste et visuelle de la vitesse, après la guerre, c'est plutôt le télescopage d'images, l'esthétique

21 Voir l'essai de François Bon, *Proust est une fiction*, Paris, Seuil, « Fiction & Cie », 2013.

du choc, de l'accident, ou encore le *feed-back* (la motricité de l'effet retour ou *boomerang*) qui sont mis en évidence :

> Lenteur coupable des foules dominicales et des lagunes vénitiennes. *La vitesse* ayant pour essence la synthèse intuitive de toutes les forces en mouvement est naturellement *pure*. L'analyse rationnelle de toutes les fatigues en repos est naturellement *immonde*. Après la destruction de l'antique Bien et de l'antique Mal, nous créons un nouveau Bien : la vitesse, et un nouveau Mal : la lenteur. Vitesse = synthèse de tous les courages en action. Agressive et guerrière. Lenteur = analyse de toutes les prudences stagnantes. Passive et pacifiste. Vitesse = dépassement des obstacles, désir du neuf et de l'inexploré ; modernité, hygiène. Lenteur = arrêt, extase, adoration immobile des obstacles, nostalgie du déjà-vu, idéalisation de la fatigue, et du repos, pessimisme à propos de l'inexploré[22].

Marinetti oppose lenteur et vitesse et son opposition est à la fois manichéenne et orientée. Il semble toutefois que la vitesse *ne puisse pas exister* sans la lenteur, elle en a besoin (ne serait-ce que pour se mettre en valeur). Et surtout, comment ne pas se rappeler que la lenteur a eu ses heures de gloire (littéraire) ? On pense évidemment à la célèbre fable de La Fontaine « Le Lion et le Rat », ainsi qu'au « Lièvre et la Tortue ». Présentée comme un sujet de moquerie et de dévalorisation dans « Le Lièvre et la Tortue », la lenteur induit deux types de comportements : la suffisance de la part du lièvre (comme du lion) qui a toute confiance dans sa vitesse et sa force ; la ténacité et la persévérance de la part de la tortue et du rat. Or, si la lenteur de la tortue l'emporte sur la vélocité du lièvre, c'est parce qu'elle *ne va pas seule :* la tortue pallie sa lenteur par d'autres qualités qui sont *partie prenante* de celle-ci, elles sont ses corollaires, des espèces d'adjuvants antagonistes. « De quoi vous sert votre vitesse ? » s'exclame la tortue triomphante au lièvre qu'elle vient de battre : à rien effectivement, si celle-ci ne vaut que *pour elle-même*, autrement dit si elle est perçue comme une force suffisante en soi, un avantage *tellement suffisant* qu'il fait mépriser tout le reste (la vitesse suscite un complexe de supériorité). Au contraire, la lenteur de la tortue renvoie l'animal à sa faiblesse et à son infériorité. L'infériorité n'est pas une capitulation : rappelons-nous que c'est la tortue qui a proposé une course au lièvre. C'est elle qui veut lutter contre la vitesse et passer outre son handicap. La lenteur, chez La Fontaine, nous invite à ne pas nous

22 Filippo Tommaso Marinetti, *Nouveau Manifeste*, *op. cit.*

contenter de notre force (ou de ce que nous percevons comme telle), mais à utiliser au contraire nos faiblesses comme autant de nécessités pour se diversifier. La lenteur est une conscientisation de nos fragilités. Il n'est pas anodin que la tortue « se hâte avec lenteur ». Chez La Fontaine, le dernier mot est celui qu'on retient : « Rien ne sert de courir, il faut partir à point. » La lenteur (toute relative) de la fable dit avant tout les vertus de la lenteur de l'écrit, des mots, de la pensée. Loin d'être seulement une fable enfantine ou bien pensante, la lenteur est plus profondément *éthique*, elle est moins une façon grandiloquente de voir la vie que de se comporter humblement *dans* la vie : la lenteur incarne les vertus d'humilité, de prudence certes, mais pour autant qu'elles revêtent avec panache la constance, le zèle, la persévérance… La lenteur est un état *précieux* dans lequel on dispose de suffisamment de temps pour *faire ce qu'on doit faire :* c'est le temps qui nous reste après qu'on a tout fait. Dans *Les Années d'apprentissage de Wilhelm Meister*, Goethe prône la progression lente, la recherche du perfectionnement :

> L'art est long, la vie brève, le jugement malaisé, l'occasion fugitive. Agir est facile, penser est difficile ; agir selon la pensée est laborieuse. Tout commencement est aimable, le seuil est le lieu d'attente[23].

C'est aussi ce que suggère Jacques Réda dans son « Éloge modéré de la lenteur » : plutôt que de « prendre le temps de vitesse », comme ceux qui « se retrouveront spectateurs ahuris de leur passé », il faut accepter de se « laisser prendre de vitesse par le temps ». Se détachent quelques modalités poétiques et existentielles de la vitesse. Réda joue sur les mots : il emploie des expressions qui sont des catachrèses, autrement dit des expressions figées : prendre le temps de vitesse, se laisser prendre de vitesse. Le choix du chiasme (temps/vitesse – vitesse/temps) suggère un piétinement par l'image du cercle ou le retour à la case départ. Mais c'est à l'intérieur de ce cercle que Réda délivre une réflexion intéressante sur la vitesse, comme une façon d'être les « spectateurs ahuris de leur passé ». La vitesse n'est donc pas une projection, mais un *flash-back*. Beauté poétique et définitive de la lenteur.

Andante. La lenteur est une musique comme les autres, insiste Paul Virilio. Elle est une donnée musicale où elle renvoie à une question

23 Johann Wolfgang Goethe, *Les Années d'apprentissage de Wilhelm Meister*, « Le brevet d'apprentissage », chap. VII, éd. de Hambourg, Paris, Gallimard, 1999, p. 607.

de *tempo*. En musique, la question n'est pas de choisir la vitesse ou la lenteur, mais de jouer à la *bonne* allure : « L'économie politique de la vitesse s'appelle la musique[24]. » La musique est l'organisation du temps et des rythmes (et ce par le son et par la perception auditive). La donnée musicale de la vitesse nous incite à relativiser les discours alarmistes sur la vitesse ou l'accélération, en nous demandant surtout pourquoi les communautés ont intérêt à véhiculer ce type de discours. Comment ces discours négatifs sur la vitesse s'articulent-ils avec les représentations esthétiques de celle-ci ? La culture confirme-t-elle ce penchant alarmiste ou déjoue-t-elle au contraire, voire renégocie-t-elle certaines des valeurs de la vitesse ? Ce serait trop beau (ou trop simple), mais la musique n'est pas totalement dénuée d'axiologie concernant la vitesse et la lenteur. Contrecarrant un éloge de la virtuosité sans doute trop attendu concernant Chopin, Gide préconise la lenteur d'exécution. Il faut jouer Chopin avec lenteur et incertitude « sans cette insupportable assurance que comporte un mouvement précipité. C'est une promenade de découvertes, et l'exécutant ne doit point trop prêter à croire qu'il sait d'avance ce qu'il va dire, ni que tout cela est écrit déjà[25] ». Plus encore, Gide associe lenteur d'exécution et ralenti filmique :

> Nous avons pu voir au cinéma la surprenante grâce que pouvait prendre tel geste de l'homme ou des animaux, présenté au ralenti. Insaisissable lorsque le mouvement est rapide. Il ne s'agit pas ici (encore qu'on le puisse) de ralentir à l'excès le *tempo* de la musique de Chopin. Il s'agit tout simplement de ne pas la presser, de lui laisser son mouvement naturel, aisé comme une respiration[26].

Ce commentaire musical sur la lenteur du jeu fait écho à ce propos de Roland Barthes : un jour, il entend par hasard sur France Musique, le 22 juillet 1979, Blandine Verlet jouer la 4e *Partita* de Bach, une *partita* qu'il affectionne tout particulièrement et qu'il joue « lentement » : « Elle est alors profonde, moelleuse, sensuelle et tendre, très chantante. » Mais ce qu'il entend ce jour-là s'en éloigne :

> La claveciniste la joue 3 ou 4 fois plus vite, au point que je mets du temps à la reconnaître ; tous les caractères précédents sont perdus ; telle petite phrase adorablement chantante n'est même plus repérable – La claveciniste est

24 Paul Virilio, *Vitesse et politique. Essai de dromologie*, *op. cit.*, p. 206.
25 André Gide, *Notes sur Chopin*, Paris, NRF/Gallimard, « Blanche », 1948, p. 18.
26 *Ibid.*, p. 34.

> informée, intelligente, elle a sûrement raison. Mais quel dommage, quelle déception ! – ceci renvoie au problème : déchirement de qui ne prend plaisir que dans les déformations, les contre-sens. Et aussi : manière « moderne » de refuser la sensualité (goût à la mode de la musique baroque, rejet de la musique romantique[27]).

Notons le paradoxe : dans une interprétation à rebours, Barthes prend la rapidité de jeu de la claveciniste comme un signe juste et un signe qui va contre lui. La vitesse d'exécution est un moment de révélation pour lui qui y voit le *signe* qu'il n'est pas en accord avec son temps, qu'il a été *pris de vitesse* par son époque, autrement dit qu'il est *démodé*.

Le monde contemporain semble avoir effectivement fait le choix de la vitesse, par une logique du « toujours plus », par une apologie de la rentabilité et de l'efficacité, de sorte que se dessine un trajet littéraire et poétique de la vitesse (qui fait aller de plus en plus vite). La modernité a permis de développer toute une *esthétique de la vitesse* – pensons à ces arts de la vitesse de la prise de vue : le cinéma avec ses 24 images/seconde, ou encore la photo qui est un instantané visuel découlant d'une accélération de la prise de vue. Plus encore, la vitesse possède un *genre artistique réservé*, c'est « l'art cinétique », mouvement d'art contemporain issu de l'abstraction fondé sur le caractère changeant de l'œuvre, son mouvement apparent ou réel. *Nu descendant un escalier* de Marcel Duchamp (1912) est une représentation (corporelle) *prise de vitesse* par rapport au *mouvement*. Marcel Duchamp « représente le mouvement le moins fluide, le plus décomposé. Avec ce nu, l'apparente vélocité est contredite par l'agglutinement, l'agrégation des perceptions optiques, il provoque la première accélération par voie négative[28] ». Cette toile ne doit pourtant pas nous tromper. La vitesse est une notion que les artistes peintres aiment davantage nommer que représenter. Elle s'exprime davantage par ses signifiants que par ses signifiés[29]. C'est une notion qui vaut par ses représentations plus que par son contenu. La vitesse est une *affaire de mots*. Le moins que l'on puisse dire est qu'elle leur fait de l'effet puisqu'elle transforme les mots en des *projectiles*.

---

27 Ces anecdotes sont relatées par Tiphaine Samoyault dans sa récente biographie intitulée *Roland Barthes*, Paris, Seuil, « Fiction & Cie », 2015, p. 133-134.

28 Patrick Javault, « Vitesse de l'art », dans Patrick Javault et Jean de Loisy (éd.), *La Vitesse* [catalogue d'exposition], Fondation Cartier éditeur, 1991, p. 92.

29 Nicolas Surlapierre, « Métabolisme ou mieux vaut courir », introduction au Catalogue *Kilomètres/heure. Utopies automobiles et ferroviaires (1913-2013)*, éd. de Nicolas Surlapierre, Belfort, Éditions Mare & Martin, 2013, p. 23.

Dans *L'Art du moteur*, Paul Virilio réunit la séduction, la machine et l'esthétique. La séduction de la machine réside dans le fait qu'elle représente « l'état d'intensité plastique organisé[30] ». Il existe une plasticité de la vitesse qui émane de sa puissance mécanique et énergétique. Ce n'est pas un hasard si on associe la notion d'*aérodynamique* à une beauté fuselée, profilée. Fernand Léger est sensible à la beauté agressive de la vitesse : « Si je me place face à la vie, avec toutes ses possibilités, j'aime ce qu'il est convenu d'appeler l'état de guerre qui n'est autre que la vie au rythme accéléré[31]. » La fascination martiale exercée par la vitesse mérite qu'on s'y revienne. La vitesse confine à l'obsession, telle *une passion prométhéenne*. Selon Jean-Philippe Domecq, elle connote une « force prométhéenne qui exige son lot de victimes[32] », d'où son héroïsation. L'intensité esthétique de la vitesse est prégnante dans des films célèbres tels que *La Fureur de vivre* ou *Fast and furious*. Difficile à stabiliser, extrêmement dépendante des contingences, du contexte, la vitesse a tout d'une époque. Chaque époque a donc *sa vitesse*, qu'elle projette dans un *objet-fétiche*, reflet d'obsessions temporelles qui sont autant de symptômes de celle-ci (la voiture, le train, le parachute, la navette spatiale...). Associée à la voiture, elle connote explicitement la virilité – sinon le machisme – de la vitesse, ce que l'on repère dans toute une mythification de la mort en voiture de sport (ou en avion). Ce rapprochement entre vitesse et virilité n'est pas seulement anecdotique, il problématise le rapport entre vitesse, idéologie et politique. « La vitesse est le pouvoir même[33] » insiste Paul Virilio. L'un des enjeux actuels consiste à *contrôler sa vitesse* (le contrôle connotant la maîtrise et la puissance). Lorsque Paul Virilio parle de « politique de la vitesse », il pense à l'accélération des informations et des transports, à la compression des délais, à la périssabilité des données. Le rapport de la politique à la vitesse passe par la Cité (*polis* en grec). Il existe toute une économie et une justice de la vitesse. La noblesse est une classe de la vitesse (comme la chevalerie), alors que la démocratie est un système politique qui demande du temps (délibérer, se concerter, arriver à un consensus). Or précisément, l'un des défis de la démocratie grecque a consisté à construire le navire le plus rapide de l'époque. De

30 Paul Virilio, *L'Art du moteur*, Paris, Galilée, 1993, p. 63.

31 Fernand Léger, *L'Esthétique de la machine. L'ordre géométrique et le vrai* [1924], Paris, Gallimard, « Folio essais », 1997, p. 107.

32 Jean-Philippe Domecq, *Ce que nous dit la vitesse* [1994], Paris, Pocket, 2013, p. 123.

33 Paul Virilio, *Cybermonde*, *op. cit.*, p. 16.

même, un tournant majeur du XIXe siècle réside dans la révolution des transports, révolution qui va avoir plusieurs effets : d'abord, la mise en œuvre d'une vitesse industrielle, faisant passer nos sociétés de la géopolitique à la chronopolitique ; ensuite, la valorisation d'une esthétique de la disparition ; et enfin, l'effet mystique et/ou impact religieux. La vitesse détient trois des attributs du divin : l'ubiquité, l'instantanéité, l'immédiateté. Elle incarne une « dilatation mondialisée du présent » dont deux des effets sont l'omnivoyance et l'omnipotence.

Pour prolonger encore les enjeux politiques et idéologiques de la vitesse, on se souvient que Deleuze et Guattari définissent l'État comme « un appareil qui ralentit tous les mouvements[34] ». Strier l'espace consiste surtout à limiter la vitesse, à régler les circulations, à « relativiser le mouvement », d'où « sa force de gravité ». La gravité est « l'essence de l'État » :

> Ce n'est pas du tout que l'État ignore la vitesse ; mais il a besoin que le mouvement même le plus rapide cesse d'être l'état absolu d'un mobile qui occupe un espace lisse, pour devenir le caractère relatif d'un « mû » allant d'un point à un autre dans un espace strié. En ce sens, l'État ne cesse de décomposer, recomposer et transformer le mouvement, ou de régler la vitesse[35].

Un champ social « ne cesse pas d'être animé de toutes sortes de mouvements de décodage et de déterritorialisation qui affectent des "masses" suivant des vitesses et des allures différentes[36] ». Les philosophes rapprochent les concepts en termes de vitesse et de lenteur : « C'est la vitesse et la lenteur, le mouvement et le repos qui se subordonnent, non seulement les formes de structure, mais les types de développement[37]. » L'État est un « appareil de capture » : il ne cherche pas seulement à capturer ce qui existe déjà, il *crée* ce qu'il capture. L'enjeu de l'État consiste à mettre au point des structures sédentaires qui sont autant de tentatives d'immobilisation auxquelles les lignes de fuite font sédition. Pourtant, Deleuze a été sensible à l'attraction intellectuelle et émotionnelle de la vitesse. Le 2 décembre 1980, il commence son cours sur « Les vitesses relatives de la pensée » en s'appuyant sur la notion d'intuition chez Spinoza : c'est l'idée d'une

34 Gilles Deleuze et Félix Guattari, *Mille plateaux. Capitalisme et schizophrénie 2*, Paris, Minuit, « Critique », 1980, p. 266.

35 *Ibid.*, p. 479-480.

36 *Ibid.*, p. 268.

37 *Ibid.*, p. 311-312.

« pensée ayant la vitesse de l'éclair », d'une « pensée à une vitesse absolue », s'opposant au présupposé philosophique selon lequel la pensée *prend du temps*. Deleuze oppose la vitesse de l'affect à la lenteur de la démonstration. Outre le lien puissant qu'il met en évidence entre émotion et rapidité, Deleuze est sensible au fait que la vitesse s'apparente à une manière de penser qui va de pair avec l'impatience, mais aussi avec l'intensité. Penser vite, est-ce penser bien ? Est-ce penser juste ? Penser à tout ? N'est-ce pas au contraire penser à tort et à travers ? Il convient d'interroger la validité de l'expression populaire « vite fait bien fait ». Que signifie pour l'esprit (la réflexion) la vitesse ? Et puis, comment penser la vitesse, dès lors qu'elle est conçue comme une notion fuyante, instable, évolutive, difficile à saisir dans un concept ? Il convient d'examiner le rapport entre la vitesse et l'esprit. Le *virtuel* est l'une des modalités pensives de la vitesse (c'est manifeste dans notre monde postmoderne). Et l'importance qu'on accorde aujourd'hui à la virtualité participe de la valorisation de la vitesse de la pensée. Parce que la virtualité est actuellement l'une des modalités pandémiques de la vitesse, elle a tendance à survaloriser la *vitesse de la pensée*. Celle-ci s'apparente à ce qu'on appelle *l'intuition*, *l'idée fulgurante* ou encore *l'éclair de lucidité*, confirmant cette idée selon laquelle la vitesse permet d'aller à l'essentiel. La vitesse est plus qu'un mouvement, elle est une *disposition humaine*. Peut-on pour autant affirmer qu'il existe une connexion entre les progrès de la vitesse et l'image que l'on se fait (que l'on fabrique) du monde ? Paul Virilio insiste sur le fait que « la vitesse change la vision du monde ». Quels sont les rapports entre la vitesse et la vision ? « La vitesse donne à voir[38] » déclare-t-il dans *Cybermonde*, et un peu plus loin, il ajoute : elle « donne à voir et à concevoir ».

C'est pour cela que les discours qui prônent la vitesse sont souvent des discours de fin du monde ou des récits-apocalypses. La littérature joue un rôle dans les représentations de la vitesse, mais également dans la mise en place de ses implications symboliques. Si l'on considère que l'invention de l'écriture va de pair avec la sédentarisation des peuples, on peut poser qu'elle s'oppose, par sa nature, à la vitesse. La culture est un mouvement de sédimentation, elle nécessite du temps. « Culture veut dire lenteur, veut dire retard[39] » insiste pour sa part Harald Weinrich. La culture est « un contre-poison aussi contre l'omnipotence de la vitesse

38 Paul Virilio, *Cybermonde*, *op. cit.*, p. 22.

39 Harald Weinrich, *Le Temps. Le récit et le commentaire*, Paris, Seuil, « Poétique », 1973, p. 27.

dans presque tous les autres domaines de la société d'aujourd'hui ». La vitesse semble avoir conquis le champ littéraire où l'on assiste à un retournement de situations : il suffit de penser aux *cultures numériques*, ces cultures qui émanent de l'accélération voire de la pulvérisation des moyens de transmission des données, d'autant plus qu'elle va de pair avec leur profusion. La rapidité semble appeler la quantité. Mais ces cultures de la vitesse vont-elles passer aussi vite qu'elles sont arrivées ou vont-elles durer ? Dans quelle mesure n'est-ce pas une contradiction intrinsèque qu'une culture de la vitesse se pérennise ? Il convient d'analyser avec circonspection tous les discours *sur* la vitesse, qu'ils soient laudateurs ou méfiants, afin de cerner ses enjeux politiques et de comprendre à quelles stratégies idéologiques ils répondent. Selon Hartmut Rosa, toute nouvelle technologie d'accélération suscite « une forme de conflit culturel[40] ». Il en tire deux postulats : d'une part, la vitesse engage une transformation de la culture : elle n'est pas seulement un mode d'être au monde ou même de s'y déplacer, elle constitue une façon de se représenter précisément ce monde. De l'autre, cette transformation est perçue comme conflictuelle, suscitant des combats, des antagonismes… La vitesse provoque de nouveaux comportements : anthropologiques, communautaires, sociaux, culturels. Elle privilégie le *réflexe* à la *réflexion à long terme* – c'est pour cela qu'elle plaît tant aux surréalistes. Les effets *culturels* de la vitesse sont au centre de nos sociétés, comme le montre la prééminence des émotions (on considère que l'émotion est l'instantanéité par excellente) ; c'est pour cette raison que nos sociétés actuelles survalorisent tant les affects, les réactions d'humeur, les déclarations intempestives. De même, la prolifération d'images visuelles est un des effets culturels de la valorisation de la vitesse. Toute apparition visuelle est immédiate et totale, comme le montre l'exemple du paysage qu'on distingue d'un train. Rappelons-nous le début d'un poème de Verlaine, « Le paysage dans le cadre des portières » :

> Le paysage dans le cadre des portières
> court furieusement […]

Verlaine joue d'un triple effet de la vitesse : la métaphore, l'intensification, la fictionnalisation. Il fait sienne son éloquence suprême, capable, à elle seule, de *déclencher* une histoire aussi mystérieuse que poétique.

40 Hartmut Rosa, *Accélération. Une critique sociale du temps*, *op. cit.*, p. 53.

Si jouer contre la vitesse, c'est accepter d'être déjà démodé ou passé de mode, parler de la vitesse suppose au contraire de prendre la mode de court. Dans ses *Mythologies*, Roland Barthes fait l'esquisse de « la nouvelle Citroën » qu'il appelle « la Déesse (DS19) ». Elle s'apparente à « une nouvelle phénoménologie de l'ajustement, comme si on passait d'un monde d'éléments soudés à un monde d'éléments juxtaposés[41] » : il insiste sur l'importance de sa forme qui introduit « l'idée d'une nature plus facile[42] ». Elle suggère un goût de la légèreté, un nouvel aérodynamisme (moins massif, moins tranchant, plus étale). « La vitesse s'exprime ici dans des signes moins agressifs, moins sportifs, comme si elle passait d'une forme héroïque à une forme classique ». Roland Barthes souligne également deux signes contemporains de cette vitesse : l'exaltation de la vitre et la minceur. « On est passé d'une alchimie de la vitesse à une gourmandise de la conduite[43]. » Et il ajoute : « L'insigne fléché de la DS est un insigne ailé. » Diététique et transparente, légèreté et évanescente ; jusqu'à sa disparition programmée, la vitesse a fait siennes les valeurs du monde d'aujourd'hui.

La vitesse est un signe *du temps*, elle est signe *de son temps* (entendez de son époque). Dans ses *Mythologies* (1957), Barthes propose une entrée intitulée « L'homme-jet » qui fait l'apologie de la vitesse. L'homme-jet est « le pilote d'avion à réaction ». Mais d'abord, qui est cet homme-jet ?

> Il faut entrer ici dans un paradoxe, que tout le monde admet d'ailleurs très bien et consomme même comme une preuve de modernité ; ce paradoxe c'est que trop de vitesse se tourne en repos ; le pilote-héros se singularisait par toute une mythologie de la vitesse sensible, de l'espace dévoré, du mouvement grisant ; le *jet-man*, lui, se définira par une cénesthésie du sur-place (« à 2000 à l'heure, en palier, aucune impression de vitesse[44] »), comme si l'extravagance de sa vocation consistait précisément à *dépasser* le mouvement, à aller plus vite que la vitesse. [...L]e mouvement n'est plus une perception optique des points et des surfaces ; il est devenu une sorte de trouble vertical[45], fait de contractions, d'obscurcissements, de terreurs et d'évanouissements ; il n'est plus glissement, mais ravage intérieur, trouble monstrueux, crise immobile de la conscience corporelle[46].

41 Roland Barthes, *Mythologies*, *Œuvres complètes*, Paris, Seuil, 2002, t. I, p. 788.
42 *Ibid.*, p. 788.
43 *Ibid.*, p. 789.
44 Roland Barthes est en train de citer un article de *Paris Match*.
45 Ces mots font écho à notre définition des « vertiges de la vitesse ».
46 Roland Barthes, *Œuvres complètes*, *op. cit.*, t. I, p. 745.

Dans cet article de la mythologie du *jet-man*, Barthes a congédié la vitesse : rien dans la légende n'y fait substantiellement allusion. Contrairement à ce qu'on pourrait croire, le *jet-man* n'est pas un héros de la vitesse – il a perdu tout humanisme, *sa vitesse* n'est plus une aventure ni un destin –, tandis que, pour le héros de la vitesse classique, le mouvement était une *performance* allant de pair avec le courage. Le *jet-man* ne connaît ni aventure ni destin, mais une condition, dont la première des composantes est morphologique et corporelle : l'homme-jet est moins défini par son courage que par « sa combinaison en nylon gonflable », « son casque poli » qui lui font comme « une nouvelle peau » : la vitesse suscite « une plasticité de la chair ». Elle est le support d'un transfert d'espèces.

Les différents philosophes qui ont réfléchi sur l'accélération (Paul Virilio, Peter Sloterdijk, Hartmut Rosa) ont tous envisagé l'emballement de la vie moderne et les formes d'aliénation qui en découlent. La vitesse est tyrannie de l'urgence. Il n'est pas anodin (ni innocent) que l'urgence possède un corollaire économique : la productivité. La propagation des discours sur la vitesse peut être appréhendée comme un contrepoint de l'ennui et de l'inaction répondant à une stratégie de productivité. On a tendance à qualifier l'ennui négativement, il se présente comme un reproche adressé contre le sujet. Fidèle à l'étymologie d'ennui, *in odio esse*, celui qui dit : « Je m'ennuie » fait entendre « Je me nuis ». L'ennui est quelque chose en moi qui se reverse sur moi. Dans *L'Aventure, l'ennui, le sérieux*, Jankélévitch définit l'ennui comme un « intervalle d'indifférence », un temps « de suspension de l'intérêt et des désirs », un « intervalle dont on a l'impression qu'il dure, un temps qui semble suspendu, qui ne passe pas, une sensation douloureuse d'être profondément là où on est[47] ». Il s'agit d'une impression, subjective, mais également psychique. Heidegger, dans sa réflexion sur l'articulation entre l'être et le temps, considère que l'ennui est un symptôme, il émane du déséquilibre que l'on ressent entre ce que l'on voudrait faire de sa vie et la fadeur de son quotidien. Est-ce à dire que la vitesse a été inventée par l'homme pour être le contrepoint de son ennui ? La particularité de l'ennui est qu'il suscite chez le sujet un comportement *inverse* (qui est en réalité *adverse*) que l'on repère dans l'accumulation d'occupations urgentes. Significativement, *être désœuvré*, synonyme de s'ennuyer, signifie littéralement être *sans œuvre*. Est-ce à dire que l'œuvre serait l'expression

47 Vladimir Jankélévitch, *L'Aventure, L'Ennui, Le Sérieux*, Paris, Aubier, 1963, p. 55-56.

artistique que l'homme s'est inventée pour lutter contre la lenteur ? Nous nous sommes interrogés au cours de ces journées pour savoir si la fuite n'était pas l'une des modalités de la vitesse et s'il était possible par exemple de *fuir lentement*. Significativement, la littérature dépasse cet obstacle en conciliant les deux : l'ennui et son remède (l'aventure).

Du point de vue générique, le roman d'aventures se présente comme l'antidote du désœuvrement, le contrepoint que la littérature peut offrir pour lutter contre l'ennui. Le présupposé de ce genre littéraire est un principe de vitesse narrative. Le roman d'aventures multiplie les actions et les rebondissements, il enchaîne les péripéties de façon rythmée. Et le comble fictionnel de la vitesse est le récit d'anticipation. Significativement, la littérature possède un *genre de la vitesse* comme anticipation : la science-fiction. Il suffit de penser à Jules Verne qui, dans ses romans, a fait de la vitesse le sujet d'un système concurrentiel oscillant entre machine et machination. La vitesse correspond chez lui à deux tropismes (ce qui a d'ailleurs influencé Marinetti) : un goût profond pour les techniques, les potentialités de la technique et une fascination pour la planète. Michel Strogoff, pour prévenir le frère du tsar d'un danger imminent, doit parcourir le plus vite possible la distance entre Moscou et Irkoustk ; de même, *Le Tour du monde en 80 jours* repose sur un pari de vitesse.

C'est à ces quelques aspects de la vitesse que nous nous sommes attachés. Le lecteur trouvera dans ce volume les actes du colloque international et interdisciplinaire *Vertiges de la vitesse*, organisé par l'Institut de recherche en langues et littératures européennes (ILLE EA 4363) à l'université de Haute-Alsace du 19 au 20 mars 2015[48]. La vitesse n'est pas fortuite à Mulhouse, elle dynamise l'axe « Mobilité » qui constitue l'un des trois axes porteurs de la recherche à l'UHA. Son ouverture disciplinaire a permis d'interroger aussi bien l'esthétique, la technique, l'histoire, la poétique et la musique, même si les approches littéraires ont prévalu. Nous espérons que les auteurs interrogés et les problèmes étudiés répondront aux questionnements divers et multiples que l'on peut se poser, aujourd'hui, sur les vertiges de la vitesse. Évitons (fuyons) définitivement toute posture d'arrière-garde sur la vitesse, ce

---

48 Le sujet fait écho au colloque consacré à *Temps et roman* et, puisque la vitesse favorise le discontinu et le morcellement, à *L'Écriture et les fragments*. Voir Peter Schnyder et Frédérique Toudoire-Surlapierre (éd.), *L'Écriture du fragment dans les sciences humaines*, Paris, Classiques Garnier, 2015 et Peter Schnyder, *Temps et roman*, Paris, Orizons, « Universités », 2007.

serait se tromper littéralement de direction et ne pas comprendre à quel point se dévoile, avec la vitesse, une culture de la technique et de la technologie, quand il a semblé judicieux d'approcher d'un peu plus près ces *Vertiges de la vitesse* moins pour se laisser griser par ses pouvoirs (significativement la vitesse renverse, elle fait tourner la tête), que pour reprendre ses esprits : entendez pour que l'esprit reprenne le pas sur le pouvoir de la vitesse. « La vitesse donne finalement à la vie humaine un des caractères de la divinité : la ligne droite » déclarait Marinetti dans l'un de ses *Manifestes*. La vitesse nous apprend que le plus court chemin n'est pas la ligne droite, mais bien le plus rapide.

À quoi associe-t-on la vitesse aujourd'hui ? La circulation des informations, notamment sur la toile ? La vitesse est une « machine à circuler[49] » des informations, mais elle ne le fait pas incidemment. Elle remotive la relation entre vitesse et propagande. Avec la vitesse, on peut bombarder d'informations, ce qui est sans doute moins une façon de prévenir que d'empêcher de réfléchir. Souple, adaptable, polyvalent, l'homme lui-même a fait sienne la vitesse. L'homme (la femme) de demain sera *mobile* : capable de passer rapidement d'un univers à l'autre, autrement dit « en un clin d'œil », pour reprendre une expression qui n'est autre qu'une catachrèse de la mobilité verbale. Dans le monde des images, il existe déjà : c'est l'homme du *zapping* qui s'est affranchi des distances en se dispensant de les parcourir. Et parce qu'une des tentations (dérives) de la vitesse réside dans ce désir (humain) d'établir des records, nous finirons (pour commencer) par une petite question : quel est le comble de la vitesse ?

Frédérique Toudoire-Surlapierre
et Peter Schnyder
ILLE EA 4363
Université de Haute-Alsace

49 Nicolas Surlapierre, « Métabolisme ou mieux vaut courir », dans *Kilomètres/heure*, *op. cit.*, p. 37.

BIBLIOGRAPHIE

BAUDRILLARD, Jean, *La Pensée radicale*, Paris, Sens & Tonka, 2001.

BEHNE, Klaus-Ernst, *Der Einfluss des Tempos auf die Beurteilung von Musik*, Cologne, Arno Volk Verlag Hans Gerig, 1972.

BLAY, Michel, *L'Homme sans repos. Du mouvement de la Terre à l'esthétique métaphysique de la vitesse (XVIIe-XXe siècle)*, Paris, Armand Colin, 2002.

CARDONNE-ARLYCK, Élisabeth, *Véracités. Ponge, Jaccottet, Roubaud, Deguy*, Paris, Belin, « L'extrême contemporain », 2009.

FABBRI, Véronique, *Paul Valéry, le poème et la danse*, Paris, Hermann, « Savoir lettres », 2009.

GAUTHIER, Michel et CADIOT, Olivier, *Le Facteur vitesse*, Paris, Les Presses du réel, 2004.

GNAM, Andrea, *Die Bewältigung der Geschwindigkeit Robert Musils Roman* « Der Mann ohne Eigenschaften » *und Walter Benjamins* « Spätwerk », Munich, W. Fink Verlag, « Musil-Studien », 1999.

GUIDO, Laurent, *L'Âge du rythme. Cinéma, musicalité et culture du corps dans les théories françaises des années 1910-1930*, Lausanne, Payot, « Cinéma », 2007.

LÈBRE, Jérôme, *Vitesses*, Paris, Hermann, « Le Bel Aujourd'hui », 2011.

LONGUET, Sophie, *Couleurs, foudre et lumière chez Dante*, Paris, Champion, « Essais sur le Moyen Âge », 2009.

MILAN, Serge, *L'Antiphilosophie du futurisme. Propagande, idéologie et concepts dans les manifestes de l'avant-garde italienne 1909-1944*, Lausanne, L'Âge d'Homme, 2009.

NSIAH, Lydia, *Hybrid Fotofilm. Dem Sehen Zeit und Raum geben*, Wien, Berlin, Verlag Turia & Kant, 2011.

PANY, Doris, « L'antipasséisme de F. T. Marinetti. Rejet de l'histoire et glorification de la vitesse », dans *Écrire, ou la présence du passé.* Actes de deux colloques tenus aux universités de Caen et de Göttingen, réunis par Gérard Gengembre, Franziska Meier et Francine Wild, Caen, Presses universitaires de Caen, 2012, p. 149-164.

PICHOIS, Claude, *Vitesse et vision du monde : littérature et progrès, essai*, Genève, La Baconnière, « Langages », 1973.

RAKUSA, Ilma, *Langsamer! Gegen Atemlosigkeit, Akzeleration und andere Zumutungen*, Vienne, Literaturverlag Droschl, 2008.

RAMAT, Christine et NOVARINA, Valère, *La Comédie du verbe*, Paris, L'Harmattan, « Critiques littéraires », 2009.

ROSA, Harmut, *Beschleunigung. Die Veränderung der Zeitstrukturen in der Moderne*, Francfort, Suhrkamp, TB Wissenschaft, 2005.

SOLLERS, Philippe, « Vitesse de Sartre », dans *Fugues*, Paris, Gallimard, 2012, p. 446-449.

STUDENY, Christophe, *L'Invention de la vitesse*, Paris, Gallimard, « Bibliothèque des histoires », 1995.

THOIZET, Évelyne, *Les Mailles du filet ou* Le Temps immobile *de Claude Mauriac*, Paris, Classiques Garnier, « Études de littérature des XXe et XXIe siècles », 2013.

VIRILIO, Paul, *Le Grand accélérateur*, Paris, Galilée, « L'espace critique », 2011.

VIRILIO, Paul, *Le Futurisme de l'instant. Stop-Eject*, Paris, Galilée, « L'espace critique », 2009.

VIRILIO, Paul, *La Vitesse de libération. Essai*, Paris, Galilée, « L'espace critique », 1995.

YEH, Sonja, *Anything goes? Postmoderne Medientheorien im Vergleich. Die grossen (Medien–) Erzählungen von McLuhan, Baudrillard, Virilio, Kittler und Flusser*, Bielefeld, Transcript Verlag, « Edition Medienwissenschaft », 2013.

PREMIÈRE PARTIE

ESTHÉTIQUE DE LA VITESSE

LES MOTS POUR DIRE LA VITESSE

Dans ce colloque consacré aux « vertiges de la vitesse », je voudrais simplement vous inviter à enfourcher *prestement* vos *vélocipèdes* pour un circuit linguistique que nous ne parcourrons pas trop *vite*, donc sans trop nous *hâter*, afin de ne pas être atteints de *tachycardie*. Chemin faisant, nous examinerons *rapidement* un certain nombre de mots français et leur origine éventuelle latine ou grecque pour mieux cerner cette notion de « vitesse ».

Je prendrai comme point de départ un texte d'un humaniste français du XVIe siècle, Jacques Amyot, connu particulièrement comme traducteur de Plutarque, le « gros Plutarque à mettre mes rabats » des *Femmes Savantes*. La première des *Vies des hommes illustres* est celle de Romulus. Plutarque y raconte la légende de Romulus et de Rémus et la fondation de Rome. Il rapporte la querelle entre les deux frères et le meurtre de Rémus qui avait franchi, contrairement aux consignes de Romulus, le fossé destiné à encercler l'emplacement de la future ville. Plutarque évoque plusieurs sources pour cet événement. Selon certains, c'est Romulus lui-même qui aurait frappé son frère, selon d'autres c'est un de ses compagnons, un certain Celer, qui dut s'exiler ensuite. Plutarque explique son nom en disant :

> Ἀπ'ἐκείνου τοὺς ταχεῖς οἱ Ῥωμαῖοι καὶ ὀξεῖς κέλερας ὀνομάζουσι.
>
> « C'est de son nom que les Romains appellent *celeres* les gens *rapides* et *vifs* » [*Romulus*, 10, 3].

Plus loin, il écrit à propos des *Celeres*, corps de trois-cents cavaliers, garde rapprochée de Romulus :

> Ἦσαν δὲ περὶ αὐτὸν ἀεὶ τῶν νέων οἱ καλούμενοι Κέλερες ἀπὸ τῆς περὶ τὰς ὑπουργίας ὀξύτητος [*Romulus*, 26, 2].

Amyot donne la traduction suivante pour ce texte (« Vie de Romulus », 1559-1565) :

> « Ayant toujours à l'entour de lui des jeunes hommes que l'on appelait *Celeres*, c'est-à-dire *vistes*, pour la grande *promptitude* et *célérité* de laquelle ils exerçaient ses mandements. »

J'ai choisi ce texte parce qu'Amyot y traduit du grec qui lui-même traduit du latin. En effet, Plutarque est un écrivain de langue grecque qui a vécu à l'époque impériale (Ier siècle après J.-C.) et qui, dans ses *Vies des hommes illustres*, fait un parallèle systématique entre un grand homme grec et un grand homme romain (Ainsi Romulus est le pendant romain de Thésée, Cicéron de Démosthène, César d'Alexandre, etc.) et explique à son public hellénophone un certain nombre de termes romains spécifiques. Ici, il s'agit d'expliquer pourquoi les *Celeres* s'appellent ainsi. Plutarque ne précise pas, contrairement à Denys d'Halicarnasse, autre écrivain grec d'époque romaine, que cette garde rapprochée aurait eu comme premier commandant le fameux Celer, mais pour lui l'origine des deux noms propres, *Celer* et les *Celeres*, ne fait aucun doute, c'est l'adjectif *celer*, « rapide », « viste/vite » comme l'écrit Amyot, mis en relation avec les substantifs « promptitude » et « célérité ».

Pour ceux que la transposition du latin en grec amuserait, nous noterons que Plutarque latinise les terminaisons de l'adjectif en lui donnant un nominatif pluriel en -ες, ce qui correspond à l'usage latin, mais un accusatif en -ας qui, s'il est conforme à l'usage de la troisième déclinaison grecque, ne correspond nullement à l'usage latin qui garde la forme en *-es*.

En tout cas Plutarque donne des équivalents grecs intéressants ταχεῖς (de ταχύς) et ὀξεῖς (de ὀξύς) ainsi que le substantif ὀξύτητος (de ὀξύτης, dérivé de ὀξύς).

LES MOTS POUR DIRE LA VITESSE EN GREC

En grec donc, la « vitesse », la « rapidité », s'exprime par l'adjectif ταχύς et le substantif τάχος et son doublet ταχυτής. Il s'agit d'un terme ancien, puisqu'on le trouve déjà chez Homère, mais d'origine obscure. Il est cependant très courant en prose aussi et est à l'origine d'un certain nombre de mots savants tels que la « tachycardie », le « tachygraphe », terme apparu en 1881 pour désigner un appareil à mesurer la vitesse des véhicules automobiles, appelé plus prosaïquement « compteur » (sous-entendu de vitesse), le « tachymètre » appelé vulgairement « compte-tours », sans oublier le « tachyon », particule hypothétique de vitesse supérieure à celle de la lumière…

Les guerriers de l'Iliade sont souvent qualifiés de πόδας ταχεῖς, « rapides quant aux pieds », avec une variante, notamment pour Achille dont le qualificatif habituel est πόδας ὠκύς, « aux pieds agiles, légers, rapides » (*Il.* I, 58, 84, 148, etc.). Il s'agit d'un adjectif poétique très ancien qui a son équivalent en sanscrit *āçuḥ* et dans le comparatif latin *ocior* (Virgile, *En.* 10, 217). Avec Achille, nous sommes invités à nous intéresser, comme cela avait été suggéré dans l'appel à communication, au fameux paradoxe attribué à Zénon d'Élée (Ve s. avant J.-C.) et réfuté par Aristote (*Physique*, VI, 239 b) un siècle plus tard, celui d'Achille et de la tortue :

> Δεύτερος δ' ὁ καλούμενος Ἀχιλλεύς· ἔστι δ' οὗτος, ὅτι τὸ βραδύτατον οὐδέποτε καταληφθήσεται θέον ὑπὸ τοῦ ταχίστου· ἔμπροσθεν γὰρ ἀναγκαῖον ἐλθεῖν τὸ διῶκον ὅθεν ὥρμησεν τὸ φεῦγον, ὥστε ἀεί τι προέχειν ἀναγκαῖον τὸ βραδύτερον.
>
> « Le deuxième (paradoxe) est celui qu'on appelle l'Achille. Le voici : le plus lent à la course ne sera jamais rattrapé par le plus rapide ; car celui qui poursuit doit toujours commencer par atteindre le point d'où est parti le fuyard, de sorte que le plus lent a toujours quelque avance. »

C'est à propos de Zénon que Paul Valéry écrira dans « Le Cimetière marin » (v. 121-126) :

> Zénon ! Cruel Zénon !
> … Quelle ombre de tortue
> Pour l'âme, Achille immobile à grands pas.

Nous trouvons dans le texte d'Aristote le même adjectif ταχύς au superlatif ταχίστου et opposé à son antonyme βραδύς, « lent », successivement au superlatif βραδύτατον et au comparatif βραδύτερον. Il viendrait de l'indo-européen **g*ʷ*r̥-d-us* et est rapproché du latin *gurdus*. On retrouve brady- dans quelques mots savants comme le « bradype », mammifère « au pied lent », appelé aussi « paresseux » ou dans la « bradycardie ».

L'autre adjectif utilisé par Plutarque pour signifier « rapide » est ὀξύς avec le substantif ὀξύτης. Il s'agit là d'un sens figuré, puisque le sens premier de ce mot est « aigu, pointu, acide ». On le trouve avec ce dernier sens dans des termes savants comme « oxyde » et tous les composés comme « oxygène », etc. Mais il est attesté déjà chez Hérodote pour signifier, « vif, rapide » en parlant d'un cheval et chez Platon pour qualifier une course. Cependant, il semble bien que le substantif ὀξύτης n'apparaisse pour désigner la « vitesse » qu'à l'époque romaine et le dictionnaire de Bailly cite précisément ce texte de Plutarque en référence. Comme ὠκύς, il est rapproché de la famille indo-européenne de tous les mots en **ak-* « aigu », comme le latin *acer* ou *acutus* et le rapport avec la vitesse est métaphorique.

Les seuls mots grecs classiques, d'Homère à Platon, pour désigner la « vitesse » au sens propre sont τάχος et ταχυτής.

LES MOTS POUR DIRE LA VITESSE EN LATIN

Revenons au texte de Plutarque qui traduit donc l'adjectif *celer* en l'expliquant. En effet cet adjectif et le substantif dérivé *celeritas* sont utilisés couramment pour désigner la vitesse. L'étymologie n'en est pas très claire, mais on rapproche *celer* de mots grecs comme κέλης, qui désigne un « cheval de course » ou un « petit bateau rapide » et a été transposé en latin avec le mot *celes*. On l'associe aussi au verbe κέλομαι, « pousser, exciter, presser » et du sanscrit *kalayāti*. L'adjectif n'a pas subsisté en français au contraire de l'italien *celere*, mais le français classique a conservé le substantif « célérité », qu'on trouve chez Amyot. Quelques vocables de zoologie comportent le radical céleri- comme céléripède ou -grade.

Mais l'autre famille de mots désignant la vitesse en latin est celle de *velox* (avec le substantif dérivé *velocitas*). L'étymologie n'en est pas très claire : on peut rapprocher *velox* de la racine **weg-* (celle de *vegeo/vigeo*, « être animé ») (*cf.* « végétation ») dont il serait un dérivé en *-slo-* élargi ensuite en *-k-*, mais aussi de *vello*, « tirer, arracher violemment » ou encore de *velum*, « voile de bateau », mais les Latins eux-mêmes faisaient le rapprochement avec *veho*, « transporter » (*cf.* « véhicule »), mais tout cela n'est pas très satisfaisant ni phonétiquement, ni sémantiquement.

En tout cas, les mots de cette famille sont passés dans toutes les langues romanes : *veloce*, *velocità* en italien, « véloce » et « vélocité » en français, sans compter quelques mots savants dont le « vélocipède », *velocipede*, mot-à-mot « aux pieds rapide », comme l'Achille de l'Iliade… L'italien a gardé *velocipedista* pour le « coureur cycliste » et, bien sûr, nous avons en français l'abréviation populaire « vélo ». Il y eut même un verbe « vélocipéder », qui signifiait « faire du vélocipède », sachant que les premiers engins à porter ce nom étaient en bois et supposaient que le vélocipédiste avance avec ses pieds. Littré donne la définition de l'engin, tel que nous le connaissons :

> Dans le vélocipède moderne, les pieds sont posés sur des étriers en forme de manivelle qui font tourner la grande roue et donnent une grande vitesse.

LES MOTS POUR DIRE LA VITESSE EN FRANÇAIS

« VITE »

Nous voici revenus au français avec ce dernier mot, « vitesse », au cœur de nos débats. Il s'agit du substantif dérivé du mot « vite » que l'on a vu chez Amyot sous la forme *vistes*, traduisant *celeres*, donc adjectif, qui est semble-t-il son état premier, attesté comme tel dans le *Roman de la Rose*, avant de devenir un adverbe, au XVIIe siècle, état dans lequel il se cantonne ensuite. Mais on le trouve encore comme adjectif chez La Fontaine dans la fable « Le lièvre et la perdrix » (et non la tortue) (V, 17). Celle-ci dit au lièvre : « Tu te vantais d'être si vite ! » Un autre adverbe,

« vitement », a précédé « vite » (proche de l'ancien italien *vistamente*), comme dans les *Précieuses Ridicules* : « Ça, payez-nous vitement » (scène 7).

Le substantif « vitesse » est ancien, puisqu'on le trouve déjà chez Benoît de Sainte-Maure. Il donne lieu à la remarque suivante de Robert Estienne dans sa grammaire française de 1558 (p. 86) : « Il court de vitesse sonne mieux que il court vistement, combien qu'il soit bon langage. »

L'étymologie de « vite » est un peu problématique, mais l'on s'accorde à y voir une francisation de l'italien *visto*, c'est-à-dire le participe passé du verbe *vedere*, « voir », donc « vu » et, par métaphore, « rapide comme la vue ». C'est pourtant ce mot qui l'emporte dans le registre adverbial comme le substantif « vitesse » dans l'usage courant. Pour l'adjectif, il semble bien que ce soit « rapide » qui va remplacer « vite », adjectif et « rapidité » et « rapidement » vont concurrencer dès le XVIIe siècle « vitesse » et « vite ».

Je passerai rapidement sur le mot savant et vieilli « *célérité* », mais signalerai le verbe très courant en français moderne « accélérer ».

« RAPIDE »

Ce mot est d'origine latine. Il vient de *rapidus*, dérivé du verbe *rapio, rapere*, « ravir, emporter, entraîner ». Cet adjectif signifie « qui emporte, qui entraîne » et s'applique d'abord au cours d'un fleuve, comme d'ailleurs le mot français qui en langue médiévale, par évolution populaire était de la forme « rade » : « Une ève rade descendait », trouve-t-on dans la Geste d'Ogier.

« Et l'eau grosse et rapide », écrit Corneille dans *Cinna* (IV, 2). Le substantif, un « rapide », a gardé ce sens. C'est donc par métaphore que « rapide », « rapidité » et « rapidement » ont évolué vers le sens que nous leur connaissons.

En fait, c'est dans le registre de l'emportement, de l'entraînement que l'on trouve un certain nombre de synonymes ou de presque synonymes de la vitesse dans les langues romanes et particulièrement, en français. Ainsi le substantif « empressement », l'adjectif « pressé », celui de *L'Homme pressé* de Paul Morand, ancien participe passé de « presser » dont le sens d'origine est « écraser, pousser, harceler ».

Il n'y a pas de verbe dérivé de « vite » ou de « rapide » pour dire « aller vite », mais on a plusieurs verbes pronominaux comme « se presser », « s'empresser », « se dépêcher », « se hâter », voire « se grouiller »...

Les deux premiers viennent de « presser », que nous venons de voir.

Le troisième vient de « dépêcher », contraire de « empêcher ». Ce dernier vient du latin *impedicare*, « entraver », de *pedica*, lui-même dérivé de *pes-pedis*, le « pied », « lien pour entraver les pieds, piège ». « Dépêcher » serait donc « débarrasser des entraves, libérer d'un piège », d'où envoyer au loin avec une nuance de rapidité ajoutée, de sorte qu'une « dépêche » est une missive expédiée par voie rapide.

Le quatrième est, lui, d'origine germanique, comme le laisse deviner l'*h* aspiré. Il vient directement de l'allemand *Hast*, la « hâte », d'un mot francique *haifst*, « violence ».

Quant au cinquième, qui appartient au vocabulaire familier, il semble que le sens premier de « grouiller » soit « agiter, remuer » ou « s'agiter », de sorte que nous sommes dans le même registre que « se remuer, se manier, se bouger »...

Tous ces verbes indiquent peu ou prou que l'on se fait violence à soi-même, que l'on se force à se déplacer vite.

Il faut encore revenir au texte d'Amyot pour trouver le substantif « promptitude », synonyme de « vitesse ». Il vient de « prompt », du latin *promptus*, participe passé de *promo*, « tirer », faire sortir, « mettre en avant ». *Promptus* signifie « mis au grand jour, mis à disposition », puis pour des personnes « disposé, prêt, prompt ». Ce n'est pas tant l'adjectif *promptus*, mais l'adverbe *prompte*, dont le sens a évolué vers « avec empressement », donc « rapidement ».

Nous retrouvons ce sens de « disposé » avec le français « preste » (ainsi que « prestesse » et « prestement »). En fait, « preste » et « prêt » sont un seul et même mot, sinon que peut-être le premier a subi une évolution plus savante que le deuxième par rapport au latin *praestus*, qui n'existe plus dans la langue classique que dans l'expression *praesto esse*, « être à disposition ». On rapproche cet adjectif du verbe *praestare*, dont l'un des sens est « mettre à disposition ».

Il est possible que le français ait été emprunté directement à l'italien *presto* dont le sens le plus fréquent est « rapide, prompt » tandis que *pronto* (du latin *promptus*), signifie d'abord « prêt », puis « prompt ». Le « presti-digitateur » est celui dont les doigts (*digitus* en latin) sont si rapides que l'on en perd... non pas son latin, mais le fil de sa démonstration et que l'on est victime d'une illusion (d'où son autre nom d'illusionniste).

De l'italien encore, « leste » et « lestement » qui viennent de *lesto*, « agile, rapide ».

Il y a encore « diligent », « diligence » et « diligemment », sans oublier « diligenter », du latin *diligens*, « attentif, consciencieux », qui marque l'intérêt tout particulier que la personne prend à l'action qu'elle va entreprendre.

Il s'avère avec tous ces mots que ce n'est pas la vitesse du mouvement qui est signalée, mais l'attitude de la personne au point de départ de la course. Être « prêt » à réagir implique que l'on réagira « vite » !

Amyot nous oblige à traiter encore un autre champ lexical dans lequel nous entraîne l'adjectif « vif » qui sert à traduire l'adjectif ὀξύς. Avec lui, nous retrouvons la racine possible de *velox*, « être animé », donc « être vivant ». Le propre du vivant est, si nous suivons notre raisonnement, de bouger, de remuer, de réagir, toutes activités dont un mort ou un objet inerte est incapable. Est-ce à dire que si l'on vit, on est rapide ?

Avant de répondre à cette question, je voudrais un instant évoquer l'antonyme de la « vitesse », à savoir la « lenteur ». Si j'ai mentionné βραδύς dans le domaine grec, je n'en ai pas parlé lorsque nous avons vu *celer* et *velox*, mais il est temps de le faire maintenant.

En latin classique, *celeritas, velocitas* et même *rapiditas* s'opposent à *tarditas*, « lenteur » d'un courant, d'un cheval, d'un coureur, d'un esprit… Or *tardus*, qui est l'adjectif dont *tarditas* est dérivé, est d'étymologie inconnue, quoique, disent les linguistes « de formation analogue à celle de βραδύς ». Nous ne sommes pas plus avancés, mais, même si Cicéron oppose bien *velox* et *tardus* (*De Inventione*, 1, 24), en latin tardif et dans les langues romanes, c'est un autre radical qui l'a emporté, celui de *lentus*, comme en témoigne le grammairien Nonius qui écrit au IIIe ou IVe siècle de notre ère « *lentum significat tardum* » (337, 33). Ce *lentus*, d'étymologie inconnue, lui aussi, signifie « flexible, mou, indolent, nonchalant », donc s'oppose à la réactivité impliquée par le sens de certains mots du registre de la vitesse.

Ce « rapide » parcours des mots pour dire la vitesse et, éventuellement pour dire son contraire, la lenteur, me permet de conclure que, si nous examinons un certain nombre de langues indo-européennes, ni la « vitesse » ni la « lenteur » ne sont évidentes. Il ne s'agit pas d'un concept aussi clair que celui du poids (léger/lourd) ou de la taille (grand/petit). Il s'agit sans doute d'une appréciation relative : le lièvre (ou Achille) et la tortue (ou l'escargot) ne peuvent être comparés *stricto sensu*. C'est pourquoi il faut recourir le plus souvent à des métaphores et emprunter des vocables à d'autres champs lexicaux. L'homme se fait violence (*Hast*) ou est violenté, harcelé, pour « accélérer » sa démarche. Or, s'il se « précipite », il tombe la tête la première (c'est le sens étymologique de ce verbe) dans un… précipice.

Même si elle paraît inhérente au monde moderne et célébrée comme telle, la vitesse n'est sans doute pas le propre de l'homme, mais celle… des chevaux ou des lièvres, des gazelles ou des flèches. La lenteur n'est certainement pas non plus recommandée, mais, comme souvent, c'est le juste milieu qui est prôné par les philosophes, d'où cet adage fameux : *Festina lente*, que Suétone attribue à Auguste (*Vie d'Auguste*, 25, 5) : « *Nihil autem minus perfecto duci quam festinationem temeritatemque convenire arbitrabatur. Crebro itaque illa iactabat :* σπεῦδε βραδέως; ἀσφαλὴς γάρ ἐστ' ἀμείνων ἢ θρασὺς στρατηλάτης, *et sat celeriter fieri quidquid fiat satis bene* » (« Il pensait que rien ne convenait moins à un chef accompli que la hâte et la témérité. C'est pourquoi, il répétait souvent ces adages : “Hâte-toi lentement”, “Mieux vaut un capitaine prudent qu'audacieux”, et encore : “On fait assez vite ce qu'on fait bien.” »)

Érasme, qui commente cette expression dans ses *Adages* (2, 1, 1), suggère que la formule a pu être inspirée à Auguste par une expression qu'on trouve chez Aristophane (*Cavaliers* 495), mais sans l'oxymore, σπεῦδε ταχέως (« Hâte-toi vite »). En tout cas, elle sert de devise à l'imprimeur vénitien Alde Manuce qui l'associe à l'image de l'ancre (symbole de stabilité) et du dauphin (symbole de mouvement rapide). Le verbe σπεύδειν a lui aussi une étymologie peu claire, mais s'apparente à σπουδή, le « zèle » et peut être rapproché de l'anglais « *speed* ». Quant au latin *festinare*, il est très courant, mais son origine douteuse confirme là encore ce que nous disions à l'instant de la vitesse.

La formule sera reprise tant par Boileau dans son *Art poétique* (I, 171-172) :

> Hâtez-vous lentement, et sans perdre courage
> Vingt fois sur le métier remettez votre ouvrage.

… que par La Fontaine dans *Le Lièvre et la Tortue :*

> Elle se hâte avec lenteur.

Et l'on apprend, grâce à Zénon d'Élée, qu'en bonne sagesse, c'est la tortue qui l'emporte !

Il y a eu des tentatives d'éloge de la vitesse, comme il y a eu l'*Éloge de la folie* – en témoigne le dernier livre de Philippe Besson, consacré à James Dean, *Vivre vite* –, mais aussi des réticences à son égard, comme celles de Paul Morand qui écrit :

> Faut-il que la vitesse soit une étrange fée pour qu'on lui sacrifie tout, même le temps !

Mais ont paru récemment un *Éloge de la lenteur* et un *La lenteur, mode d'emploi*, petits manuels de bien vivre qui nous invitent à « ralentir » et à adopter une *slow attitude* pour à l'inverse, « prendre son temps », retrouver un rythme de vie plus adapté à notre condition humaine.

Marie-Laure FREYBURGER-GALLAND
Université de Haute-Alsace /
UMR 7044 Archimède

LA VITESSE, OBJET IMPOSSIBLE ET SOLUTION D'ÉCRITURE

Les modernes, du mouvement du Nouveau roman jusqu'aux romanciers les plus novateurs d'aujourd'hui, ont souvent été associés, si on examine leur fortune critique ou l'accueil du public, à la lenteur… Laissant trop de place à la description ou à l'introspection, ils auraient miné le récit, ou contribué en tout cas à le ralentir, voire à le mettre en panne. C'est aussi pour mettre à mal cette idée reçue que nous nous sommes emparé de ce sujet et que nous avons choisi ces trois auteurs – Claude Simon, Jean-Philippe Toussaint et Éric Laurrent – qui vont en constituer le matériau et le moteur. Une autre raison consiste dans le fait que chez eux, qui, on peut le dire rapidement, entretiennent des rapports évidents de filiation, au-delà de leur commune appartenance éditoriale, la question de la vitesse est une préoccupation, et apparaît souvent dans les entretiens qu'ils ont pu accorder ou les essais théoriques qu'ils ont pu publier. Dans leur œuvre romanesque, la vitesse est un objet récurrent et constitue souvent un ressort et un souci d'écriture. C'est donc au travers de quelques-uns de leurs romans et de leurs textes théoriques[1] que la question sera envisagée chez ces trois romanciers contemporains, chez qui la vitesse est un objet ou un motif en même temps qu'elle constitue un moteur narratif, une solution d'écriture, ce qui conduit à dessiner, avec eux, les contours d'une poétique de la vitesse qui devra prendre en compte le lecteur et aussi sans doute la question de la lenteur…

---

1 Jean-Philippe Toussaint, *Fuir* [2005], Paris, Minuit, « Double », 2009 et *L'Urgence et la Patience*, Paris, Minuit, 2012 ; Éric Laurrent, *Les Atomiques*, Paris, Minuit, 1996, et *Les Découvertes*, Paris, Minuit, 2011 ; Claude Simon, *L'Herbe*, Paris, Minuit, 1958, *La Bataille de Pharsale*, Paris, Minuit, 1969, *Les Géorgiques*, Paris, Minuit, 1981, *Le Discours de Stockholm*, Paris, Minuit, 1986, et *L'Acacia*, Paris, Minuit, 1989.

LA VITESSE : UN OBJET, UN MOTIF

On peut s'interroger, pour commencer notre réflexion, sur les raisons qui font que cet objet, finalement présent depuis bien longtemps dans la littérature, des futuristes à Jean Echenoz, François Bon en passant par Cendrars, Morand ou même Proust, est élu par les modernes et les plus innovants des auteurs.

UN OBJET MODERNE ?

Est-ce encore un objet moderne ? On voit bien ce qui chez les futuristes Italiens, ou même chez Morand donc, a pu susciter cette prédilection, liée à l'irruption de nouvelles machines et de nouvelles manières de voyager. Et on voit aussi, aujourd'hui, comment des problématiques analogues, liées à l'accélération de la circulation de l'information, peuvent inspirer des écrivains comme Anne-Marie Garat (on pense ici à *Programme sensible*[2]) et les pousser à s'emparer de la vitesse comme motif d'écriture. Mais pour les auteurs de notre *corpus*, la question se pose différemment ; en effet, chez Simon, Toussaint ou Laurrent, le motif est présent, questionné, utilisé, travaillé, mais pas nécessairement parce qu'il renverrait à l'une ou l'autre mode ou modernité… S'il s'est imposé à eux, c'est soit parce que le matériau qu'ils travaillent comporte des éléments, biographiques par exemple pour Simon, qui ont à voir avec la vitesse, soit parce que la vitesse, on le verra, est devenue un motif presque nécessaire pour développer le projet d'écriture du moment, tel livre ou série romanesque chez Laurrent ou Toussaint. Le motif, l'objet « vitesse », est donc fortement présent dans ces œuvres, mais il correspond à des projets littéraires, à des projets d'écriture romanesque dans lesquels la vitesse est présente, sans qu'elle entre en résonance avec une préoccupation sociale ou sociétale extralittéraire.

UN OBJET CHOISI ?

On peut donc risquer une affirmation simple : le motif « vitesse » fait l'objet d'un choix de nos auteurs qui souhaitent l'intégrer à l'œuvre en

2 Anne-Marie Garat, *Programme sensible*, Arles, Actes Sud, 2013.

train de se faire. L'interrogation de Claude Simon sur la manière d'écrire à partir du matériau fourni par les événements qu'il a vécus personnellement au moment de la débâcle de 1940, le souci d'Éric Laurrent qui souhaite activer les codes du roman policier ou d'espionnage dans tel roman, *Les Atomiques* en l'occurrence, la préoccupation de Jean-Philippe Toussaint quand il réfléchit au rythme romanesque, tout cela les conduit tous les trois à prendre la vitesse comme motif, comme objet diégétique qu'ils intègrent à un projet romanesque, ce choix les amenant aussi bien à théoriser sur la vitesse (comme Toussaint), qu'à semer, dans l'œuvre romanesque même, des indices qui, au-delà de la seule présence du motif, indiquent clairement qu'il est un objet important – on pense par exemple aux multiples indices et citations, épigraphes[3] qui parsèment les œuvres et ont à voir avec le thème chez les trois auteurs.

Choisie finalement pour des raisons internes aux projets romanesques, aussi divers et néanmoins proches soient-ils, la vitesse est donc fortement présente dans le fil des romans, qu'on l'envisage d'ailleurs en elle-même ou en considérant son pendant, incontournable, là encore souvent pour des raisons de rythme, la lenteur… Ainsi, chacun de nos auteurs va-t-il user du motif de la vitesse qui va alimenter les fictions, mais aussi constituer un stimulus qui va agir sur le projet d'écriture et structurer en profondeur les œuvres.

UN MOTIF STIMULANT, UN STIMULUS D'ÉCRITURE ?

À lire les propos d'un Simon ou d'un Toussaint – Laurrent se fait plus rare quant aux traces écrites et ce sont surtout des entretiens radiophoniques ou télévisés qui permettent de cerner son approche –, on se rend compte que la vitesse constitue aussi un objet ou motif qui va pouvoir stimuler le projet et l'activité d'écriture. Prendre la vitesse et ses déclinaisons – se déplacer par les moyens de transport, courir, fuir… – comme matériau conduit à la fois à se lancer un défi et à se donner un moyen pour faire avancer le récit, le faire avancer tout court, le faire avancer vers une résolution ou vers un échec possible, voire, chez Laurrent, quasiment le faire reculer… C'est un défi parce que cette vitesse (ou, encore une fois, cette extrême lenteur, qui constitue finalement un avatar de notre thème) conduit à chercher et trouver des solutions pour la mettre en mots ; c'est

3 Simon citant Valéry, et Éric Laurrent… la série télévisée *Mission impossible*.

un moyen, car c'est en jouant de ce motif qu'on va pouvoir construire l'œuvre qui va osciller entre rapide et lent, entre récit et description, entre espaces, temps, et actions... Convoquer ce motif, c'est permettre au récit de prendre de la vitesse (ou pas), de se glisser dans un modèle narratif où le « vite » est la règle, se donner les moyens de structurer un récit, de poursuivre un impossible objectif. Le récit même est donc rendu possible, dans son projet, par ce choix thématique, ce qui va au-delà d'un simple constat *a posteriori* (la vitesse constatée du récit / dans le récit) ou d'un relevé de motifs (la vitesse, la guerre, le sexe...) Le thème appartient donc à la poétique de nos auteurs, on le verra.

LA VITESSE : MOTEUR NARRATIF, SOLUTION D'ÉCRITURE

La vitesse entre d'emblée, comme motif choisi, dans le projet scriptural de nos auteurs ; elle va contribuer à la construction du récit, à son équilibre et à son développement, à sa vie et à sa vivacité. Elle accompagne l'écriture et lui propose des matériaux, des solutions et aussi des obstacles, générateurs et révélateurs des choix esthétiques et scripturaux des trois romanciers.

RYTHMES

Gérard Genette[4] l'a largement démontré, les différences de rythmes induites par les différentiels narratifs qui existent dans les relations entre diégèse et récit sont riches de possibilités d'écriture. Entre un *sommaire*, où le récit va rendre compte rapidement d'une suite d'événements assez longue et une *scène* où le temps du récit est très proche de celui de la diégèse, sans parler de l'*ellipse*, où le récit passe sous silence un événement ou une suite d'événements, ou de la *pause*, qui voit le récit se développer sans s'appuyer sur l'un ou l'autre élément diégétique, les solutions sont nombreuses qui, par le montage ou la succession des séquences narratives, permettent à un auteur de varier la vitesse de son récit, ménageant des

4 Gérard Genette, « Discours du récit », dans *Figures III*, Paris, Seuil, 1972, p. 67-281 ; en particulier les pages 122-144 consacrées à la « durée ».

temps plus lents ou au contraire précipitant les choses, ou encore faisant s'enliser le récit, se diluer ou accélérer jusqu'à la perte de repères pour le lecteur. Claude Simon, dans un roman comme *Les Géorgiques*, en joue très habilement, puisque les cinq parties du roman correspondent bien à des solutions variées et différenciées, créant une différence de rythme significative ; Jean-Philippe Toussaint ne fait pas autrement quand, par exemple dans *Fuir*[5], il sait jouer de la pédale rythmique pour embarquer son lecteur dans une séquence rapide pour le laisser ensuite souffler dans un temps calme, proche de la scène. Et Laurrent, dans un même chapitre des *Atomiques*[6], sait alterner le rapide et le lent, pour prendre, avec son lecteur, la distance nécessaire avec le roman ou le film noir, ainsi « dénudés » dans leurs procédés les plus codifiés.

La vitesse, thème et outil narratif, est donc une double contrainte d'écriture : comme motif, elle conduit à chercher des solutions narratives adaptées pour la prendre en compte, comme outil narratif, elle permet à un auteur de jouer de la gamme des variations qu'elle autorise, les deux contraintes étant liées puisque c'est souvent quand la vitesse diégétique apparaît comme prégnante que le récit varie et s'adapte, harmonise ou disloque, se lisse ou rompt.

LA VITESSE COMME PROCÉDÉ ET COMME EFFET

En effet, qu'elle soit rendue nécessaire ou pas par une contrainte liée à tel événement ou succession d'événements diégétiques, la vitesse est bien un procédé narratif et nos auteurs en jouent largement, sachant, dans la palette des possibles, proposer aussi bien un temps de récit rapide qui coïncide avec une suite rapide d'événements, qu'un récit qui survole à grands traits une longue période et de nombreux événements, créant un effet d'accélération ou la succession, dans un effet de montage pensé ainsi, de temps lents et de temps rapides. Éric Laurrent, dans les premières pages des *Atomiques*, propose ainsi quelques pages qui constituent en fait le montage rapide, progressivement accéléré – en *flash-back* et en marche arrière – de la vie de son personnage, Atom Pexoto :

> Puis il entre à l'école militaire, major de sa promotion, pour en sortir quelques secondes après ; un coiffeur lui rajoute des cheveux. Il devient un enfant ; sous

5 Jean-Philippe Toussaint, *Fuir*, *op. cit.*, p. 83-87.
6 Éric Laurrent, *Les Atomiques*, *op. cit.*, p. 9-14.

> sa plume, la table de multiplication se vide, un alphabet s'efface. Enfin il ne marche plus, il progresse à quatre pattes. Sa taille se réduit. Voici qu'on le couche au fond d'un berceau. D'un coup de ciseau une sage-femme le rattache à un cordon ombilical, il étouffe un cri et pénètre par les pieds dans le ventre de sa mère[7].

Claude Simon, dans les premières pages des *Géorgiques*, procédant par phrases courtes et usant du « il » anaphorique, réussit à proposer un récit accéléré et rythmé qui mêle les parcours de trois personnages ayant vécu des événements différents, parfois à des années de distance :

> Le navire sur lequel il s'est embarqué à Naples est capturé en mer par un corsaire turc. *Il bat en retraite avec son régiment à travers la Belgique. Pendant quatre jours il est impossible de desseller les chevaux.* En Poméranie il se plaint du froid, de sa santé et de ses blessures. Il est membre du premier Comité militaire de l'Assemblée législative. Il fait voter un décret punissant de mort les commandants des places assiégées qui les livreraient à l'ennemi. *Ils sont harcelés par l'aviation et le régiment subit de lourdes pertes.* Le corsaire turc le livre au bey de Tunis. [...] *À son arrivée à Barcelone il s'engage dans les milices populaires. Il combat pendant l'hiver sur le front d'Aragon.* Il fait la campagne de Hollande. Il fait la campagne de Suisse. Il fait deux campagnes en Italie. Il fait la campagne de Prusse. Il conduit le siège d'Ostalrich, en Espagne, quand sa santé déclinante l'oblige à quitter le service[8].

Dans les pages déjà évoquées de *Fuir*, Jean-Philippe Toussaint, jetant le lecteur dans « le courant d'un puissant coup d'accélérateur » enchaîne, j'allais dire « embraie », par un long paragraphe où le narrateur, passager d'une moto, raconte, dans une seule phrase, une suite d'événements et de choses vues durant ce bref périple pékinois, dont voici un extrait :

> Nous nous faufilions entre les véhicules pour glisser le long de ronds-points embouteillés et accélérions encore, suivions à toute allure, le visage au vent, d'interminables lignes droites bordées de blocs d'habitations en mauvais carrelage blanc, parfois de simple béton brut, couleur sable ou vieux plâtre, centres administratifs et bâtiments officiels, sur lesquels veillaient des militaires en faction, quand je vis soudain apparaître sur ma gauche le monumental portrait de Mao au-dessus de l'entrée de la Cité interdite, et, fugitivement, dans le même mouvement de la moto qui nous emportait, les fameuses enceintes roses du Palais impérial que nous étions en train de longer, en même temps que Zhang Xiangzhi, devant moi, qui continuait de conduire la moto sans

7 *Ibid.*, p. 13-14.
8 Claude Simon, *Les Géorgiques*, *op. cit.*, p. 22 et 25.

> ralentir, lâchait un instant le guidon pour m'indiquer l'édifice du bras en me criant : *Gugong, Gugong !*, tout en levant le pouce dans le vent pour témoigner sans doute en quelle haute estime il tenait le monument (et m'en conseiller par là même, en quelque sorte, la visite), et que moi-même, cramponné à son dos et la vue gênée par un vieil autobus vert et jaune qui était en train de nous dépasser, je me retournais pour apercevoir une dernière fois l'enfilade de toits en pagode de la Cité interdite qui disparaissait déjà au loin (ainsi en fut-il ce jour-là de ma visite de la Cité interdite : j'eus à peine le temps de la reconnaître que nous l'avions déjà dépassée[9]).

D'autres déplacements à moto ont lieu dans le même ouvrage et, au coup d'accélérateur diégétique correspond un coup d'accélérateur narratif qui en passe par les procédés d'écriture que l'on connaît, phrases ou propositions courtes, verbes nombreux, etc. Chez Simon ou Laurrent le récit prend de la vitesse, mais recouvre des faits diégétiques qui ont pu s'étendre sur une longue période (une vie, ou plusieurs…). L'effet sur le lecteur est patent : saisi par l'accélération narrative, il est « embarqué » dans le flux événementiel en même temps qu'il voit à l'œuvre un procédé qui le renvoie aux codes du roman d'aventures ou du roman policier, conjuguant dans sa lecture le poignant et le savant, l'immersion et le surplomb.

ET LA LENTEUR ?

La lenteur est au moins à évoquer ici, comme avatar de la vitesse ; chez nos trois auteurs, elle est présente diégétiquement, de la lente progression d'un groupe de cavaliers dans la neige chez Simon (*Les Géorgiques*[10]) au geste mesuré et calculé du narrateur de Laurrent qui savoure sa glace préférée dans *Les Découvertes* :

> Laissant ma mère et ma grand-mère converser ensemble, j'entrai alors en moi-même pour me délecter pleinement de mes deux boules de plombières, composition qui était ma préférée, car elle associait le parfum que j'affectionnais le plus, soit la vanille, à des morceaux de fruits confits, dont je n'étais pas le moins friand, lesquels possédaient de surcroît la vertu d'alentir la fugacité de chaque lichée, leur chair tendre et lisse, presque gélatineuse, se révélant en effet peu à peu sous la dent à mesure que fondait sur la langue l'évanescente crème qui les enveloppait de sa gangue onctueuse, y persistant ensuite en

9 Jean-Philippe Toussaint, *op. cit.*, p. 84-85.
10 Claude Simon, *L'Acacia*, *op. cit.*, p. 79-139.

> raison de leur macération dans le kirsch, qui les douait d'une inhabituelle longueur en bouche, d'une flaveur même, puisque leurs effluves capiteux m'emplissaient jusqu'aux narines, telles ces cerises à l'eau-de-vie dont mon père ouvrait un bocal au moment du café lors des repas de fête et auxquelles les adultes, dont la bonne chère et le vin avaient amolli la rigueur, accordaient aux enfants le droit de goûter[11].

Et le récit sait se donner les moyens de s'attarder, de « s'alentir » pour citer Laurrent, jusqu'à un quasi-enlisement qui n'a de valeur qu'en lui-même, courant, si j'ose dire, après l'épuisement de la scène ou de l'événement considéré ou bien, et c'est souvent le cas, aboutissant à un constat d'échec.

Ce temps de lenteur est aussi là pour entrer en résonance avec un chapitre, une partie, une séquence, rapides, la question du rythme resurgissant alors.

La lenteur narrative est aussi de mise si le récit doit intégrer une multitude de faits, événements, pensées, souvenirs, qui surgissent simultanément dans le fil narratif et que le récit ne peut que présenter successivement ; il en est ainsi de l'afflux d'informations dans la conscience d'un personnage de Claude Simon qui fuit et est assailli par des sensations, des souvenirs, des sentiments dans *L'Acacia* :

> Il ne voit pas les infimes particules de diamant laissées par la rosée sur la partie du pré encore à l'ombre de la haie, il ne sent pas le parfum végétal et frais des brins d'herbe écrasés sous son poids, il ne sent pas non plus la puanteur qui s'exhale de son corps, de ses vêtements, de son linge raidi par la crasse, la sueur et la fatigue accumulées, il n'entend ni les chants d'oiseaux ni les légers bruissements des feuillages dans l'air transparent, il ne voit ni les fleurs qui parsèment le pré, ni les jeunes pousses de la haie se balancer faiblement dans la brise du matin, il n'entend même plus les battements déréglés de son cœur et les vagues successives du sang dans ses oreilles[12].

L'afflux de sensations, ici purement et simplement nié, le personnage étant sous la menace de l'irruption d'un blindé allemand, est « mis à plat » par le récit, ce qui contribue à le ralentir au regard du temps diégétique considéré.

11 Éric Laurrent, *Les Découvertes*, *op. cit.*, p. 30-31.

12 Claude Simon, *ibid.*, p. 91-92.

LA VITESSE :
UNE POÉTIQUE DE LA VITESSE ?

Chez Simon, Toussaint, Laurrent, la vitesse, au-delà d'être un ingrédient thématique, est donc aussi un choix, une option marquante dans leurs poétiques d'écriture qui sont, on le sait, pour nos trois auteurs, fortement marquées par des préoccupations formelles.

« ACHILLE IMMOBILE À GRANDS PAS[13] », CLAUDE SIMON

Chez Claude Simon, on l'a vu, une poétique en actes est manifeste dans les romans, dans lesquels la vitesse comme thème choisi (prendre le train, l'avion, courir, fuir, sauter, qu'on parle d'un chat ou d'un être humain…) et surtout comme ressort narratif est très présente. Mais un double paradoxe est ici à l'œuvre. D'une part, le motif est d'emblée considéré comme indescriptible, intraitable, inatteignable : une fuite éperdue à cheval et la chute dans un fossé des rescapés d'un escadron de cavalerie, la mort, qui est l'affaire de quelques secondes, d'un colonel de cavalerie, la rapidité du saut d'un chat :

> Comme, un peu plus tôt, le chat : il ne détalait pas, restant là, sur la crête du mur écroulé, à la fixer, ramassé sur lui-même, parfaitement immobile (seulement une tache, une forme rayée, tigrée, parmi l'éblouissante bigarrure des ombres hachurées du jardin, là où l'instant d'avant il y avait eu ce bond roux, la fulgurante matérialisation non d'un corps, d'un animal, mais de l'idée même de mouvement, dans la déchirure de soleil, puis plus rien), comme s'il pouvait passer sans transition du mouvement à l'immobilité ou plutôt comme si l'immobilité était en quelque sorte le prolongement du mouvement ou, mieux encore, le mouvement lui-même éternisé : capable sans doute de cela (transformer la vitesse même en sa représentation immobile) n'importe quand : au milieu d'un saut, d'une chute, en l'air, ne reposant sur rien d'autre que sur le temps pour ainsi dire solidifié, l'après-midi solidifiée de l'été dans laquelle baignait comme dans une sorte de formol l'exubérante et sauvage végétation de ronces et d'hélianthes[14]…

---

13 Paul Valéry, cité par Claude Simon dans *La Bataille de Pharsale*, *op. cit.*, p. 7. Il s'agit là d'un extrait du « Cimetière marin ».

14 Claude Simon, *L'Herbe*, *op. cit.*, p. 17-18.

Voilà autant de moments diégétiques variés, où la vitesse est dans le jeu et où le texte accumule les tentatives pour dire, pour rendre compte, mais sans aboutir. L'autre paradoxe est lié à la question de la simultanéité : citant souvent la phrase de Tolstoï qui évoque le fait que, dans un même moment, un homme en bonne santé pense, sent et se remémore « un nombre incalculable de choses à la fois[15] », Simon se confronte donc à la difficulté, à la quasi-impossibilité qu'il y a, pour le récit, de prendre en compte l'extrême rapidité de cet afflux, sauf à l'inscrire dans la durée et l'espace de la page. Entrent ici en percussion l'extrême vitesse diégétique et les moyens dont dispose le récit pour l'intégrer. C'est sur cette ligne de crête que se situe le travail simonien, entre tentative, échec et acceptation. La vitesse est donc au cœur des préoccupations d'écriture de Simon.

« L'URGENCE ET LA PATIENCE », TOUSSAINT ET LAURRENT

Dans l'essai intitulé *L'Urgence et la Patience*[16], Toussaint, réfléchissant sur ces deux concepts, à la fois dans le processus d'écriture et dans leur effet sur le lecteur, se pose notamment la question du rythme, se demandant comment, lorsqu'un livre « monte très haut et atteint un sommet », « poursuivre », « redescendre, sans faire chuter l'attention du lecteur », une solution étant selon lui, « de ménager des accélérations », de « jouer avec les ruptures de rythme ». Pendant l'écriture, la vitesse et ses manifestations diégétiques ou scripturales sont donc des problèmes, des outils et des solutions pour notre auteur. Chez Laurrent, qui est moins prolixe pour parler de son travail que Toussaint et Simon, la vitesse est présente selon les mêmes modalités, en termes d'importance et d'objectifs, que chez Toussaint, mais elle accompagne le processus de prise de distance, le goût du second degré qui caractérise ses romans. S'il joue bien de la palette des possibles rythmiques, entre accélération et pause, c'est aussi pour susciter, chez le lecteur, soit un sentiment de

15 Par exemple dans le *Discours de Stockholm*, p. 26 : « "Un homme en bonne santé, écrit Tolstoï, pense couramment, sent et se remémore un nombre incalculable de choses à la fois." » À rapprocher de cette citation, extraite de *Guerre et Paix* : « Un homme en bonne santé pense couramment, sent et se remémore un nombre incalculable de choses à la fois, mais ayant choisi telle suite de pensées ou de faits, il a le pouvoir et la force d'y fixer son attention. » Léon Tolstoï, *La Guerre et la Paix*, Paris, Gallimard, « Folio classique », 1994, vol. II, p. 511-512.

16 Jean-Philippe Toussaint, *L'Urgence et la Patience*, *op. cit.*, p. 21-45, et en particulier p. 25-26.

déjà-vu, soit le désir de déclencher une lecture plus distanciée, sinon savante, qui veut que le jeu avec/sur la vitesse renvoie à un genre ou à un sous-genre, du policier au roman d'aventures ou d'espionnage.

On voit donc, qu'avec des projets et des univers diégétiques fort différents, Simon, Toussaint et Laurrent s'inscrivent bien dans une logique finalement analogue qui fait de la vitesse un objet diégétique plus ou moins problématique, un moteur pour le récit en train de s'écrire et un effet d'écriture qui a prise sur le lecteur, pour le captiver ou, et parfois en même temps, le mener sur le chemin d'une lecture éclairée.

ET LE LECTEUR ?

Le lecteur s'empare de la vitesse telle qu'elle se manifeste dans ces œuvres. Pris dans une lecture poignante ou captivée, il fuit avec le cavalier simonien dans la rase campagne de 1940, il traverse à tombeau ouvert Pékin avec le narrateur de Jean-Philippe Toussaint, il parcourt, comme au cinéma dans un *flash-back* accéléré, la vie de tel héros de Laurrent. Invité à une lecture studieuse – chez nos auteurs elle est déposée dans le projet et dans l'œuvre –, il découvre la manière dont la vitesse informe le texte, conditionne son organisation et son déploiement, pose, surtout chez Simon, un problème d'écriture inscrit dans le roman lui-même. Entre lecture studieuse et lecture poignante[17], les durées et rythmes de lecture sont sans doute déjà sujets à variation, mais on peut, au risque de prendre nos auteurs de vitesse (!), s'intéresser un instant aux changements liés aux nouveaux modes de lecture qui ont pu émerger avec les plus récents bouleversements technologiques et à l'irruption de l'Internet en particulier.

Certains points qui préoccupent nos auteurs font écho en effet à la manière dont on peut approcher la lecture d'aujourd'hui en intégrant la question de l'attention. Yves Citton, dans son essai *Pour une écologie de l'attention*[18], s'interroge sur le devenir de l'attention depuis la révolution numérique, faisant état de transformations, de menaces et aussi de solutions ou d'espoirs sur lesquels nous pouvons nous arrêter. S'il

17 Nous empruntons le couple notionnel « studieux/poignant » à Christine Genin, tel qu'elle l'utilise dans son ouvrage consacré à Claude Simon : *L'expérience du lecteur dans les romans de Claude Simon : lecture studieuse et lecture poignante*, Paris, Honoré Champion, 2000.

18 Yves Citton, « L'attention réfléchie », dans *Pour une écologie de l'attention*, Paris, Seuil, 2014, p. 201-245.

évoque en effet une érosion, un formatage ou une captation de l'attention, réflexive en particulier, il ouvre aussi des perspectives en faisant l'éloge de la lecture littéraire comme modèle possible d'une attention réfléchie et interprétative générale ; il préconise aussi, refusant toute « nostalgie mélancolique », la prise en compte de toutes les formes d'attention et de lecture, proposant une boussole des régimes attentionnels dans laquelle il faudra faire le choix adapté et il opte pour une conception pluraliste de la lecture qui offre une palette de possibles dont il conviendra là aussi de jouer en fonction des besoins, des objets lus, des projets, des moments…

Il appartient donc à notre lecteur, quand il lit Simon, Toussaint ou Laurrent, de trouver l'attention et la vitesse qui conviendront à son projet de lecteur et à l'œuvre lue, entre lecture rapide ou poignante, lecture studieuse et plus lente, crayon en main, jouant d'une palette renouvelée par les derniers changements opérés ou en cours dans les outils et les pratiques.

Cette problématique renvoie aussi à nos auteurs, la question de l'attention et de la variation de lecture entrant bien sûr en résonance avec le souci du rythme d'un Toussaint ou celui de la tentative de rendre compte de l'afflux informationnel qui affecte une conscience à un moment donné d'un Simon, la construction de l'œuvre relevant ici d'une attention réfléchie : dans ce moment où tout est simultané, comment choisir, comment hiérarchiser, comment organiser ?

« Écrire, c'est fuir[19] » a pu déclarer Jean-Philippe Toussaint, insistant sur la nécessité du retrait hors du monde de l'écrivain, au moment où il écrit en tout cas. De ce point de vue, nous avons bien, avec Toussaint donc, Simon et Laurrent, trois auteurs du retrait et de la discrétion, sur le plan médiatique en particulier. Voilà un autre rapprochement possible, à ajouter à cette commune préoccupation pour la vitesse comme matériau, motif et comme problème et solution d'écriture. Si le lecteur, on l'a vu, et c'est encore plus vrai aujourd'hui, peut jouer lui aussi avec la vitesse, avec la façon dont il la perçoit et l'interprète dans l'œuvre, comment il la module lui-même quand il se confronte à une œuvre, il nous faut constater que, l'un comme l'autre, Simon, Toussaint et Laurrent, si l'on considère leur production sur la durée, avec ses interruptions, ou le long temps consacré à l'écriture d'un roman, ne choisissent en

19 Conversation entre Chen Tong et Jean-Philippe Toussaint, dans *Fuir*, *op. cit.*, p. 176.

tout cas pas la vitesse comme mode opératoire… Ainsi Toussaint, s'il reconnaît bien des vertus à l'urgence – ne la rabattant évidemment pas sur l'inspiration, car, écrit-il, « l'urgence s'acquiert » – déplie en détail le temps de patience nécessaire à l'écriture d'un roman pour aboutir au moment où « la pauvre chose ratatinée sur laquelle [il] transpirai[t] depuis des mois s'épanouira dans la lumière[20] ».

Bernard HEIZMANN
Université de Lorraine /
ESPÉ / CREM

20 Jean-Philippe Toussaint, *L'Urgence et la Patience*, *op. cit.*, p. 34.

LES MACHINES DANS LA TRAGÉDIE EN MUSIQUE DE QUINAULT ET LULLY

Une esthétique de la vitesse sur la scène de l'Académie royale de musique

INTRODUCTION
Vers une mécanisation de la scène théâtrale en France

Face à la scénographie italienne du XVIe siècle, le théâtre français, dans le premier tiers du XVIIe siècle, accuse un retard technique évident[1]. Il faut attendre en effet les dernières années de Richelieu pour que la scène théâtrale, dans la suite logique d'une mainmise du pouvoir dans le domaine des arts et des lettres, prenne un nouvel essor. La construction du Palais-Cardinal, doté d'un théâtre comprenant un équipement technique moderne, est inaugurée le 14 janvier 1641 avec la tragi-comédie *Mirame* de Desmarets de Saint-Sorlin[2]. Grandiose par sa pompe et ses quelques effets de machineries, *Mirame* n'est que le prologue des futurs spectacles à machines dont le *Ballet de la Prospérité des armes de la France*[3], donné en février 1641 salle du Palais-Cardinal, illustre le renouveau scénographique français. Le spectacle y faisait succéder, à une

1 Hélène Leclerc, *Venise et l'avènement de l'opéra public à l'âge baroque*, Paris, Armand Colin, 1987.

2 Pour une étude de l'édition de *Mirame* : Catherine Guillot, « Les illustrations de *Mirame* de Desmarets par S. Della Bella », *Revue d'Histoire du théâtre*, II, n° 218, 2003, p. 145-160.

3 Agne Beijer, « Une maquette de décor récemment retrouvée pour le *Ballet de La Prospérité des armes de France* (1641) : étude sur la mise en scène au Palais Cardinal avant l'arrivée de Torelli », *Le Lieu théâtral à la Renaissance*, éd. Jean Jacquot, Paris, Centre National de la Recherche scientifique, 1964, p. 377-404.

vitesse ahurissante pour l'époque, les changements de décor, passant de l'Enfer à la Terre, des Alpes à la mer ; sans compter les *Deus ex machina*, l'apparition d'aigles sur des nuées ou encore de lions sur la scène[4]. Un changement esthétique s'opère, inexorablement : la scène devient une peinture mécanique en perpétuel mouvement. Il s'agit non seulement d'une révolution technique dans l'univers du spectacle en France, mais, plus encore, d'une transformation de la perception désormais confrontée à la vitesse des images, symptôme de notre contemporanéité.

Mazarin, nommé Premier ministre le 5 décembre 1642, poursuivra cette politique du spectacle à machines, ses goûts italianisants le poussant à importer l'opéra. En appelant le machiniste Torelli à la cour de France, le cardinal montre sa détermination à rattraper le retard de la France sur l'Italie. La *Finta Pazza*, sur une musique de Sacrati et des vers de Strozzi, est donnée salle du Petit-Bourbon en décembre 1645. Si les machines et les changements de décor, au nombre de cinq, enchantent le public, le spectacle donné dans sa langue d'origine ne séduit pas. Dorénavant, la réalisation de la vitesse devient une donnée essentielle au succès d'un spectacle à machines, tel Olivier Le Fèvre d'Ormesson qui s'émerveille, dans son *Journal*, des machines de la *Finta Pazza* :

> D'abord, l'aurore s'élevait de terre sur un char insensiblement et traversait ensuite le théâtre avec une vitesse merveilleuse. Quatre zéphyrs étaient enlevés du ciel de même ; quatre descendaient du ciel et remontaient avec la même vitesse. Ces machines méritaient d'être vues[5].

L'exemple se répète avec l'*Orfeo* de Luigi Rossi donné le 2 mars 1647, le jeune Louis XIV assistant au spectacle en compagnie de sa mère Anne d'Autriche et de son parrain Mazarin[6]. Le coût de la représentation, dont une partie conséquente est réservée aux machines, est jugé indécent

---

4 Sur la question épineuse des attributions : Anne Le Pas De Sécheval, « Le Cardinal de Richelieu, le théâtre et les décorateurs italiens : nouveaux documents sur *Mirame* et le *Ballet de La Prospérité des Armes de France* (1641) », XVIIe siècle, n° 186, janvier-mars 1995, p. 135-145. Pour une idée de la scénographie en Italie et en France à l'époque, lire le traité de Sabbatini, *Pratique pour fabriquer scènes et machines de théâtre par Nicolas Sabbattini*, traduction de Maria et Renée Canavaggia et Louis Jouvet, introduction de Louis Jouvet, Neuchâtel, Ides & Calendes / La Bibliothèque des arts, 1994.

5 Olivier Le Fèvre d'Ormesson, *Journal*, publié par M. Chéruel, Paris, Imprimerie Impériale, 1860, tome I, p. 340-341.

6 Christian Dupavillon, *Naissance de l'opéra en France :* Orfeo, *2 mars 1647*, Paris, Fayard, « Les chemins de la musique », 2010.

à une époque où la Fronde s'apprête à sévir, sans compter l'élan xénophobe de la France envers l'Italie. L'opéra ne semble avoir aucune chance, le goût de l'aristocratie française étant porté traditionnellement sur la danse, celle-ci occupant une place à part en comparaison de la culture transalpine[7]. D'Ormesson trouvait d'ailleurs que « Les voix sont belles, mais la langue italienne, que l'on n'entendait pas aisément, était ennuyeuse[8] ».

Andromède, tragédie à machines de Pierre Corneille donnée au début de l'année 1650 au Petit-Bourbon, sur une musique de Charles Dassoucy et des machines de Torelli, fut une réponse nationale au genre italien, cette forme de théâtre visuellement spectaculaire accordant la première place aux machines, ensuite aux vers, enfin à la musique, cette dernière étant perçue comme un ornement secondaire, en témoigne l'*Examen* de l'auteur pour sa pièce :

> Il n'en va pas de même des machines, qui ne sont pas dans cette tragédie comme des agréments détachés, elles en font le nœud et le dénouement, et y sont si nécessaires que vous n'en sauriez retrancher aucune, que vous ne fassiez tomber tout l'édifice[9].

La tragédie à machines, dont le Marais s'est fait le spécialiste depuis sa reconstruction en 1644, demeure l'un des genres les plus appréciés en France jusqu'à l'arrivée de la future tragédie en musique. Torelli est congédié en 1659. Louis XIV prend le pouvoir en mars 1661. La famille Vigarani remplace l'ancien magicien de la *Finta Pazza* et de l'*Andromède*. Le père Gaspare, architecte et machiniste, est chargé par Mazarin de construire la salle des Machines avec Le Vau aux Tuileries, inaugurée le 7 février 1662 avec l'*Ercole Armante* de Cavalli[10]. Son fils, Carlo Vigarani, deviendra le machiniste officiel du Roi-Soleil, travaillant pour les festivités de Sa Majesté, notamment pour la comédie-ballet de Molière et Lully. *Psyché*, tragédie-ballet donnée dans la salle des Machines au mois de janvier 1671, se rapproche inexorablement de l'opéra alors que Cambert et Perrin donnent

---

7 Pour un approfondissement de la culture du ballet en France à l'époque de Louis XIV, lire l'ouvrage de Marie-François Christout, *Le Ballet de cour de Louis XIV (1643-1672), Mises en scène*, Paris, Picard, 1967.

8 Olivier Le Fèvre d'Ormesson, *op. cit.*, p. 378.

9 Pierre Corneille, *Œuvres complètes*, établies, présentées et annotées par George Couton, Paris, Gallimard, « Bibliothèque de la Pléiade », 1980-1987, vol. 2, p. 447.

10 Gaspare & Carlo Vigarani, *De la cour d'Este à celle de Louis XIV*, Milan, Silvana Editoriale, 2009.

au mois de mars la *Pomone*, première forme d'opéra français, salle du jeu de paume de la Bouteille. Bien que le poème soit de médiocre qualité, le succès de cette pastorale en musique – peut-être grâce aux machines inventées par le marquis de Sourdéac – pousse Lully à s'emparer du privilège de l'Académie d'opéra en 1672. C'est la création de l'Académie royale de musique. Avec la mort de Molière survenue le 17 février 1673 et le retrait de Pierre Corneille l'année suivante, Lully a trouvé dans Philippe Quinault, poète et dramaturge fort apprécié de la cour et de son roi, un collaborateur qui, de 1673 à 1686, deviendra le poète officiel de l'Académie royale de musique. Avec la tragédie en musique, Quinault et Lully inventent un genre dramatique, musical et visuel unique en Europe.

LA TRAGÉDIE EN MUSIQUE DE QUINAULT ET LULLY

VITESSE ET MERVEILLEUX

À l'exception d'*Alceste* qui reprend en 1674 une tragédie d'Euripide, le poète puise son inspiration dans les *Métamorphoses* et les *Fastes* d'Ovide, donnant respectivement, de 1673 à 1683, *Cadmus et Hermione*, *Alceste*, *Thésée*, *Atys*, *Isis*, *Proserpine*, *Persée* et *Phaëton*. Ses trois derniers poèmes, *Amadis*, *Roland* et *Armide*, forment le second cycle de la tragédie en musique lulliste où Quinault reprend les épopées chevaleresques de Montalvo, l'Arioste et le Tasse. Dans toutes les tragédies et sans exception, le merveilleux, défini par Furetière comme « admirable, excellent, rare, surprenant », est omniprésent[11]. Le spectacle doit créer la surprise, étonner visuellement le spectateur. Ce rôle est confié aux machines dont Furetière, dans sa définition consacrée aux « machines de ballet », souligne implicitement l'attention portée à la vitesse :

> Machines de ballet, sont des inventions pour faire changer les décorations, faire des vols en l'air, faire mouvoir les animaux, et autres artifices qui surprennent et divertissent les spectateurs qui n'en savent pas le secret.

11 Nous nous référons à l'édition de 1690 en y modifiant l'orthographe. Antoine Furetière, *Dictionnaire universel*, Paris, 1690, 3 vol.

Le spectateur prend donc plaisir à être trompé. Or l'artifice de la machine ne peut réussir que dans la réalisation de la vitesse, devenant une donnée incontournable afin de manipuler la perception. Il convient également de jeter un œil sur les définitions de « vitesse ». Celle de Furetière paraît bien mince comparée à l'exhaustivité de celles qui décortiquent la polysémie du terme de « machine », le lexicographe définissant la vitesse comme « Promptitude, célérité. La vitesse de l'orage, de la foudre, d'un trait d'arbalète. On se sauve de la vitesse d'une maison où le feu a pris ». Celles du *Dictionnaire* de Richelet et du *Dictionnaire de l'Académie française* reprennent à quelques exemples près les mêmes éléments. La notion de vertige, quant à elle, est définie chez Richelet comme un « Tournoiement de tête, lequel se fait ou par une vapeur noire et grossière portée impétueusement des parties basses du cerveau, ou par une agitation violence des esprits et des humeurs dans le cerveau même[12] », définition littéralement copiée par Furetière et dont le *Dictionnaire de l'Académie française* ajoute seulement la dimension burlesque, corrélée au *vertigo* et signifiant « caprice, fantaisie[13] ». Dans l'univers du spectacle sous le règne de Louis XIV, la tragédie en musique exhibe un merveilleux mécanisé par la vitesse. Si La Bruyère, dans ses *Caractères*, admettait s'être ennuyé à l'Opéra, il défendait cependant l'importance des machines :

> [... La machine] augmente et embellit la fiction, soutient dans les spectateurs cette douce illusion qui est tout le plaisir du théâtre, où elle jette encore le merveilleux. Il ne faut point de vols, ni de chars, ni de changements aux *Bérénices* et à *Pénélope* : il en faut aux *Opéras*, et le propre de ce spectacle est de tenir les esprits, les yeux et les oreilles dans un égal enchantement[14].

L'enchantement, défini par Furetière comme un « Charme, effet merveilleux procédant d'une puissance magique, d'un art diabolique », ne peut procurer le plaisir, en reprenant l'idée formulée par le moraliste, que dans la réalisation de la vitesse. Si nous prenons le dessin de Jean Berain pour faire mouvoir un dragon[15], le plaisir du merveilleux ne peut

12 César-Pierre Richelet, *Dictionnaire français*, Genève, J. H. Widerhold, 1680.

13 *Dictionnaire de l'Académie française*, Paris, J.-B. Coignard, 1694, 2 vol.

14 La Bruyère, *Œuvres complètes*, éd. J. Benda, Paris, Gallimard, « Bibliothèque de la Pléiade », 1962, p. 79.

15 *Dans l'atelier des Menus Plaisirs du roi. Spectacles, fêtes et cérémonies aux* XVII*e et* XVIII*e siècles* (catalogue de l'exposition des Archives nationales, 19 janvier-24 avril 2011), Paris/

être pleinement ressenti que si les gestes du dragon correspondent à la perception vraisemblablement attendue par celle du public au temps de Lully. Le dragon nous ramène directement à la tragédie de *Persée* qui, acte IV, scène 6, exhibe le combat du héros contre le monstre. Le frontispice de Jean Dolivar pour l'édition de 1682[16] illustre l'épisode, reprenant l'iconographie traditionnelle du mythe que l'on retrouve autant chez Véronèse que chez Titien[17]. Le héros s'apprête à tuer le dragon qui sort de l'eau, prêt à dévorer Andromède, attachée à un rocher prenant la forme d'une arcade. L'image fige un moment de pleine vitesse : celui d'un vol héroïque. Charles-Antoine Coypel s'inspira lui aussi de la tragédie en musique de Quinault et Lully pour composer son tableau *Persée délivrant Andromède*, qui se trouve actuellement au Musée du Louvre.

ISIS, TRAGÉDIE DE LA VITESSE

De toutes les tragédies en musique, *Isis* demeure l'un des exemples les plus enchanteurs sur le plan visuel. Donné devant le roi le 5 janvier 1677 à Saint-Germain-en-Laye, le spectacle nous raconte la séduction de la nymphe Io par l'inconstant Jupiter. Mais cet amour, découvert par la jalouse Junon, amène cette dernière à tourmenter par de cruels supplices la jeune nymphe innocente. Pardonnée au dernier acte par Junon et Jupiter, Io est déifiée et prend le nom d'Isis lors d'une apothéose finale l'élevant à l'immortalité. Le coût du spectacle, selon Jérôme de la Gorce, est estimé à 151 780 livres[18], somme considérable pour l'époque. La part consacrée aux machines est bien évidemment l'une des plus importantes. L'intitulé de la première page de l'imprimé de 1677 confirme l'importance du visuel : « Isis, tragédie en musique, ornée d'entrées de ballet, de Machines, et de Changements de Théâtre[19]. » Le spectacle s'annonce comme une succession de tableaux dont les changements de

Versailles, Archives nationales / Artlys, 2011, p. 168-169. On peut retrouver cette image dans les Archives nationales consultables en ligne, *Archim*, <http://www.culture.gouv.fr/documentation/archim/MP/MP-accueil.htm>, à la cote CP/0/1/3242/B1, p. 2.

16 Voir : <http://gallica.bnf.fr/ark:/12148/btv1b84063370>. [Consulté le 30/01/2018.]

17 Le tableau de Titien se trouve à la Wallace collection de Londres et celui de Véronèse au Musée des Beaux-Arts de Rennes.

18 Jérôme de La Gorce, *L'Opéra à Paris au temps de Louis XIV. Histoire d'un théâtre*, Paris, Desjonquères, 1992, p. 54.

19 Philippe Quinault, *Isis*, Paris, Chr. Ballard, 1677. Nous y avons modifié l'orthographe.

décor illustrent une poétique de la vitesse. La danse, à bien des égards, s'articule parfaitement aux changements mécaniques de la scène par ses mouvements réglés, par la chorégraphie des corps.

La recherche de la vitesse, moteur du spectaculaire, est clairement l'objet de l'acte IV. S'ouvrant sur « l'endroit le plus glacé de la Scythie », Io est envoyée par Junon chez les peuples des climats glacés. Demandant de l'aide à la Furie qui la tourmente, cette dernière lui répond : « Soupire, gémis, pleure, crie / Je me fais de ta peine un spectacle charmant. » Ce « spectacle charmant » n'est autre que le plaisir que nous avons, nous spectateur, d'assister aux supplices de la nymphe qui, sans une minute de répit, est entrainée par la Furie qui l'enlève, scène 3, dans un paysage brûlant : « Le Théâtre change, et représente des deux côtés les forges de Chalybe qui travaillent à forger l'acier, la Mer paraît dans l'enfoncement. » Chants et danses accompagnent les tourments de la nymphe qui se voit propulsée, scène 4, « au milieu des feux qui sortent des Forges ». Si Io réclame la fin du supplice par la mort (« Ne pourrais-je cesser de vivre ? / Cherchons le Trépas dans les flots »), la Furie lui répond : « Partout ma rage te doit suivre / N'attends ni secours ni repos. » Ensuite, « Io fuit, et monte au haut d'un rocher, d'où elle se précipite dans la Mer, la Furie s'y jette après la Nymphe. » Nous arrivons à la scène 5 : « Le Théâtre change, et représente l'Antre des Parques. »

Vertigineuse par sa rapidité, par ses changements de décor dont les didascalies nous invitent à visualiser la vitesse, *Isis* est une tragédie de la démesure, un vertige de la vitesse pour une totalité artistique – lyrique, verbale et visuelle – qui trouve sa cohérence dans la peinture des tourments diaboliques éprouvés par la nymphe. Ce qui pourrait passer pour superflu ne l'est donc plus : la vitesse ne peut être partagée, éprouvée, que si le spectateur ressent un certain vertige, tiraillé entre fascination et répulsion, devenant le miroir impuissant, car passif, d'une succession d'images qui lui donnent tout le plaisir du spectacle, se délectant avec horreur des tourments de la nymphe qui sont simultanément vus et entendus.

Le final, en ce sens, est un grand moment de spectacle. Pardonné par Junon à la dernière scène de l'acte V, Jupiter se repent de sa passion clandestine. Io est alors divinisée et prend le nom d'Isis lors d'une apothéose grandiose :

Jupiter & Junon

Isis est immortelle,
Isis va briller dans les Cieux.
Isis jouit avec les Dieux,
D'une Gloire éternelle.

Jupiter & Junon, & les Divinités remontent au Ciel, et y conduisent Isis dans le temps que les Chœurs des Divinités, & des Peuples d'Égypte répètent ces quatre derniers Vers[20].

Cette esthétique de la vitesse avec descentes et ascensions des dieux, accentuée par les danses qui participent au mouvement de l'image, consacre l'apothéose d'Isis comme l'un des grands moments du spectacle à machines sous le règne de Louis XIV. Sébastien Leclerc ne manqua pas d'inspiration pour l'exécution de son frontispice[21], notamment par la qualité du dessin, l'importance des détails et l'exacte symétrie de la composition. La vitesse y est présente, pour ainsi dire imitée, représentant l'ascension d'Isis qui s'envole accompagnée d'amour, sur un petit nuage, vers Jupiter et Junon, assis dans une gloire céleste rayonnante. Les danseurs, sur la plancher de la scène, exécutent des danses humaines qui communiquent avec le devin. Mais l'image semble tellement parfaite qu'elle en devient dangereuse. En effet, les machines ne sont pas explicitement représentées dans le dessin : quelle différence alors avec un tableau mythologique de Nicolas Poussin ? Le dessin fonctionne lui aussi comme une machine, l'illusion de la main effaçant consciemment ce qui détruirait la vraisemblance, autrement dit le plaisir du spectacle, donc de l'image. Or, la tragédie en musique ne peut prétendre à une telle exécution. Pour cela, il faut que le génie du machiniste soit le plus parfait et le plus discret possible.

20 *Ibid.*, p. 75.

21 Voir : <http://gallica.bnf.fr/ark:/12148/btv1b8406981g.r=Sébastien%20Leclerc%20isis?rk=21459;2>.

UNE ESTHÉTIQUE DE LA VITESSE SUR LA SCÈNE DE L'ACADÉMIE ROYALE DE MUSIQUE

VITESSE ET VRAISEMBLANCE

De *Cadmus* à *Bellérophon* (1673 à 1679), le machiniste officiel de l'Académie royale de musique est Carlo Vigarani[22], ingénieur et intendant des machines de Louis XIV depuis 1662, remplacé en 1680 par Jean Berain jusqu'à sa mort survenue en 1711[23]. Vigarani, figure de génie célébré par de nombreux commentaires[24], fut le magicien de la vertigineuse *Isis*. Mais pour que les machines et les changements de décor parviennent à tromper le spectateur, la réalisation de la vitesse doit trouver une vraisemblance, d'abord technique, par la suite esthétique et poétique. Technique puisqu'elle dépend d'une science, celle des ingénieurs. Prenons l'exemple de la chute de Phaëton à la dernière scène de l'acte V dont Berain nous a laissé un projet[25]. Une annotation du machiniste nous permet de comprendre l'enjeu de la vraisemblance et de la vitesse :

> Il ne fault atacher les cheveaux que par une boucle, laquel sera sur le milieu du dos en équilibre. La boucle tiendra à un armatour qui fer' l'épine du dos tournante dans la crouppe du chevall et un sercle quy embrassera le ventre. Sell d' l'épine du dos passera delon du coll jusque à la teste. Il faudra un ressort à chacquun des cheveaux tenante au trin du devant du chart, se courbant sur la crouppe et feble par le bout afin de ferre ressort, estante passé dans la boucle du dos comme il est marqué au dessin, estant suspendüe de sette manière en esquilibre, estante retenu feblement par ses fill quy seront cachez sou le chart. Les cheveaux ne menqueront pa' d'avoir un mouvemant lorse que le chart marchera[26].

Cette chute ne peut être vraisemblable que dans la réalisation attendue de la vitesse, le fils du Soleil étant sujet à une descente vertigineuse, oblique

22 Jérôme de La Gorce, *Carlo Vigarani, intendant des plaisirs de Louis XIV*, Paris/Versailles, Perrin / Château de Versailles, « Les Métiers de Versailles », 2005.

23 *Id.*, *Berain, dessinateur du Roi-Soleil*, Paris, Herscher, 1986.

24 Robinet, dans une lettre à Madame du 22 février 1670 à propos des *Amants magnifiques*, parle d'un « admirable Génie / Que nous a fourni l'Italie ».

25 Voir *Archim*, <http://www.culture.gouv.fr/documentation/archim/MP/MP-accueil.htm>, à la cote CP/0/1/3241, p. 3, quatrième image de la première ligne.

26 Jérôme de La Gorce, *Berain*, *op. cit.*, p. 84-85.

et/ou verticale, mouvement descendant allant du ciel à la terre. Pour qu'il y ait vraisemblance, il faut que la vitesse du char soit la plus rapide pour parvenir à la plus parfaite imitation de la nature, à l'instar du mouvement mécanique des chevaux[27]. Littéralement, Phaëton n'est autre qu'une comète promise à s'écraser sur la Terre. Ensuite, et seulement si cette condition technique est réussie, la *mimésis* de la vitesse déclenche le plaisir et l'émotion trompe le spectateur, ému par la mort effroyable du plus sombre héros de Quinault, la chute étant accompagnée par ces deux derniers vers chantés par le chœur : « Ô chute affreuse ! / Ô témérité malheureuse ! »

Mais parfois, il arrive que les machines échouent dans leur réalisation, brisant la vraisemblance du merveilleux. La vitesse est comme détournée et le vertige découlant de l'émerveillement devient sujet de raillerie. L'enchantement devient désenchantement. La Fontaine, qui ne portait pas Quinault dans son cœur[28], ironise sur les changements de décor ratés dans son *Épitre à Monsieur de Nyert* :

> Quand j'entends le sifflet[29], je ne trouve jamais
> Le changement si prompt que je me le promets :
> Souvent au plus beau char le contre-poids résiste ;
> Un dieu pend à la corde, et crie au machiniste ;
> Un reste de forêt demeure dans la mer,
> Ou la moitié du ciel au milieu de l'enfer[30].

Illustré par l'idée de promptitude, le lexique confirme l'enjeu de la vitesse dans la vraisemblance poétique, dramatique et visuelle du spectacle. Dans sa *Poétique de l'opéra français*, Catherine Kintzler développe l'enjeu de la vraisemblance, qu'elle articule à l'idée d'un monde possible :

> Si le théâtre doit se présenter comme monde, c'est parce qu'il est proposé à un spectateur : le statut de la fiction esthétique, du fait même de sa finalité,

27 L'imitation de la nature, au XVIIe siècle, n'a pas la même signification qu'on l'entend aujourd'hui. Il ne s'agit pas de copier la nature *stricto sensu*, mais plutôt de la rendre vraisemblable aux attentes du public. C'est même un lieu commun dans le langage de l'époque. Furetière, dans sa définition du verbe « imiter », l'affirme : « On dit proverbialement, que l'art imite la nature. »

28 Lully refusa son poème « Daphné » en 1674 et garda une entière fidélité à Quinault, suscitant la jalousie du fabuliste.

29 Le sifflet était utilisé à l'époque de Lully pour effectuer les changements de décor. Sabbatini en parle dans son *Pratique*.

30 Jean de La Fontaine, *Œuvres complètes*, vol. II : *Œuvres diverses*, texte établi et annoté par Pierre Clarac, Paris, Gallimard, « Bibliothèque de la Pléiade », 1943, p. 617-620.

> suppose un minimum de contraintes aux termes desquelles il pourra passer comme admissible aux yeux du public[31].

Parmi ces contraintes, nous trouvons celle de la vitesse des machines qui, pour reprendre l'idée formulée par Kintzler, rend admissible aux yeux du public le merveilleux. À défaut de réussir, les frontispices de certains imprimés permettent de compenser, sous une autre forme d'illusion, l'idéal de ce que la main de l'homme, dans un spectacle sujet à l'éphémère et aux imprévus, ne peut parvenir à atteindre dans sa perfection.

Prenons le frontispice d'*Alceste* gravé par François Chauveau[32] et qui représente le prologue. Nous découvrons en bas le décor du palais des Tuileries avec la nymphe de la Seine et au-dessus la Gloire : « La Gloire paraît au milieu d'un palais brillant qui descend au bruit d'une symphonie guerrière[33]. » Comme dans le frontispice de *Persée*, le graveur représente un épisode mécanique incluant, c'est une nécessité, la représentation de la vitesse. Il s'agit ici d'un mouvement vertical, la Gloire descendant des cintres pour concurrencer les propos de la Seine qui s'accordent finalement ensemble : « Qu'il est doux d'accorder ensemble / La Gloire et les Plaisirs ! »

LA VITESSE, MOTEUR D'UN TABLEAU MÉCANIQUE

Dans le dernier tiers du XVIIe siècle, le théâtre français accentue une rivalité entre deux esthétiques radicalement différentes de la scène. La première, celle du « palais à volonté », dont Racine a fait choix jusqu'à *Phèdre*[34], s'oppose à la scénographie du changement de décor que nous retrouvons, notamment, sur la scène du Marais et du Palais-Royal, cette dernière accueillant les tragédies en musique de Quinault et Lully après la mort de Molière.

Il est donc possible de voir sur la scène de l'Académie royale de musique une esthétique singulière que nous pourrions désigner par le concept de « peinture mécanique », caractérisée par les changements de

31 Catherine Kintzler, *Poétique de l'opéra français de Corneille à Rousseau* [1991], Paris, Minerve, 2006, p. 105.

32 On peut retrouver ce frontispice ici : <https://operabaroque.fr/LULLY_ALCESTE.htm>.

33 Philippe Quinault, *Alceste ou le Triomphe d'Alcide*, Paris, Chr. Ballard, 1674, p. 2.

34 Esther et Athalie sont données à Saint-Cyr avec des machines et des décors de Berain.

décor, le moteur étant, au nom de la vraisemblance et de la poétique du merveilleux, la vitesse. Il s'agit d'une scène à l'intérieur d'un cadre dans lequel s'enchaînent quantité de tableaux[35]. Alors que le « palais à volonté » se rapproche davantage d'un tableau fixe à l'intérieur duquel se déplace des corps en mouvement, à l'image du *Serment des Horaces* (1785) de David qui reprend la tragédie cornélienne, à l'opposé la scène du Palais-Royal favorise la vitesse pour faire mouvoir ses décors qui forment, arrivés au terme du spectacle, une peinture composite, mais cohérente, une mosaïque de tesselles au service d'un spectacle mimétique, visuel, musical et verbal. La tragédie en musique ne fait que montrer, à travers une esthétique mécaniste de la vitesse, ce que la peinture d'histoire représentait dans son moment d'acmé. Si Quinault pouvait se permettre d'écrire l'histoire de Phaëton en cinq actes sur une durée de trois heures, épaulé par le machiniste Berain dirigeant alors nombre d'artisans et d'ouvriers, un peintre comme Rubens ne pouvait représenter qu'un moment. Mais cela n'empêche pas à sa *Chute de Phaëton*, petit tableau se trouvant à Bruxelles, d'imiter avec une vitalité certaine le sentiment de vitesse dans un tournoiement de couleurs chaudes, brûlantes, parvenant à créer cette sensation de vertige propre au mythe, illustrée par le bras gauche du héros qui cache son visage, peut-être sa honte, certainement son effroi. La vitesse n'est donc pas uniquement le fait du spectacle à machines, mais aussi de la peinture si le sujet s'y prête. Marc Fumaroli le démontre fort bien dans son analyse du tableau de Guido Reni *Atalante et Hippomène* (1612) :

> Par l'effet de la synecdoque optique, Le Guide n'a pas seulement introduit le mouvement et la vitesse sur sa toile : il y a fait passer le flux du temps[36].

La vitesse imitée par les machines n'est-elle pas au service, au sein même de la tragédie en musique, de ce que Fumaroli nomme le « flux du temps » ? Prenons la destruction du palais d'Armide qui achève l'ultime tragédie en musique de Quinault et Lully. La magicienne, déçue de son amour impossible avec Renaud, chante sa fureur dans ces quatre derniers vers :

---

35 Sur le rapport entre la scène et le tableau : *La Scène comme tableau*, éd. par Jean-Louis Haquette et Emmanuelle Hénin, Poitiers, La Licorne, 2004, p. 23-52.

36 Marc Fumaroli, *L'École du silence. Le sentiment des images au* XVIIe *siècle*, Paris, Flammarion, « Champs Arts », 1994, p. 242.

Fuyez, Plaisirs, fuyez, perdez tous vos attraits.
Démons, détruisez ce Palais,
Partons, et s'il se peut, que mon amour funeste
Demeure enseveli dans ces lieux pour jamais. [V, 5]

Les démons détruisent le Palais enchanté, et Armide part sur un char volant[37].

Vertigineux dans l'exécution de la vitesse, le spectateur assiste à la destruction du palais, autrement dit de la décoration, et contemple la fuite d'Armide sur son char qui, par une sorte de *tabula rasa* réduisant en poudre ce qui lui rappelle le souvenir déçu d'une passion impossible, amène l'œil du spectateur à quitter progressivement le tableau par la disparition, hors champ, de l'héroïne dans les coulisses. L'œil quitte alors le tableau mécanique, le cadre de la scène ; la musique s'arrête, le rideau tombe et l'illusion laisse place au retour de la réalité. C'est ce moment que représente Charles-Antoine Coypel dans sa *Destruction du palais d'Armide*[38]. Charles-Antoine, peintre et dramaturge érudit qui a pensé la relation du théâtre et de la peinture, admirait la tragédie en musique de Quinault et Lully[39]. Il y a comme une sorte de gageure : comment représenter dans un moment figé, autrement dit « fixer » sur un support par des pigments, ce que la perception, troublée par la vitesse des machines, ne peut saisir un seul instant sur la scène du Palais-Royal ? Or chez Coypel la vitesse est omniprésente. Il n'y a qu'à regarder les colonnes du palais pulvérisées sur les côtés latéraux par les démons. À l'intérieur d'une composition triangulaire, la magicienne, qui chevauche un dragon, détruit de sa baguette qu'elle tient de sa main droite un décor qui semble s'écrouler sur le spectateur. Un éclair, qui traverse obliquement la magicienne, affirme la puissance d'Armide dans le déchainement des éléments. Théâtrale, la composition est une

37 Philippe Quinault, *Theatre de M. Quinault, Contenant ses Tragédies, Comédies et Opéras* [*sic*]. *Dernière édition, augmentée de sa Vie, d'une Dissertation sur ses Ouvrages, & de l'origine de l'Opéra. Le tout enrichi de Figures en taille-douce*, Paris, Pierre Ribou, « seul libraire de l'Académie Royale de Musique », M.DCC.XV, vol. 5, 1715, p. 428.

38 On peut retrouver l'image en haute définition sur Wikimedia : <https://commons.wikimedia.org/wiki/File:Charles-Antoine_Coypel_La_destruction_du_palais_d%27Armide_Nancy_22122007_01.jpg>.

39 Pour une étude de l'œuvre du peintre : Thierry Lefrançois, *Charles Coypel 1694-1752*, Paris, Arthéna, 1994. En l'occurrence, la composition en question a fait l'objet d'une étude de Gabrielle Vickermann-Ribémont dans son article « Nouvelles images de la séduction féminine : *Armide* de Quinault et ses reprises en peinture », *Littératures classiques*, 2009/2, n° 69, p. 205-225.

réinterprétation picturale qui permet au spectateur de l'époque, habitué des tragédies en musique de Quinault et Lully[40], d'admirer dans une sensation de vertige plus contrôlée, raisonnée, l'image qui, bien que mouvante dans sa composition, permet la méditation de ce que la scène de l'Académie royale de musique refusait par la vitesse des changements de décor.

Les machines d'opéra réalisent donc ce que la peinture d'histoire s'efforçait d'imiter sous l'Ancien Régime dans une composition fixe, mais mouvante, à l'instar du regard, organe en perpétuel mouvement. Alors que la tragédie en musique est une peinture mécanique qui, à l'aide de la vitesse des machines, nous invite au voyage optique, au vertige de la vitesse, la peinture d'histoire convoque quant à elle la vitesse à travers le regard raisonné du spectateur.

CONCLUSION
Des machines d'opéra aux effets spéciaux

Dans une sorte de pacte, de contrat spectaculaire entre le public et ses créateurs, le spectateur accepte l'illusion si l'artifice trouve une vraisemblance esthétique, l'effet escompté étant une douce sensation de vertige, contrôlée et agréable, la raison acceptant de laisser la place à l'imagination à la seule condition que l'entendement soit trompé. Cette nécessité poético-technique nous amène à rapprocher les machines d'opéra de nos actuels effets spéciaux. Que l'on soit en effet spectateur de *Persée* en 1682 ou du *Choc des Titans* en 2010, le mythe d'Andromède ne peut trouver de vraisemblance, visuelle et dramatique, que dans la réalisation de la vitesse. Par exemple, l'attaque du monstre marin dans le film de Louis Letterier, rendue possible par des effets spéciaux à la pointe des progrès techniques pour un *blockbuster* au coût exorbitant, trouve une vraisemblance visuelle par la vitesse des images, notre époque renforçant l'illusion par l'immersion tridimensionnelle à l'aide de lunettes, ce dont

40 Les reprises des tragédies en musique de Quinault et Lully durèrent tout au long du XVIIIe siècle, jusqu'à la réforme de Gluck où le compositeur, sans changer un vers d'*Armide*, proposa une nouvelle version en 1677.

a profité *Le Choc des Titans* à sa sortie. Si les effets spéciaux échouent, l'illusion est brisée, d'où le changement de regard que nous portons, aussi et c'est inévitable, sur les films de science-fiction des années 1950-1960, tels ceux d'Ed Wood, devenus l'objet d'un culte auprès de nombreux cinéphiles, notamment pour ses artifices ratés. Parmi les plus célèbres, citons l'exemple de la soucoupe volante de *Plan 9 from Outer Space* (1959) où le fil visible à l'œil nu n'est pas sans rappeler les cordes mal cachées au temps des spectacles du Roi-Soleil.

Entre raison et déraison, la maîtrise de la vitesse illustre la recherche propre à l'homme, pour reprendre l'idée formulée par Descartes, d'être maître et possesseur de la nature. Mais paradoxalement, nous trouvons du plaisir à être trompé, à exciter nos passions. Si le merveilleux, comme l'écrivait La Bruyère, « soutient dans les spectateurs cette douce illusion », il fut autant le plaisir d'un public sous l'Ancien Régime européen que d'un public mondialisé à l'heure de l'image numérique. L'homme semble chercher dans la maîtrise de la vitesse ce vertige qui, dans sa visée trompeuse, le conduit à se perdre, et pour son plus grand plaisir.

Anthony SAUDRAIS
Université Rennes 2

« RAPIDITÉ ET ACTION »

Techniques impressionnistes chez Henry James et Herman Bang

Le « Patagonia » de Henry James (1891) met en scène une jeune Américaine rejoignant son fiancé en Europe, et dont le comportement est jugé inconvenant par les autres passagers du paquebot durant sa traversée de l'Atlantique. L'héroïne éponyme de Herman Bang dans *Irene Holm* (1890) est une danseuse ratée réduite à donner des cours de danse d'un village à l'autre. Une lecture comparée permettra d'analyser en quoi la vitesse est à la fois un outil narratif et un motif thématique dans les deux nouvelles. James et Bang écrivent tous les deux dans le contexte de changements sociaux et scientifiques qui caractérisent la fin du XIXᵉ siècle et provoquent une accélération générale des modes de vie à travers les transports, l'industrialisation et le développement de nouvelles technologies. Cette période sera décrite comme un « âge de la nervosité[1] » dans de nombreux ouvrages contemporains qui défendent l'idée que ce nouveau mode de vie était nuisible à la santé, à cause de l'excès d'impressions sensorielles dans l'environnement. Aux États-Unis, *American Nervousness* de George Miller Beard (1881) met en garde contre les effets de la civilisation moderne sur le système nerveux. En Europe, Max Nordau et Willy Hellpach se basent également sur l'observation de l'augmentation des sources de stimulation sensorielle dans l'environnement moderne pour fonder des théories similaires[2]. Arnold Hauser utilise une autre expression pour qualifier cette période : « l'âge de l'impressionnisme[3] ». L'impressionnisme dans l'art pictural fournit en effet une représentation

---

1 Stephen Kern, *The Culture of Time and Space, 1880-1918*, Cambridge, Mass., Harvard University Press, 2003, p. 126.

2 *Ibid.*

3 Arnold Hauser, *Social History of Art*, vol. 4 : *Naturalism, Impressionism, The Film Age*, London, Routledge, 2005, p. 178.

de scènes typiques de cette nouvelle ère. Ainsi, Monet peint une série de tableaux autour de la gare Saint-Lazare en utilisant des techniques basées sur les impressions sensorielles. Il s'agit donc d'un mouvement qui prend place dans le *zeitgeist* culturel et artistique, ce qui explique en partie que le terme « impressionniste » ait été aussitôt appliqué à la littérature, aussi bien par le public que les critiques et les écrivains eux-mêmes.

POURQUOI ALLER VITE ?

Herman Bang est un bon exemple de ce phénomène. Ses premiers travaux critiques se concentrent sur le réalisme, mais plus tard, dans un échange de lettres avec le critique Erik Skram, il défend sa technique littéraire en faisant référence à l'impressionnisme. Skram l'accuse d'écrire de manière « nerveuse » et « essoufflée[4] », regrettant le manque de détails dans la construction des personnages. Si Skram accorde aussi des qualités esthétiques à ce style en le comparant à l'art impressionniste, c'est pour le décrire comme « *litterære hurtighedskunst* », terme ambigu qui peut se traduire aussi bien par « l'art de la vitesse » (la maîtrise de celle-ci par l'artiste) que par « de l'art en vitesse » (rapidement exécuté). Bang répond en s'appropriant le terme, comme ses prédécesseurs dans l'art pictural avaient repris le mot forgé par le critique Louis Leroy[5]. Selon lui, l'impressionniste littéraire a la particularité de ne pas se fier à « la

4 Erik Skram, « Et Litterært Rundskue », *Tilskueren*, Copenhague, Philipsens Forlag, 1890, p. 479.

5 « Le terme d'"impressionnisme" vient d'un article du critique d'art Louis Leroy, paru dans le journal quotidien le Charivari en date du 25 avril 1874, et intitulé : "L'exposition des impressionnistes". Moqueur, Leroy y raconte sa visite dans l'atelier parisien du photographe Nadar, boulevard des Capucines, où une "Société anonyme des artistes peintres, sculpteurs, graveurs, etc." présente pendant un mois plus de cent cinquante œuvres. Le critique s'acharne sur un tableau de Claude Monet, peint en 1872, et intitulé "Impression, soleil levant" : "Je me disais aussi, puisque je suis impressionné, il doit y avoir de l'impression là-dedans...". Ce surnom encombrant d'"impressionnistes", Monet et ses amis de la Société anonyme vont non seulement l'accepter, mais le reprendre, dès 1877, à l'occasion de nouvelles manifestations qu'ils organisent. » Source : <http://www.larousse.fr/encyclopedie/divers/impressionnisme/60306>. (Tous les liens cités dans cet article ont été consultés le 25/05/2015.)

méditation et… la délibération du roman psychologique[6] », et donc de demander un plus grand travail d'interprétation de la part de son lecteur. Celui-ci doit remplir les blancs d'une narration qui se concentre sur la surface pour donner « une illusion extérieure de vie mouvementée[7] ». L'effet recherché est la création d'images et de sensations, par le biais de descriptions souvent réduites à l'essentiel et présentées en focalisation externe, avec le désir de « montrer plutôt que de raconter[8] ». Chez Bang, l'impressionnisme aboutit donc à une sorte de minimalisme[9].

Son contemporain anglo-américain James se trouve également lié à l'impressionnisme. Non seulement il écrivit plusieurs articles sur l'impressionnisme pictural[10], mais il était également proche de Ford Madox Ford, auteur anglais pour qui l'impressionnisme littéraire était essentiel au développement de la littérature moderne[11]. James lui-même n'écrit pas sur l'impressionnisme dans la littérature, mais le concept d'impression est au cœur de son discours critique, notamment ses préfaces de l'édition de New York :

> Reconnaissant si promptement le seul critère pour juger de la qualité d'un sujet donné, la question qui s'y rattache, correctement traitée, efface toutes les autres : est-il valide, c'est-à-dire est-il authentique, sincère, le résultat d'une impression ou perception directe de la vie[12] ?
>
> Je marchais toujours en fin de soirée, lorsque j'avais passé la soirée dehors, ce qui était le plus souvent le cas ; cela voulait dire recevoir de multiples impressions, et celles-ci faisaient leur chemin jusqu'à ce qu'après un certain temps le livre naisse[13].

---

6 Herman Bang, « En Lille Replik », dans *Under Aaget* : vol. 7 : *Romaner og Noveller*, Det Danske Sprog- og Litteraturselskab, 2010, p. 506.

7 *Ibid.*, p. 507.

8 *Ibid.*

9 Il est également intéressant de noter ce contraste avec James, surtout associé à des romans longs et denses, comme *Portrait de Femme* ou *Les Ambassadeurs*.

10 Exemples dans Henry James *The Painter's Eye: Notes and Essays on the Pictorial Arts*, éd. par John L. Sweeney, Madison, University of Wisconsin Press, 1956.

11 Voir par exemple « On Impressionism », dans Ford Madox Ford, *Critical Writings of Ford Madox Ford*, Lincoln, University of Nebraska Press, 1964.

12 « *Recognising so promptly the one measure of the worth of a given subject, the question about it that, rightly answered, disposes of all others–is it valid, in a word, is it genuine, is it sincere, the result of some direct impression or perception of life?* » Préface de *The Portrait of a Lady*, en ligne : <http://www.henryjames.org.uk/prefaces/home.htm>.

13 « *I always walked home at the evening's end, when the evening had been spent elsewhere, as happened more often than not ; and as to do this was to receive many impressions, so the impressions worked*

En prolongement de la dimension génétique mise en avant dans la dernière citation, James donne des raisons plus pratiques que théoriques pour son écriture en vitesse. Il confie qu'en écrivant *La Muse tragique*, il s'inquiétait de sa difficulté à rester concis, et cherchait à écrire ce nouveau roman sur le modèle de ses nouvelles afin d'éviter les épanchements inutiles. Cependant, rester en deçà des limites imposées par ses éditeurs dans ses nouvelles était une tâche qu'il comparait aux « efforts angoissés d'un infirmier d'asile psychiatrique occupé à un moment critique à attacher la camisole de force d'un patient[14] ». Il s'agissait donc de fonder l'écriture sur la rapidité et l'action (« *rapidity and action* »), et de faire en sorte d'être le moins descriptif et illustratif possible (« *descriptive and illustrative*[15] »). Comme Bang, James emploie des métaphores picturales pour théoriser ce projet d'écriture, préférant cependant « *picture* » à « *illusion* », terme employé par Bang. Nous pouvons donc observer chez ces deux écrivains un rapprochement entre la rapidité de l'écriture et l'aspect visuel du texte, dont on peut penser qu'il est inspiré par la manière dont l'art visuel de l'époque rendait compte de l'accélération de la vie.

ÉCRIRE LA VITESSE

Les choix esthétiques ou structurels de ces deux auteurs semblent donc s'inscrire pleinement dans la modernité de leur époque. La vitesse fait partie d'un projet esthétique général, mais est également thématisée dans les deux nouvelles. Une des scènes souvent commentées d'une autre œuvre de Bang est le début de son roman *Stuk*, où il représente la vitesse de la ville moderne, donnant une impression d'activité et de mouvement constant :

---

and sought an issue, so the book after a time was born. » Préface de *The Princess Casamassima*, en ligne : <http://www.henryjames.org.uk/prefaces/home.htm>.

14 « *The anxious effort of some warden of the insane engaged at a critical moment in making fast a victim's straitjacket.* » Henry James, *Literary Criticism*, vol. 2 : *French writers. Other European writers. The prefaces to the New York edition*, New York, Library of America, 1984, p. 1238.

15 Henry James, *The Notebooks of Henry James*, éd. par F. O. Matthiessen, Kenneth B. Murdock, Chicago, University of Chicago Press, 1981, p. 92.

> C'était encore le crépuscule, et la dernière lumière gris-bleu du jour flottait au-dessus du parc et de St Peders Mølle. Les réverbères étaient déjà allumés, les lumières et les devantures des magasins brillaient au-dessus du flot des passants. Des cohortes d'ouvriers s'écoulaient sur le trottoir depuis le pont, comme une armée marchant au pas cadencé sur les pavés, tandis qu'au milieu de la chaussée les calèches des théâtres se frayaient un chemin, trois de front, des dames enjouées portant chapeau debout sur la plate-forme arrière agrippées à la barre au-dessus de leur tête[16].

Cette description de Copenhague le soir crée une impression vive en associant une lumière « gris-bleu » suggérant un tableau impressionniste, à d'autres sensations, comme l'effet sonore des pas des piétons. On voit ici clairement le lien entre projet esthétique et contenu narratif : le mode de représentation et le sujet forment un tout. Dans *Irene Holm*, nous trouvons une mention directe de la vitesse des mouvements de la danseuse, mais son cadre rural rend moins compte de la vitesse sociétale. Cependant, l'effet stylistique est le même, car le style du récit renforce l'impression d'accélération :

> Elle disait : plus vite ! et recommençait à tournoyer, souriant, saluant. Du torse, des bras, elle faisait une mimique indescriptible. Elle ne voyait plus le visage des assistants, elle ouvrait la bouche, souriait, montrait toutes ses dents (d'horribles dents) – elle saluait, posait – et, tout à son art, ne savait, ne sentait que le *Solo*[17].

Comme dans le passage de *Stuk*, l'accélération est ici représentée par l'accumulation de verbes, dont plusieurs sont répétés dans l'original : « souriait », « gesticulait » et « se balançait ». L'expression « *mer og mer* » (de plus en plus) contribue également à cet effet d'intensité croissante. C'est un exemple de l'une des techniques identifiées par Kathryn Hume

---

16 Ma traduction. « *Det var Skumring endnu, og over Parken og Skt. Peders Mølle hvilede det graablaa sidste Skær af Dag. Men langs Gaden var der allerede tændt, og Lygter og alle Butikers Blus lyste ud over Vrimlen. Lig en hel Armé strømmede Arbejderne langs Fortovene ud ad Broen – som en taktfast Marsch lød det mod Stenene; og midt ad Gaden, paa Sporet, klemtede de oplyste Teatervogne frem, tre i Rad, propfulde, med glade, hætteklædte Damer, der hang og red helt ud paa Platformene.* » (Herman Bang, *Stuk*, Copenhague, Gyldendal, 2010, p. 7.)

17 Bang, en ligne : <http://fr.wikisource.org/wiki/Page:L'Humanité_nouvelle,_année_2,_tome_2,_volume_3.djvu/583>. « *Hun sagde: Hurtigere – og begyndte at svinge igen. Hun smilede og vinkede og viftede og viftede. Det blev mer og mer med Overkroppen, med Armene, det blev mer og mer det mimiske. Hun saá ikke Tilskuernes Ansigt mer – hun aabnede Munden – smilede, viste alle sine Tænder (nogle græsselige Tænder), – hun vinkede, agerede, – vidste, følte kun "Soloen"* » (*Under Aaget*, 355).

pour générer un effet de vitesse dans la narration : la (dé)multiplication d'unités, ici les verbes, qui crée une impression d'activité intense et productive[18].

Dans *Le « Patagonia »*, James place aussi la vitesse au cœur du récit à travers son impact sur les voyages et le confort des voyageurs. L'héroïne, Miss Mavis, a hâte de prendre le large (« *steam into the great ocean*[19] »), et c'est toute la puissance et la modernité du navire qui l'attire. Le narrateur découvre cependant que le bateau initialement prévu a été remplacé par un modèle plus ancien, ce qui ralentira la traversée :

> Je me réjouissais même de la nouvelle que j'avais apprise durant l'après-midi – qu'à la onzième heure un vieux bateau moins rapide avait remplacé le vaisseau sur lequel j'avais retenu une place pour la traversée. L'Amérique rôtissait, l'Angleterre était peut-être bien étouffante et une traversée plus lente (qui en cette saison promettait d'être belle) représentait la garantie de dix ou douze jours d'air frais[20].

Ce sont donc les possibilités offertes par une lenteur relative qui mettent en branle l'action de la nouvelle, et offrent au narrateur une situation plus agréable, ce ralentissement étant vu comme une source de paix contrastant avec la vie moderne trop mouvementée, pleine « des lettres, des télégrammes, des journaux, visites, obligations, et autres efforts, toutes les complications, toutes les superstitions, tout le superflu dont notre vie de terriens est emplie[21] ». Ce résumé de la vie moderne à travers la liste de ses contraintes successives évoque de nouveau l'idée de Hume que l'effet de vitesse dans la narration est produit par une multiplication d'éléments.

Cependant, une autre forme de vitesse apparaît, à la fois conséquence et contrepoint de la lenteur du voyage : l'inactivité des passagers pendant la traversée fait que les rumeurs circulent très vite. Ceci permet

18 Kathryn Hume, « Narrative Speed in Contemporary Fiction », dans *Narrative*, vol. 13, n° 2, mai 2005, p. 107.

19 Henry James, *A London Life and other Tales*, London, MacMillan, 1889, p. 35.

20 Henry James, *Nouvelles complètes III*, trad. Max Duperray, Paris, Gallimard, 2011, p. 195 : « *I was even glad of what I had learned in the afternoon at the office of the company–that at the eleventh hour an old ship with a lower standard of speed had been put on in place of the vessel in which I had taken my passage. America was roasting, England might very well be stuffy, and a slow passage (which at that season of the year would probably also be a fine one) was a guarantee of ten or twelve days of fresh air.* »

21 *Ibid.*, p. 222 : « *…letters and telegrams and newspapers and visits and duties and efforts, all the complications, all the superfluities and superstitions that we have stuffed into our terrene life.* »

d'avancer l'histoire, et crée un lien inversé entre la lenteur de mouvement du vaisseau et la rapidité de la narration :

> Dans la vacuité d'une existence maritime, ce qui ne regarde personne devient ce qui concerne tout le monde, et c'était là une des choses qui se propagent avec une célérité aussi mystérieuse que ridicule[22].

Nous trouvons donc ici une complémentarité entre lenteur et vitesse, qui s'étend même à l'expérience de la lecture, accélérée par les révélations des personnages dans certains des dialogues. Cette observation du narrateur rappelle également la volonté de James d'aller vite dans la narration. Un jeu se met en place entre l'auteur et son personnage-narrateur : en contrepoint à James cherchant à réguler les débordements de son texte, ce dernier contribue à la propagation des rumeurs dans de nombreux dialogues, et avoue même être « trop nerveux et… [perdre] la tête[23] » face à leur multiplication. On peut voir dans l'aspect fiévreux de sa narration un indice métatextuel du double souci de vitesse et de régulation manifesté par l'auteur.

COMMENT ALLER VITE ?

Le texte de James révèle donc l'interaction entre la vitesse représentée et celle perçue par le lecteur. Pour aboutir à une narration plus rapide, les deux auteurs emploient des stratégies variées, mais qui reposent souvent sur la réduction de la voix narrative, à travers le non-dit et l'ellipse, ou simplement la brièveté. La narration agit comme réducteur du volume narratif dans plusieurs des nouvelles de James, à travers un narrateur homodiégétique, mais qui n'a qu'un rapport superficiel avec les autres personnages, et n'a donc pas une compréhension suffisante des détails de l'intrigue. Ceci est notamment le cas dans *Brooksmith* (1891) et *The Visits* (1893). Le narrateur

22 *Ibid.*, p. 223 : « *In the blank of a marine existence things that are nobody's business very soon become everybody's, and this was just one of those facts that are propagated with a mysterious and ridiculous rapidity.* »

23 *Ibid.*, p. 219 : « *too excited, I lose my head* ».

du « *Patagonia* » annonce d'emblée ses limites, n'ayant accès qu'à « ce qui était visible à la surface » (« *what was visible on the surface* »). Son impression de l'un des personnages principaux est donc essentiellement faite d'hypothèses :

> Cela correspondait chez moi confusément à une impression personnelle que je croyais avoir du gentleman qui, à Liverpool, attendait, ou attendrait, la *protégée* de Mrs Nettlepoint. Je l'avais rencontré, je l'avais connu à un certain moment, dans quelque lieu, de quelque manière, en Europe. N'étudiait-il pas quelque chose – très assidûment – quelque part, à Paris sans doute, dix ans plus tôt, et ne faisait-il pas des dessins d'une finesse extrême, au trait épuré, des dessins d'architecture ?... N'était-il pas exemplaire et fort démuni, à tel point que je l'imaginais sans pardessus, usant de son tartan comme couverture la nuit ? Ce souvenir grandit tellement dans ma mémoire qu'au bout de dix minutes j'eus l'impression curieuse d'en savoir beaucoup – par déduction – sur cette demoiselle[24].

Le narrateur ne connaît pas vraiment le personnage et recompose donc son histoire, en quelques minutes, comme le texte le précise, à travers quelques souvenirs de son fiancé. Ces souvenirs apparaissent de manière fragmentaire, comme des impressions, évoquant des esquisses de dessins dans l'évocation du style vestimentaire du fiancé. C'est le cœur du paradoxe en jeu : une grande quantité d'informations est fournie en peu de temps, mais tout est à vérifier. La mention du temps pris par le narrateur pour retrouver ces détails apparaît comme un autre indice métatextuel, nous rappelant de nouveau les efforts de James pour développer sa narration le plus rapidement possible.

Le texte de Bang est caractérisé par une oscillation constante entre focalisation externe et interne, mais qui selon la théorie même de l'auteur évite d'évoquer directement les pensées et émotions de ses personnages. Une réduction de la voix narrative similaire à celle observée chez James, produite par une concentration sur la surface de l'action, laisse une large part au non-dit :

24 *Ibid.*, p. 203-204 : « *Surely I had a personal impression, over-smeared and confused, of the gentleman who was waiting at Liverpool, or who would be, for Mrs Nettlepoint's protégée. I had met him, known him, some time, somewhere, somehow, in Europe. Was he not studying something–very hard–somewhere, probably in Paris, ten years before, and did he not make extraordinarily neat drawings, linear and architectural?... Was he not exemplary and very poor, so that I supposed he had no overcoat and his tartan was what he slept under at night?... This reminiscence grew so much more vivid with me that at the end of ten minutes I had a curious sense of knowing–by implication–a good deal about the young lady.* »

> Le cours était maintenant sérieusement organisé : trois fois la semaine les enfants dansaient dans la salle de l'auberge, éclairée par deux lampes suspendues à une poutre. La poussière amassée là depuis longtemps tournoyait sous les pas dans l'air froid. Les sept enfants s'agitaient dans l'espace comme une volée de pies et Mlle Irène courait redresser les dos et arrondir les bras.
> – « Une, deux, trois – battez ! une, deux, trois – battez », et les sept moutards retombaient à terre les jambes écartées, pendant que mademoiselle Irène à force de crier s'emplissait la gorge de poussière[25].

Le style est donc immédiat et fragmentaire, créant un effet de flou qui peut aussi être rapproché de l'impressionnisme. Il se concentre sur la surface physique, décrivant les mouvements des danseurs ainsi que l'air qui les entoure, froid et poussiéreux. Si le dialogue n'est pas explicitement attribué à Irène Holm, le lecteur sait que c'est elle qui donne le cours, et donc elle seule a une identité clairement constituée.

Dans la nouvelle de James, le dialogue est même franchement dominé par le non-dit, ce qui permet de créer de la tension sans description narrative :

> « Je ne vous connais que très peu », dit la jeune fille, soutenant son regard.
> « J'ai dansé avec vous à un bal quelconque… au profit de victimes de je ne sais plus quoi. »
> « Une inondation, il me semble », répondit-elle en souriant. « Mais il y a fort longtemps… et je ne vous ai pas revu depuis. »
> « Je suis parti très loin… pour ma perte. Moi, j'aurais dit un grand incendie[26]. »

Ici, le texte condense la narration à travers le dialogue, nous exposant la relation ambiguë entre ces deux personnages, qui constituera ensuite la source de l'intrigue. De nouveau, il y a peu de commentaires narratifs, et la charge émotive entourant cette conversation assez superficielle est

---

25 Bang, en ligne : <http://fr.wikisource.org/wiki/Page:L'Humanité_nouvelle,_année_2,_tome_2,_volume_3.djvu/575>. (« *Kursus'et var i fuld Gang. De dansede tre Gange om Ugen i Krosalen ved to Lamper, der hang under Bjælken. Det gamle Støv stod op i den kolde Stue under Trinene. De syv var vildfarende som en Flok Skader. Frøken Holm rettede Rygge og bøjede Arme. / – En – to – tre, Battement… / – En – to – tre – Battement… De syv faldt ned fra Battementet og skrævede … / Frøken Holm fik Støv i Halsen af at raabe. De skulde danse Vals, Par og Par.* »)

26 James, *op. cit.*, p. 206 : « *"I know you very little", the girl said, returning his observation. / "I've danced with you at some ball–for some sufferers by something or other." / "I think it was an inundation," she replied, smiling. "But it was a long time ago–and I haven't seen you since." / "I have been in far countries–to my loss. I should have said it was for a big fire."* »

seulement indiquée par la contradiction entre les propos des deux personnages. De nombreux autres dialogues montrent le développement des rumeurs autour des deux protagonistes, dialogues parfois difficiles à suivre car l'absence de commentaire en réduit également la compréhension. Nous n'arrivons pas toujours à identifier qui parle, et devons donc remonter les répliques pour attribuer ses propos à chaque personnage :

> Ce même soir, elle me dit soudainement : « Savez-vous ce que j'ai fait ? J'ai demandé à Jasper.
> – Demandé quoi ?
> – Mais si elle lui avait demandé, voyez-vous.
> – Je ne comprends pas.
> – Mais si, vous comprenez parfaitement. Si cette fille lui a vraiment demandé, sur le balcon, de voyager en notre compagnie.
> – Ma chère amie, imaginez-vous, si c'était le cas, qu'il vous le dirait ?
> – C'est exactement ce qu'il dit. Mais il maintient qu'elle ne l'a pas fait[27]. »

Ceci renvoie à une autre notion identifiée par Hume, cette fois-ci l'inverse de la prolifération d'éléments, la « soustraction » : ces textes ne contiennent pas les liens qui pourraient faciliter la compréhension ou rendre la narration plus claire[28]. Cette soustraction rajoute également une autre distinction entre la vitesse de l'écriture et la vitesse de lecture : les dialogues contiennent moins de mots qu'une narration expliquant les mêmes informations, mais ne sont pas forcément plus rapides à lire, car le lecteur est obligé de revenir sur ses pas. Hume précise également que ces deux formes d'accélération vont souvent de pair pour provoquer une impression plus intense de vitesse, comme dans l'exemple cité ci-dessus, où la soustraction d'information sur les locuteurs est associée à une accumulation de suppositions sur l'intrigue.

De même, chez Bang, c'est l'absence paradoxale de commentaire narratif qui nous fait comprendre les nuances de l'état intérieur du personnage :

> Maintenant elle revoyait leur triste chambre à la maison : la mère gémissant en son fauteuil, la sœur activant l'assommante machine à coudre sous la

---

27 *Ibid.*, p. 228-229 : « *That same day, in the evening, she said to me suddenly, "Do you know what I have done? I have asked Jasper." / "Asked him what?" / "Why, if she asked him, you know." / "I don't understand." / "You do perfectly. If that girl really asked him–on the balcony–to sail with us." / "My dear friend, do you suppose that if she did he would tell you?" / "That's just what he says. But he says she didn't."* »

28 Hume, *op. cit.*, p. 111.

> lumière de la lampe, et elle entendait encore, dans son esprit tourmenté par ce souvenir, sa mère lui demandant :
>
> – Anna Stein a dansé comme première ?
>
> – Oui, maman
>
> – La danse napolitaine, sans doute ?
>
> – Oui, maman.
>
> – Elle était avec toi à l'école ?, ajoutait la vieille, en regardant sa fille derrière la lampe.
>
> – Mais oui, maman !
>
> … Et elle voyait Anna Stein, dans sa jupe bariolée, garnie de rubans flottants, si vivante et si rieuse dans la lumière de la rampe, au milieu du grand Solo[29]…

De nouveau, le dialogue n'est ni attribué ni commenté, mais son ton est clair dans la répétition des affirmations courtes et mélancoliques d'Irène. Curieusement, la traduction française a rajouté une interprétation de « l'esprit tourmenté » du personnage, mais le texte original ne rend pas explicite sa réaction émotive, la faisant apparaître à travers ses ellipses. L'image finale, livrée sans commentaire, est évidemment une vision douloureuse des rêves non accomplis de la protagoniste. Cette narration économique n'a pas besoin de formuler ceci directement, car le contraste entre l'image « triste » de la vie familiale d'Irène et celle « si vivante et si rieuse » de l'autre danseuse est souligné par les modes d'éclairage symboliquement opposés, la lampe de travail et les feux de la rampe, c'est-à-dire d'un côté le confinement et la besogne et de l'autre le succès et la vie d'artiste.

Le « *hurtighedskunst* », ou impressionnisme littéraire de Bang repose donc également sur la création de tableaux textuels qui (re)présentent les sensations, et parfois les effets visuels, d'un moment. Bang montre ses personnages à travers des scènes courtes se focalisant sur les corps et les apparences, et qui suggèrent sans le décrire leur état psychologique. Alors que la « vie mouvementée » (qui ici est figée) est résumée rapidement, cette surface devrait laisser apparaître, de manière plus durable,

29 Bang, en ligne : <http://fr.wikisource.org/wiki/Page:L'Humanité_nouvelle,_année_2,_tome_2,_volume_3.djvu/579> (« *Hun saá deres Stue hjemme. Moderen, der sad stønnende i den store Stol, og Søsteren, der drejede den hakkende Symaskine, nær ved Lampen, og hun hørte Moderen sige med sin astmatiske Stemme: / – Dansede Anna Stein Solo? / – Ja, Mo'er. / – Hun havde vel "La grande Neapolitaine"? / – Ja, Mo'er. / – I to kom sammen paa Skolen, sagde Moderen og saá over paa hende bag Lampen. / – Ja, Mo'er. / Og hun saá Anna Stein i det brogede Skørt – med de flagrende Baand i Tamburinen – saa levende og leende i Lyset fra Rampen i den store Solo…* »)

une réalité plus profonde. Pour présenter la protagoniste de *Irene Holm*, il fournit cette réflexion sur son apparence extérieure :

> Elle paraissait toute petite, fanée et vieillotte, avec sa figure singulière de fillette de quarante ans émergeant d'une toque de fourrure. Les poignets étaient entortillés de vieux linge pour les défendre contre les menaces du rhumatisme. Elle prononçait en parlant toutes les consonnes et disait avec un air ahuri : « Merci, oh ! merci, je peux très bien », chaque fois qu'on lui venait en aide[30].

Irène est donc présentée à travers son apparence physique et sa manière de parler. Son attitude suggère les effets de l'âge, ainsi qu'une certaine faiblesse et un air un peu affecté. Ses paroles contredisent l'impression d'incapacité qu'elle donne, suggérant la complexité du personnage sans conclusion décisive du narrateur sur sa personnalité, laissant le lecteur faire sa propre interprétation. Nous comprenons dès lors pourquoi Skram voyait dans cette absence de détails l'une des faiblesses de Bang qui l'empêchaient de représenter la vie avec suffisamment de profondeur[31]. Bang utilise également le positionnement du corps du personnage pour suggérer ses émotions :

> Silencieuse, elle demeurait assise sur le panier, les mains aux genoux, les yeux perdus vers l'étroite bande de lumière qui s'échappait de la porte du maréchal[32].

Il s'agit ici d'une description physique simple. L'image est fixe et le personnage assez passif ; seule sa position nous révèle certains aspects de son caractère et de ses sentiments, suggérant une acceptation résignée d'une vie insatisfaisante, mais sans donner accès à ses pensées pour confirmer cette impression. Ici encore, cette composition permet de communiquer une grande quantité d'information en peu de temps, mais l'action est figée, donc complètement décélérée. Chez James, nous trouvons une approche visuellement similaire, à travers les

30 *Id.*, <http://fr.wikisource.org/wiki/Page:L'Humanité_nouvelle,_année_2,_tome_2,_volume_3.djvu/573>. (« *Hun var lille, tyndslidt med et firtiaarigt Lillepigeansigt under en Skindbaret, og gamle Lommetørklæder bundet om Haandledene mod Gigt. Hun udtalte alle Konsonanterne og sagde: Tak – aa Tak – jeg kan jo selv, til hver Haandsrækning og saá hjælpeløs ud.* »)

31 Skram, *op. cit.*, p. 479.

32 « *Stille blev hun siddende med Hænderne i Skødet, paa sin Kurv, og stirrede blot paa den smalle lyse Stribe under Smedens Dør.* »

observations du narrateur, mais qui se combine à des vues rapides de l'ensemble du personnage. Ceci aboutit à des scènes presque épiphaniques dans lesquelles, face à une image figée, se dévoile l'intériorité d'un personnage :

> Je ne sais trop ce que me donna cette impression spécifique à ce moment-là, mais il me sembla le découvrir comme je ne l'avais jamais encore vu auparavant – de le voir transparent, dans l'éclat intense de la lumière marine, dans son intégralité physique et morale. Ce fut une révélation soudaine et frappante ; elle ne dura qu'un court instant, mais eut un effet clarifiant et convaincant[33].

Ici, c'est au narrateur que l'image révélatrice est fournie, et elle vient donc indirectement au lecteur. Nous retrouvons la notion d'impression des textes théoriques de James, ainsi que l'idée d'une image qui éclot (« *the picture blooms*[34] ») à la genèse de ses œuvres, ce qui constitue un autre indice métatextuel dans l'écriture de James. Cependant, l'impression de vitesse perçue par le narrateur n'est pas pleinement ressentie par le lecteur ; le narrateur partage avec lui le raisonnement qui s'ensuit, ainsi que son interprétation de certains détails de cette vision « soudaine » :

> Il ne donnait pas l'impression d'user ses vêtements jusqu'à la corde… Cela lui donnait l'air d'un jeune homme au sens pratique, d'un gagnant, qui se tirerait sans effort de n'importe quel faux pas[35].

Contrairement au narrateur de Bang qui laisse ce travail d'interprétation au lecteur, celui de James ajoute un prolongement conversationnel à la présentation visuelle du personnage, qui rappelle la force de la parole dans une nouvelle rythmée par la propagation rapide des rumeurs.

Ces deux auteurs ont donc exploité diverses techniques pour produire une impression de vitesse et condenser la narration, comme le point de vue, l'utilisation du dialogue ou la multiplication d'éléments. On a pu relever l'aspect paradoxal d'une esthétique qui cherche à représenter

---

33 James, *op. cit.*, p. 236 : « *I don't know what rendered me on this occasion particularly sensitive to the impression, but it struck me that I saw him as I had never seen him before, saw him, thanks to the intense sea-light, inside and out, in his personal, his moral totality. It was a quick, a vivid revelation; if it only lasted a moment it had a simplifying certifying effect.* »

34 James, *The Notebooks of Henry James*, *op. cit.*, p. 92.

35 James, *op. cit.*, p. 236-237 : « *He didn't give the impression of wearing out old clothes… This gave him a practical, successful air, as of a young man who would come best out of any predicament.* »

l'essence des êtres au moyen de l'esquisse, voire de l'ellipse. James nous permet de suivre le développement rapide des rumeurs à travers des dialogues qui les incarnent stylistiquement. Chez Bang, ce sont ultimement les scènes figées, celles où la narration décélère complètement, qui communiquent le plus rapidement le plus d'informations, tout comme un tableau impressionniste saisit les sensations fugitives d'un moment pour mieux représenter ce qu'il a de plus profond et de plus durable.

Claire McKeown
Université de Haute-Alsace

VITESSE PSYCHIQUE ET LENTEUR ROMANESQUE CHEZ JULES ROMAINS

Il y aurait beaucoup à dire sur Jules Romains et la vitesse. Non que la vitesse ait été une préoccupation majeure de Romains : mais il en parlé, et même assez abondamment – comme il a d'ailleurs parlé à peu près de tout. Ce qui mérite plus particulièrement de retenir l'attention, c'est qu'il a abordé la vitesse (principalement sous la forme de ses manifestations pratiques) en adoptant la perspective et la logique de disciplines multiples, certaines académiquement constituées, et d'autres moins saisissables, certaines dont il était le maître, et d'autres où son autorité était plus discutable.

Il a, par exemple, évoqué la question de la vitesse en citadin nostalgique et inquiet. Pour lui, la vitesse représente un danger pour une certaine poésie du monde, et en particulier, ce qui est plus curieux, de la ville. Lui qui, pourtant, se voulait le chantre immédiat de la grande cité moderne, et qui, justement, admirait en Baudelaire le premier poète urbain[1], s'inquiète pourtant de certaines évolutions qui menacent les villes dans l'épaisseur de leur patrimoine. Romains constate que les « villes actuelles ne sont pas faites pour la circulation automobile[2] », et il tremble à la seule idée qu'on pourrait un jour donner raison à des gens qui tiendraient le discours suivant : « Tant pis pour [Paris ou Londres]. Ce sont des structures anachroniques. Les villes nouvelles que l'on construira devront être faites pour l'auto. Quant aux anciennes, il faudra qu'elles subissent coûte que coûte des remaniements considérables[3]. »

L'objet de ses angoisses de citadin-poète est parfois plus impalpable. Dans le troisième tome des *Hommes de bonne volonté*, *Les Amours enfantines*,

---

1 Voir à ce propos Jules Romains, *Saints de notre calendrier*, Paris, Flammarion, 1952, p. 101.

2 Jules Romains, *Hommes, médecins, machines*, Paris, Flammarion, 1959, p. 133.

3 *Idem.*

il met ainsi en scène dans un long dialogue la querelle entre les partisans de la voiture hippomobile et les zélateurs de la voiture automobile, entre les cochers et les chauffeurs. Les premiers sont bien obligés de reconnaître qu'une automobile est plus pratique, pour les déplacements longs, qu'une voiture à chevaux. Mais, outre que le débat fait rage sur les dangers de la vitesse routière, c'est principalement à un argument d'ordre poétique qu'ont recours les partisans du *statu quo* :

> Sur le chapitre des accidents, la lutte reste indécise. Certes, ils sont graves en auto ; plus graves que jamais, vu l'accroissement de la vitesse. [...] Mais [les chauffeurs] soutiennent que pour le nombre de voitures qui maintenant circule, les accidents sont rares [...] et qu'au surplus c'est une affaire d'habileté. Une auto ne s'emballe pas toute seule, ne prend pas peur à cause d'un buisson ou d'un tas de cailloux.
>
> Pour aller vite et loin, la supériorité de l'auto n'est plus contestée. [...] Alors, les cochers s'attaquent à l'idée de vitesse. Ils observent que la voiture particulière est faite pour le luxe et la promenade[4].

Mieux : la flânerie hippomobile a quelque chose de proustien. Et devant la rêverie, il n'y a plus de classes ou de hiérarchie qui tiennent :

> Mais le valet de pied vient de dire que les autos sentent mauvais. Le chauffeur proteste : « [...] Un cheval ne peut faire cinq cents mètres sans lâcher du crottin [...]. » Pour rien au monde, [les cochers] ne renieraient cette odeur familière, ce parfum naïf lié à beaucoup des heures les plus charmantes de la vie. [...] Au fond de la voiture découverte, Mme la comtesse reçoit l'odeur comme vous, et comme vous se met à rêver à de plaisants jours des années disparues[5].

Nous ne voudrions pas pour autant donner de Romains l'image d'un songe-creux ennemi du progrès : personne plus que lui n'est sensible au plaisir esthétique que procure, par exemple, le spectacle d'un train lancé à pleine vitesse. Il confesse ainsi, dans un essai intitulé *Hommes, médecins, machines*, et consacré justement à la question des dangers et des vertus du progrès technique et technologique, avoir aimé, dès la fin du XIXe siècle, et à cette époque plus qu'à toute autre peut-être, la « beauté de formes, [la] puissance véhémente[6] » des trains.

4 Jules Romains, *Les Hommes de bonne volonté*, t. III : *Les Amours enfantines*, Paris, Flammarion, 1932, p. 165.

5 *Ibid.*, p. 167-168.

6 Jules Romains, *Hommes, médecins, machines*, *op. cit.*, p. 164.

Mais Romains considère également la vitesse avec l'œil du moraliste. Chez lui, l'observateur de l'âme humaine s'appuie sur l'homme de science. Dans *Hommes, médecins, machines*, il commence par noter que, si la courbe du progrès automobile, et donc du développement de la vitesse, est théoriquement infinie, les capacités humaines, elles, sont limitées. Il viendra donc un jour où l'homme ne pourra plus, physiquement, maîtriser les bolides que son génie technique aura créés :

> C'est tout le développement organique de l'automobile, depuis son origine, dont il y aurait lieu de faire le procès. Cet instrument admirable a été victime d'une définition simpliste [...] : « Moyen mécanique de transporter des particuliers isolés [...] le plus rapidement possible d'un point à un autre. » [...] Tous les autres progrès ont été dominés par la préoccupation de la vitesse[7].

Il convient donc de ne pas se laisser griser par le vertige de la vitesse, et de revoir les valeurs qui régissent le monde de la création automobile, et plus généralement de l'innovation technique. Romains signale également les dangers des courses automobiles, qui « viennent fouetter [l']appétit de vitesse[8] » de la foule. Il pointe du doigt la redoutable exaltation que procure la vitesse : « Le plus fâcheux est que la vitesse est une drogue contre l'attrait de laquelle l'homme ordinaire se défend le plus mal. Tous les petits individus dont notre espèce abonde se sentent gonflés, surélevés, promus à une vie supérieure par le fait qu'ils vont vite[9]. »

Le (pseudo-)savant n'est pas en reste. L'avis de Romains est assez peu autorisé en la matière, et quand il se mêle des débats de la physique, il faut bien reconnaître qu'il a toutes les chances de paraître présomptueux. Toujours est-il que, sans les contester, il s'avoue déconcerté par les découvertes relatives à la vitesse de la lumière. Un corps qui se déplace à la vitesse de trois cent mille kilomètres par seconde, voilà qui lui paraît inconcevable, ou plutôt inimaginable. Il lui semble que la lumière ne peut se déplacer à cette vitesse qu'à condition qu'elle soit en quelque sorte structurée en segments dont les éléments seraient strictement solidaires, de telle manière que, si on déplaçait une extrémité du segment, tout le segment suivrait, ce qui expliquerait la quasi-instantanéité du déplacement de la lumière. C'est ce qu'il écrit dans *Pour raison garder* :

7 *Ibid.*, p. 157-158.
8 *Ibid.*, p. 159.
9 *Ibid.*, p. 160.

> On peut résumer en peu de mots l'embarras qu'éprouve la raison humaine devant une notion comme celle de la vitesse de la lumière. Embarras qui s'est accru de beaucoup le jour où s'est imposée la théorie des photons. La propagation quasi-instantanée d'une poussée à travers un milieu parfaitement incompressible était moins inconcevable que le trajet effectif d'un projectile pendant le même fragment de temps. L'imagination pouvait, à titre d'analogie, évoquer une poutre d'acier longue de plusieurs kilomètres, et un choc contre l'un des bouts de cette poutre assez fort pour la faire avancer par exemple d'un centimètre. Que l'avance eût lieu au même instant à l'autre bout semblait presque « naturel[10] ».

Mais Jules Romains, normalien et agrégé de philosophie, dominait mieux la métaphysique que la physique. Il est donc plus enrichissant de l'écouter parler de la vitesse en philosophe-romancier. Le héros, ou du moins le personnage principal de *Mort de quelqu'un*, Jacques Godard, est mécanicien d'express. Quoique sa formation intellectuelle soit très humble, il développe une réflexion très audacieuse sur l'essence des choses et sur le mouvement. Il élabore une sorte d'ontologie subjective : les choses ne sont qu'en fonction du regard qu'on porte sur elles, et plus précisément du rythme, ou plutôt du tempo de la perception qu'on a d'elles. Par ailleurs, il lui semble que la vitesse nie l'espace aussi bien que le temps. Elle réduit l'espace à presque rien et elle relativise le temps, puisqu'une même quantité de temps peut correspondre à des quantités d'espace variables selon qu'on va vite ou non :

> Son ancien métier n'était pas propre à lui faire valoir l'immensité d'une ville. Mécanicien d'express, il avait eu l'habitude de bondir en quatre minutes du centre aux remparts. La locomotive avilit l'espace ; l'amas des quartiers et des faubourgs fond devant elle : on dirait que le train dissout les murailles, les volatilise.
>
> Jacques Godard avait médité sur le temps. Le temps lui semblait quelque chose d'arbitraire, d'élastique. Il concevait mal qu'on pût s'y fier, et il considérait les horloges comme des machines à illusions. Il ne croyait pas non plus que l'apparence des objets répondît à leur nature, et fût la seule possible. Il les avait vus tant de fois se tasser, se tordre, s'agglutiner, selon la vitesse de la locomotive ! Il finissait par juger cette façon d'apercevoir les choses aussi valable que celle des gens qui ne vont pas vite[11].

Les choses perçues se voient ainsi imposer une identité allogène, qui est fonction du *tempo* selon lequel elles sont perçues. En effet, Jules

10 Jules Romains, *Pour raison garder*, Paris, Flammarion, 1960, t. I, p. 127-129.

11 Jules Romains, *Mort de quelqu'un*, Paris, Gallimard, 1911, p. 7.

Romains croyait, ou voulait croire, aux pouvoirs de l'âme et de l'esprit, et il appelait de ses vœux le triomphe de la psyché sur la matière. Cette ontologie subjective, dont le texte que nous venons de citer est une illustration parmi d'autres, est une forme de victoire modérée de l'esprit sur la matière : l'esprit n'annule pas la matière, il ne s'élève pas au-dessus d'elle, mais, tout en étant forcé de composer quelque peu avec elle, il la plie à ses lois.

Romains cependant n'hésite pas, dans sa trilogie romanesque justement intitulée *Psyché*, à aller plus loin. L'histoire que raconte *Psyché* peut se résumer en quelques lignes. Lucienne, l'héroïne de cette épopée psychique, souffre d'être trop souvent séparée de son mari Pierre Febvre, qui est commissaire sur un paquebot. Elle entreprend donc de le rejoindre par les voies de l'esprit. Pour être plus précis, c'est bien son corps qui se déplace, mais le moteur de son déplacement est psychique : c'est par la force de l'esprit qu'elle se téléporte physiquement jusqu'à son mari. Cette fois, donc, l'esprit triomphe pleinement de la matière, et l'on peut dire que le déplacement immédiat de Lucienne est un déplacement à vitesse absolue. Le concept de vitesse absolue peut paraître contradictoire : il semble en effet qu'à première vue un déplacement strictement immédiat abolisse toute vitesse. Il faut cependant tenir compte, dans le cas de Jules Romains, de la dialectique subtile qu'il met en place entre déplacement physique et déplacement psychique. En effet, le physique et le psychique ne sont pas hétérogènes pour Romains, et certains phénomènes (fictionnels, mais présentés comme réels, et qu'il faut donc prendre comme tels si l'on veut comprendre jusqu'au bout la pensée de Romains) décrits dans son œuvre sont mi-physiques, mi-psychiques. *Psyché* est l'exemple le plus éclatant de cette hybridation, mais d'autres cas plus discrets, ou plus ordinaires (on pensera notamment aux rituels et aux efforts physiques que doivent accomplir les voyantes ou les médiums que Romains met en scène dans *Les Copains*, dans *Les Hommes de bonne volonté*, dans *Violation de frontières*, dans les *Interviews avec Dieu*…) ne sont pas moins parlants – de telle sorte que le déplacement immédiat n'est pas pur de tout contact préalable avec le temps, ce qui justifie qu'on parle (même s'il faut entendre ce concept en diachronie) de vitesse absolue.

Le déplacement purement psychique, absolument dégagé de toute contingence corporelle, n'est que l'horizon dernier des efforts de l'homme empêtré dans la matière – horizon utopique (au sens propre du terme), mais que Jules Romains ne considère nullement comme chimérique. Dans *Violation de frontières*, il montre ainsi une secte souterraine occupée à entrer en contact avec des extraterrestres. Cette fois, la matière est tout à fait annihilée : il est entendu qu'on ne peut entrer en contact avec un point très éloigné de l'espace qu'à condition que ce soit par des canaux mentaux. Toute vitesse sera trop lente, exceptée celle de l'esprit capable de relier strictement sans aucun délai deux points de l'espace. Il faut donc qu'il y ait « un règne de l'esprit, un univers de l'esprit, radicalement indépendant de l'univers matériel, non soumis aux mêmes lois. [...] Si le contact instantané s'établit malgré un intervalle de quatre ou cinq années-lumière, il ne peut absolument plus s'expliquer sur le plan de l'univers matériel[12] ».

Il existe donc pour Romains, du moins à l'état de séduisante et de rassurante hypothèse, un plan psychique pur où règne quelque chose qui est au-delà de la vitesse, mais qui, aux yeux de ceux qui ne peuvent atteindre à cette pureté mentale qu'au prix d'une action physique (car toute lutte de l'esprit contre la matière engage l'esprit dans la matière), est de la vitesse *tout-de-même*, mais élevée au-dessus d'elle-même, non pas pure, mais épurée ou purifiée.

Ce qui nous amène à une question inévitable. Nous avons vu Jules Romains aborder la vitesse en citadin, en moraliste, en homme de science, en philosophe. Soit. Mais que dit, ou plutôt que fait Romains de la vitesse quand il s'en occupe en écrivain ? Comment pratique-t-il la vitesse dans son écriture ? La réponse est brève, et complexe : il en fait de la simultanéité. En d'autres termes, représenter le plan psychique pur, la vie psychique unanime de l'humanité, qui s'élève au-dessus des lois du temps et de l'espace, cela ne peut se faire dans un récit linéaire. Il faut impérativement que le récit soit tabulaire pour que le lecteur puisse se faire une idée de cette immédiateté de contact entre les esprits. Jules Romains tente l'expérience de cette tabularité narrative à plusieurs reprises, et notamment dans *Les Hommes de bonne volonté.* Il considère un instant, plus ou moins long (ce peut être une heure, une soirée, une journée), et, refusant de le limiter à un seul point de son développement spatial, il le déploie dans toute son ampleur spatiale. Le premier et le dernier tome des *Hommes de bonne volonté* sont deux bons exemples de ce procédé. Chacun est consacré tout entier à une seule

12 Jules Romains, *Violation de frontières*, Paris, Flammarion, 1951, p. 270.

journée, au 6 octobre 1908 pour le premier, au 7 octobre 1933 pour le second. Jules Romains traite chacune de ces deux journées comme un instant prolongé mais unique, et il juxtapose ainsi des scènes qui sont liées non par un principe de continuité temporelle ou diégétique, mais bien en vertu des lois de l'unanimisme psychique.

Seulement, cela débouche sur un paradoxe. Comme le souligne Tiphaine Samoyault[13], *Les Hommes de bonne volonté* sont l'objet d'une double-réception : le lecteur éprouve une double-impression de simultanéité et de longueur extrême. Cette impression de longueur, qui tient au fait que le roman compte plus de sept mille pages, était d'ailleurs aggravée pour les lecteurs contemporains de Romains par le fait que les sept derniers tomes des *Hommes de bonne volonté* sont publiés en France quelque quatorze ans après les quatre premiers (la parution s'échelonne de 1932 à 1946). C'est ce qu'Edmond Jaloux note dans un article qu'il publie en avril 1932 dans *Les Nouvelles littéraires :* « L'inconvénient, pour les contemporains, de cycles comme *Les Hommes de bonne volonté*, c'est qu'un ouvrage de ce genre devrait faire l'objet d'une seule lecture[14]. » Aude Leblond semble résumer le problème quand elle écrit que « l'écriture simultanée vise apparemment à immobiliser le temps pour montrer la coïncidence entre plusieurs actions, plusieurs scènes, plusieurs espaces. Cependant, elle n'abolit pas la perception du temps [...], elle ne peut éliminer le déroulement temporel, la lenteur de la lecture[15] ». Toutefois, deux remarques s'imposent. D'abord, la critique ne paraît pas saisir toute la portée de la contradiction, puisqu'elle ne souligne que rarement (dans le contexte des études sur la réception, s'entend) que la simultanéité n'est pas seulement un arrêt sur instant, mais qu'elle est aussi l'image littéraire de la pensée romainsienne sur le plan psychique pur et sur la vitesse absolue.

Et surtout, la contradiction n'est pas exactement où elle semble à première vue. La contradiction sur laquelle appuie la critique n'en est pas

13 Tiphaine Samoyault, « Simultanéité et longueur : la double-réception des *Hommes de bonne volonté* », dans Dominique Viart (éd.), *Jules Romains et les écritures de la simultanéité*, Villeneuve-d'Ascq, Presses universitaires du Septentrion, 1996, p. 175-202.

14 Voir le dossier de presse des *Hommes de bonne volonté*, réuni par Claude Martin dans le *Bulletin des amis de Jules Romains*, n° 6, Saint-Étienne, UER des Lettres et Sciences humaines de l'Université de Saint-Étienne, 1975, p. 33. Cité par Tiphaine Samoyault, *op. cit.*, p. 179.

15 Aude Leblond, *Poétique du roman-fleuve, de Jean-Christophe à Maumort*, thèse de doctorat, Université de la Sorbonne nouvelle – Paris 3, 2010, p. 415-416.

vraiment une : d'abord parce que la simultanéité narrative ne débouche pas forcément sur la longueur, et que *Mort de quelqu'un*, par exemple, est un récit parfaitement simultanéiste, même s'il est très court ; et ensuite parce que la longueur, ce n'est pas la lenteur : il y a des romans de très grandes dimensions qu'on lit vite, comme *Les Trois Mousquetaires* ou *Le Comte de Monte-Cristo*, et d'autres qui se lisent très lentement, comme *La Montagne magique* ou *Ulysses* – tout cela se sait depuis Barthes[16].

Le problème, donc, n'est pas du côté de la lenteur de la lecture, mais bien d'une certaine lenteur auctoriale. En effet, un roman de trois cents pages qui ne traite que d'une seule journée, cela peut sembler bien lent au lecteur impatient. Mais on pourrait nous répondre qu'une tragédie classique, cela n'a rien d'ennuyeux, et que l'action ne dépasse pas non plus les vingt-quatre heures. Seulement, les vingt-quatre heures de la tragédie sont très agitées, tandis que durant les vingt-quatre heures du 6 octobre 1908 ou du 7 octobre 1933, il ne se passe quasiment rien. Pour rafraîchir la mémoire de ses lecteurs, Romains propose à la fin de chaque tome un petit résumé des derniers événements du roman. L'examen des résumés du *6 octobre* et du *7 octobre* suffit à se convaincre qu'aucun des deux tomes n'offre rien de narrativement palpitant. Voici quelques extraits du premier :

> La jolie comédienne Germaine Baader dort dans sa chambre du quai des Grands-Augustins. Chez les De Saint-Papoul, Madame donne des ordres, Monsieur se livre aux exercices physiques et Mademoiselle Bernardine à des lectures de piété. [...] Sur la rive gauche, Juliette Ezzelin sort de chez elle, en proie à une profonde détresse. Tandis qu'au loin Jean Jerphanion rêve dans le train de Saint-Étienne qui l'emmène vers Paris[17].

Le reste est à l'avenant, et ne promet que des nourritures décevantes à l'appétit d'émotions narratives du lecteur.

La vitesse ou la lenteur d'un récit peut de la sorte se déterminer par une triple équation : le rapport entre le nombre de pages et l'intervalle de temps assumé par la narration ; le rapport entre l'intervalle de temps assumé par la narration et le nombre d'événements narrés ; et donc forcément un troisième rapport entre le nombre de pages et le nombre d'événements.

16 Voir Roland Barthes, « Question de *tempo* » [1977], dans *Œuvres complètes*, Paris, Seuil, 2002, t. V, p. 335-339.

17 Jules Romains, *Les Hommes de bonne volonté*, t. I : *Le 6 octobre*, Paris, Flammarion, 1932, p. 304.

Mais chez Romains, la lenteur est plus radicale encore : si son récit est lent, c'est que, au sens propre du terme, rien ne se passe, et même que rien ne passe, car l'unanimisme fait barrage à la continuité fluviale du temps. Dans un court article (paru le 27 avril 1933 dans *Candide*) qu'il consacre au roman-fleuve, Thibaudet cite longuement la lettre véhémente d'un médecin-lecteur qui s'emporte contre la mode du roman-fleuve : « Voulez-vous que je vous dise ? Ces romans-fleuves sont des romans pour critiques. Ça les intéresse de suivre des personnages comme nous suivons nos malades, pendant des années, d'en parler doctement et longuement[18]. » Cette citation, toutefois, n'est peut-être pas si bienvenue qu'il semble au premier abord si on l'applique à Jules Romains : car *Les Hommes de bonne volonté* n'ont rien d'un roman-fleuve, et la lenteur du récit tient avant tout à sa discontinuité temporelle et narrative. Cette lenteur-là est parfaitement objective, elle ne tient ni au *tempo* de lecture, ni même aux impressions du lecteur, et c'est justement pour cela qu'elle est incontestable. En effet, tout ce qui dépend de la réception est toujours discutable. Même s'il semble évident que, du point de vue de l'aventure, *Les Hommes de bonne volonté* ne suivent pas un rythme trépidant, un lecteur qui cherche d'autres nourritures dans le roman pourra le trouver passionnant, et estimer qu'en somme il avance d'un bon pas. Il suffit de se référer à un article paru en 1935 dans la *Revue des Vivants*, et qui fait le compte-rendu des tomes VII et VIII des *Hommes de bonne volonté*, soit *Recherche d'une Église* et *Province*, pour s'en apercevoir : « La vie, l'animation, l'esprit qui baignent ces livres suffisent à en rendre la lecture plus que facile, attrayante. Au point que *Province* terminée, on reste en haleine, comme s'il s'agissait d'un roman à épisodes dont on nous cacherait le dénouement[19]. »

Il importe donc, à côté de l'impression de lenteur qu'éprouve le lecteur, d'insister sur la lenteur unanimiste et simultanéiste, qui, elle, est objective : Jules Romains s'arrête sur des instants qu'il étire presque indéfiniment. L'instant romainsien, on l'a vu avec l'exemple des deux tomes encadrants des *Hommes de bonne volonté*, n'est pas un point, mais un segment relativement court, et il s'écoule donc du temps, mais

18 Albert Thibaudet, « Au fil du roman-fleuve », dans *Réflexions sur la littérature*, Paris, Gallimard, « Quarto », 2007, p. 1682.

19 Voir *La Revue des vivants : organe de la génération de guerre*, recueil des n°s 1 à 6 (janvier à juin) de l'année 1935, p. 738.

très lentement, entre le début de l'instant et sa fin. Cette lenteur est d'ailleurs propre à la simultanéité romainsienne. Jean-François Louette compare ainsi les pratiques romainsienne et sartrienne de la simultanéité, l'une presque engourdie, l'autre toute de fulgurances : « Il faudrait par exemple, quant à Jules Romains, faire ressortir la différence de vitesse dans le passage d'un personnage, d'un thème, d'un espace à un autre : l'espace du *Sursis* est celui d'un monde-cyclone, on ne saurait en dire autant de l'univers de Jules Romains, plus alenti[20]. »

Jules Romains a d'ailleurs (indirectement) théorisé lui-même cette lenteur dans des pages consacrées à Balzac. Au moment de se confronter à ce qu'il appelle le « mystère Balzac[21] », c'est à la notion de vitesse qu'il recourt. Comment expliquer que Balzac, avec le peu de temps qu'il a eu pour vivre et donc pour observer, ait su décrire avec tant de vérité intime la vie que mène « l'homme de loi, le financier, le commerçant, l'homme d'Église, la courtisane[22] » ? Pour résoudre cette énigme, Romains avance l'hypothèse de la vitesse psychologique. Pour lui, la conscience de l'homme divise le temps en instants plus ou moins longs. Plus les fragments sont brefs, plus l'expérience est intense et riche, et plus l'observation est féconde. Il prend l'exemple du rêve pour illustrer son propos :

> Notre conscience est capable de prendre un rythme infiniment plus rapide – sans perdre sa netteté – que le rythme diurne moyen auquel nous sommes habitués, et que nous finissons par considérer – à tort – comme le seul possible. Ce que je suppose, c'est que chez un homme comme Balzac, la conscience diurne était capable de prendre, dans certains cas, la vitesse prodigieuse que nous venons de lui voir prendre, accidentellement, dans le rêve nocturne. Et une vitesse pleinement utile. Une vitesse qui laisse intacts les éléments psychologiques sur lesquels elle s'exerce[23].

Cette sur-division de l'instant, c'est au fond ce que Romains lui-même pratique dans *Les Hommes de bonne volonté.* Certes, pour Balzac, il s'agit (selon Romains du moins) de saisir dans chacun des moments de son écoulement temporel la vie psychologique d'un homme ou d'un milieu, tandis que Romains tente de retranscrire dans toute son intensité

20 Jean-François Louette, « Sartre : Point de moi hors des hommes et des choses », dans Jean-Louis Cabanès (éd.), *Surface et intériorité*, Bordeaux, Presses universitaires de Bordeaux, 1998, p. 183.

21 Jules Romains, *Souvenirs et confidences d'un auteur dramatique*, Paris, Estienne, 1953, p. 73.

22 *Ibid.*, p. 82.

23 *Ibid.*, p. 79-80.

temporelle un instant indivisible (mais tout de même étendu temporellement) de la vie d'un groupe unanime. Toujours est-il que, pour l'un comme pour l'autre, aller vite, c'est aller lentement : pour pénétrer de manière presque immédiate dans toute sa richesse la vie intérieure d'un homme ou d'un groupe, il faut être capable de freiner son écoulement.

Certes, il faut bien avouer tout de même que, malgré cette lenteur interne des instants, à l'échelle globale du roman, raconter vingt-cinq ans de l'histoire mouvementée du XXe siècle en vingt-sept volumes, c'est aller à un bon *tempo*. Cela nous oblige à préciser que la lenteur romainsienne est à la fois ponctuelle et strictement textuelle. On s'arrête sur un jour, une après-midi, une minute, puis on saute par-dessus les ans (*Verdun*, le seizième tome, finit sur l'ordre du jour du 10 avril 1916, et le tome suivant, *Vorge contre Quinette*, reprend alors que la guerre est finie). Il y a donc une alternance entre la lenteur du texte, et la rapidité du hors-texte : ce qui va vite, c'est ce qui n'est pas écrit, c'est ce dont il n'est pas parlé, c'est la partie cachée de l'iceberg textuel.

Cette dernière réserve faite, il est cependant incontestable que le texte visible va lentement, qu'il s'arrête sur des instants qui, sans être éternels, puisqu'ils ne sont pas hors du temps, tout de même s'éternisent. Dans la mesure où Romains ne sépare franchement ni le temps de l'éternité ni l'espace matériel de l'espace psychique, il reste un peu de temps dans ces instants pourtant sortis du cours normal du temps, et c'est ce résidu temporel que traduit le rythme textuel relativement lent des *Hommes de bonne volonté*. Il apparaît de la sorte (même si cette conclusion peut sembler paradoxale à souhait) que, chez Jules Romains, la lenteur n'est que le visage à la fois temporel et textuel de la vitesse (presque) absolue.

Augustin VOEGELE
Université de Haute-Alsace, ILLE

« QUI NE SAIT CE QU'EST LE TEMPS NE POURRA JAMAIS COMPRENDRE LA MOINDRE IMAGE »

Le roman *La Découverte de la lenteur* de Sten Nadolny

> C'est une des qualités de la littérature [...] d'entretenir un rapport particulier au temps ; non seulement elle en a besoin, mais, une fois achevée et lue, elle représente ce rapport, une lenteur en même temps éveillée et oublieuse du temps[1].

Quand Sten Nadolny prononce ces mots en 2000, lors d'une conférence à l'université de Göttingen, il est depuis plus de quinze ans un écrivain connu bien au-delà des frontières allemandes. Né en 1942, Nadolny a d'abord enseigné dans le secondaire, puis travaillé dans le cinéma avant de se lancer dans l'écriture. En 1980, il reçoit le prestigieux prix de littérature Ingeborg-Bachmann, pour un texte qui doit devenir plus tard un chapitre de son roman *La Découverte de la lenteur*[2]. Préalablement, il publie cependant en 1982 un premier livre, *Netzkarte* (*Carte orange*[3]). *La Découverte de la lenteur* ne paraît qu'un an plus tard, mais c'est ce roman qui connaît immédiatement un succès international et fonde la réputation de son auteur.

---

1 *« Literatur hat die Eigenschaft* [...], *einen besonderen Umgang mit Zeit sowohl zu brauchen als auch, wenn sie fertig ist und gelesen wird, zu repräsentieren, eine geistesgegenwärtige, zeitvergessene Langsamkeit. »* (Sten Nadolny, « Das Erzählen und die guten Ideen. Die Göttinger Poetik-Vorlesung (2000) », dans *Das Erzählen und die guten Ideen. Die Göttinger und Münchner Poetik-Vorlesungen*, Munich, Piper-Verlag, 2001, p. 13-71, citation p. 61 ; nous traduisons.)

2 Sten Nadolny, *Die Entdeckung der Langsamkeit*, Munich, Piper Verlag, 1983, cité d'après d'édition de poche, Piper Verlag, 1987 [indiqué désormais par le sigle *EL*] ; traduction française : *La Découverte de la lenteur*, traduit de l'allemand par Jean-Marie Argelès, Paris, Éditions Grasset, 1985 [indiqué désormais par le sigle *DL*].

3 Sten Nadolny, *Netzkarte*, Munich, Paul List Verlag, 1981 ; le livre n'a pas été traduit vers le français.

La formulation du titre peut étonner, notamment pour un livre qui s'affiche comme un roman biographique : *La Découverte de la lenteur* relate la vie d'un explorateur anglais de la première moitié du XIXe siècle, Sir John Franklin, qui en 1847 découvrit la route maritime vers l'Amérique par l'Arctique, connue sous le nom de Passage Nord-Ouest. Or, le Franklin historique est décrit par ses contemporains comme un homme certes calme, réfléchi et tenace, mais nullement lent. Par ailleurs, Sten Nadolny, qui a consulté toutes les sources historiques disponibles et a même ajouté une note bibliographique à son livre, est pleinement conscient de ce fait[4]. Malgré cela, la lenteur de son protagoniste constitue le centre de son projet d'écriture, dès le premier titre de travail, « L'Explorateur lent[5] ». Qui est donc ce John Franklin tel qu'il est présenté dans le livre de Nadolny ?

> John Franklin avait déjà dix ans mais il était resté d'une telle lenteur qu'il ne savait toujours pas attraper un ballon. C'était lui qui tenait la corde pour les autres. Attachée à la branche inférieure d'un arbre, elle courait jusqu'à sa main qu'il gardait haut au-dessus de sa tête. John tenait la corde aussi bien que l'arbre. Il ne baissait jamais le bras avant la fin de la partie[6]. [*DL*, p. 9.]

Dès cet *incipit*, le petit John est caractérisé par son manque de rapidité. Son handicap semble le désigner comme un arriéré exclu du jeu de ses camarades. Harcelé par les autres enfants de son bourg natal, maltraité par son père qui ne supporte pas la lenteur de son fils, Franklin rêve de devenir marin. À quatorze ans, il obtient par l'intermédiaire de son professeur, le docteur Orme, un engagement comme matelot sur un bateau de la marine marchande, qui l'emmène à Lisbonne, puis il est enrôlé sur un navire de guerre. Peu à peu, il commence à pallier sa lenteur par une préparation minutieuse à tout événement susceptible de lui arriver ; peu à peu, il acquiert la conscience de la vitesse qui lui est propre, et commence même à la revendiquer :

4 Voir l'interview avec Sten Nadolny, citée dans l'article d'Ulrike Landfester, « Spiegel Geschichte. Experimente mit der Optik des historischen Romans in *Die Entdeckung der Langsamkeit* », dans Wolfgang Bunzel (éd.), *Sten Nadolny*, Eggingen, Isele, 1996, p. 79-117, spécialement p. 83.

5 « *Der langsame Entdecker* » (Sten Nadolny, *Das Erzählen und die guten Ideen*, *op. cit.*, p. 31).

6 « *John Franklin war schon zehn Jahre alt und noch immer so langsam, dass er keinen Ball fangen konnte. Er hielt für die anderen die Schnur. Vom tiefsten Ast des Baums reichte sie herüber bis in seine emporgestreckte Hand. Er hielt sie so gut wie der Baum, er senkte den Arm nicht vor dem Ende des Spiels.* » [*EL*, p. 9.]

> Il faut vous imaginer les choses ainsi, – dit-il à un des officiers de son bateau – toute coque de navire a une vitesse maximale qu'elle ne dépassera jamais, même par vent on ne peut plus favorable et toutes voiles dehors. Je suis dans le même cas[7]. [*DL*, p. 58.]

Au large du port de Copenhague, Franklin vit sa première bataille navale. Il s'en sort sans blessure, mais traumatisé. Un mois plus tard, il repart en mer sous les commandes de son oncle Matthew Flinders, avec la mission d'explorer les côtes australiennes. À nouveau, les autres se moquent de sa lenteur, mais ils sont obligés de reconnaître qu'il prend les bonnes décisions dans des situations dangereuses. De retour en Angleterre, il s'embarque sur le HMS *Bellerophon* et participe à la bataille de Trafalgar. Une dernière fois, il part à la guerre, celle contre les colonies américaines qui veulent acquérir leur indépendance, et est blessé lors de l'attaque de La Nouvelle-Orléans par les troupes britanniques. Refusant désormais tout emploi dans la marine de guerre, Franklin reste trois ans sur la terre ferme, avant de partir finalement pour une expédition arctique dont il commande l'un des deux navires. L'espoir de voir se confirmer l'hypothèse d'une mer polaire ouverte et de pouvoir atteindre le continent américain par le pôle est cependant déçu, et Franklin et ses hommes rentrent bredouilles. En 1819, il prend les commandes d'une autre expédition, cette fois-ci terrestre, pour explorer la côte nord du Canada, la région où doit se terminer le Passage Nord-Ouest. L'expédition est également un échec, et une partie de l'équipage meurt de faim et d'épuisement. Une deuxième tentative terrestre, entre 1823 et 1825, se déroule de manière moins dramatique, le Grand Passage n'est pourtant toujours pas trouvé. La réputation de John Franklin est devenue incontestable, mais celui-ci n'arrive pas à se voir confier un autre bateau. Aussi accepte-t-il le poste de gouverneur de Van Diemen's Land, une île située au sud-est du continent australien et connue plus tard sous le nom de Tasmanie. Franklin tente d'y établir des réformes, mais échoue et est finalement rappelé à Londres. En 1845, il part à la tête d'une dernière expédition à la recherche du Passage Nord-Ouest. Ses deux navires sont pris dans la glace, non loin des côtes canadiennes, et n'arrivent plus à s'en dégager. John Franklin meurt en 1847, et aucun membre de son équipage n'arrive à survivre.

---

7 « *Sie müssen sich das so vorstellen* [...], *jeder Schiffsrumpf hat eine ihm eigene Höchstgeschwindigkeit, die er nie überschreitet, was immer Sie takeln, bei jedem Wind. So ist das auch mit mir.* » [*EL*, p. 57 *sq.*]

Ce n'est que dix ans plus tard qu'une expédition de recherche retrouve les restes d'un campement et quelques corps mutilés.

Tous les épisodes du livre de Nadolny se réfèrent à des faits historiques bien documentés. Serions-nous en présence d'un roman biographique classique qui respecte la trame de la vie du personnage historique et ne remplit que les blancs laissés par les sources ? Un petit détail doit retenir notre attention : parmi les titres des 19 chapitres, un seul porte une date, « Copenhague, 1801[8] ». [*DL*, p 55.] Placé à la fin de la première partie du livre, « La jeunesse de John Franklin[9] », ce chapitre marque de toute évidence une césure. L'épisode est crucial – ce n'est pas par hasard que Nadolny a choisi ce texte pour le présenter au jury du prix Ingeborg-Bachmann –, car il présente une clé pour la compréhension du roman en opposant deux logiques incompatibles : celle de John, de plus en plus conscient de sa manière lente et durable de voir les choses, et celle de la guerre, réunissant vitesse, vue restreinte et destruction :

> On entendit le bruit des pompes. Peut-être y avait-il le feu ? Ou bien le bateau faisait-il eau ? Sur le pont, les hommes, comme pris de boisson, titubaient en tous sens. Le capitaine, assis sur un canon, criait : « mourons ensemble ! » Il avait naguère tenu d'autres propos. Tout à coup, à côté du capitaine, la tête de l'un de ses interlocuteurs disparut et, à sa suite, l'interlocuteur lui-même. John se sentit malheureux. Tous ces changements brusques le plongeaient dans la confusion, qu'il s'agît de changements dans la disposition des chaises, dans le comportement d'autrui ou dans les systèmes de coordonnées. Il devenait difficile de supporter cette disparition incessante d'un nombre grandissant de personnes. Il ressentait comme une profonde humiliation le fait qu'une tête, sans aucun avertissement, fût ainsi privée de son corps par suite des agissements d'individus qui lui étaient totalement étrangers. C'était une défaite et cela n'avait rien d'un honneur. Et quel triste spectacle que celui d'un corps sans tête ! Quel spectacle ridicule même[10] ! [*DL*, p. 63.]

---

8 « *Kopenhagen 1801* » [*EL*, p. 55].

9 « *Johns Jugend* ».

10 « *Die Pumpen waren zu hören, vielleicht brannte es? Oder machte das Schiff Wasser? An Deck taumelten die Leute herum wie betrunken. Der Kapitän saß auf einer Kanone und rief: „Lasst uns alle zusammen sterben! "Vorher hatte es ja anders geheißen. Neben dem Kapitän fehlte plötzlich der Kopf eines Zuhörers und damit der Zuhörer selbst. John wurde unglücklich. Er geriet bei allen jähen Veränderungen in Verwirrung, seien es Sitzordnungen, Verhaltensweisen oder Koordinatensysteme. Das ständige Fehlen von immer neuen Leuten war schwer auszuhalten. Er empfand es zudem als tiefe Erniedrigung für einen Kopf, wenn er als Folge der Handlungen ganz anderer Menschen so ohne Vorrede seinen Körper einbüßte. Es war eine Niederlage und nicht etwa eine Ehre. Und ein Körper ohne Kopf, was für ein trauriger, ja lächerlicher Anblick.* » [*EL*, p. 62 *sq.*]

Franklin se trouve jeté dans une situation qui ne lui permet plus de comprendre ce qui se passe en reliant les impressions qui l'assaillent. Privé de la faculté de réagir de manière adéquate, il tue un attaquant danois, sans finalement pouvoir déterminer si cet acte est vraiment nécessaire à sa propre survie. Il en résulte un traumatisme qui le marque pour toute sa vie, et qui l'amène à comprendre que « pour la guerre, tous [sont] trop lents, et non pas seulement lui[11] ». Né de l'expérience vécue à Copenhague – d'ailleurs un épisode complètement inventé par Sten Nadolny mis à part le fait que le Franklin historique avait effectivement participé à la bataille de 1801 – le « système franklinien[12] » [*DL*, p. 209] s'érigera peu à peu sur les piliers de la lenteur, de la paix et de la découverte. C'est la guerre qui se révèle être le véritable antagoniste de John. Le paradoxe d'Achille et de la tortue, mentionné dans une discussion avec le Docteur Orme, explique le sens profond d'un lapsus du protagoniste quand il dit au capitaine de son navire : « La guerre, Sir, est trop lente pour nous tous[13] ! » [*DL*, p. 117.] En se plaçant jusqu'au bout dans la perspective de la tortue, Franklin finira par échapper à la logique martiale. À deux reprises, il se fait pourtant rattraper par la guerre. Lors de la bataille de Trafalgar, le protagoniste se montre certes immunisé contre les discours emphatiques du capitaine sur la mort, la gloire et le devoir, mais est obligé de tuer un tireur français qui décime l'équipage de son navire. Une décennie plus tard, Franklin est grièvement blessé à la bataille de La Nouvelle-Orléans. Pris de la fièvre infectieuse, il se voit en paralytique qui, porté par un aveugle hors du lieu des combats, raisonne sur deux différentes manières de voir :

> Il y a le regard tourné vers les détails, qui découvre ce qui est nouveau, et il y a le regard figé qui suit un plan établi et permet d'aller plus vite dans l'immédiat. [...] Au combat, seul compte le regard figé. C'est lui qui part à l'assaut, il est comme un piège à l'affût de trois ou quatre éventualités. Il n'a de valeur que lorsque, pour sauver sa propre vie, on est forcé de nuire à autrui. S'il devient le regard habituel, c'est qu'on a alors perdu sa démarche propre, on ne sait plus avancer à son pas[14]. [*DL*, p. 152.]

---

11 « *Für den Krieg waren alle zu langsam, nicht nur er.* » [*EL*, p. 116] ; nous nous écartons ici de la traduction publiée [*DL*, p. 116], erronée.

12 « [*das*] *Franklinsche* [...] *System* ». [*EL*, p. 209.]

13 « *Der Krieg, Sir, ist für uns alle zu langsam !* » [*EL*, p. 117.]

14 « *Es gibt zweierlei Arten [des Sehens]: einen Blick für die Einzelheiten, der das Neue entdeckt, und einen starren Blick, der nur dem gefassten Plan folgt und beschleunigt für den Moment.* [...] *Im*

Tout comme l'épisode de Copenhague, celui de La Nouvelle-Orléans est une invention de l'auteur, le Franklin historique n'ayant été que légèrement blessé à l'épaule lors de la guerre anglo-américaine. Le protagoniste du roman en revanche vit une deuxième crise, qui lui permet de formuler clairement sa manière de voir et de laisser derrière lui la logique de la guerre, une fois pour toutes. Franklin a maintenant trouvé sa « démarche propre » ; c'est logique qu'il refuse désormais toute participation à des actions militaires, à la différence du personnage historique qui accepta en 1830 et 1832 d'autres commandements de navires de guerre[15].

Si, selon le mot célèbre de Clausewitz, la guerre n'est que la simple continuation de la politique par d'autres moyens régis par la même logique[16], il est évident que John Franklin ne peut guère réussir dans le domaine politique. Pour lui, accepter le poste de gouverneur de l'île de Tasmanie n'est qu'une autre manière de diriger un navire, comme l'indique déjà le terme latin de *gubernare*[17] : tenir le cap fixé et faire en sorte que l'équipage arrive à bon port. Franklin essaie de respecter les intérêts des différents habitants de l'île, bagnards de la colonie pénitentiaire anglaise, propriétaires terriens et aborigènes déjà décimés en grande partie par son prédécesseur. Acceptant comme unique principe que chacun doit avoir sa chance[18], son gouvernement se fonde sur l'empathie avec ses sujets, le pragmatisme et la considération de chaque cas concret. Cela provoque cependant très vite la résistance acharnée de John Montaigu, le puissant secrétaire de colonie, qui considère comme trahison tout changement des « principes d'airain[19] » [*DL*, p. 305] instaurés par l'ancien gouverneur. À l'opposé de Montaigu, Alexander Maconochie, le secrétaire personnel

Gefecht gibt es nur den starren Blick, nichts anderes. Er greift an und ist wie eine Falle aufgestellt für drei oder vier Möglichkeiten. Er ist nur gut, wenn man den anderen schaden muss, um sich selbst zu retten. Wenn er zur Gewohnheit wird, verliert man die Gangart, das eigene Gehen ist dahin. » [*EL*, p. 153.]

15 Voir Ralph Kohpeiß, *Der historische Roman der Gegenwart in der Bundesrepublik Deutschland. Ästhetische Konzeption und Wirkungsintention*, Stuttgart, Verlag für Wissenschaft und Forschung, 1993, p. 181.

16 Carl von Clausewitz, *De la Guerre* [1832], traduction française par Laurent Murawiec, Éditions de la Librairie Académique Perrin, 1999, p. 46.

17 Voir Werner Koppenfels, « Sten Nadolny, Die Entdeckung der Langsamkeit », dans *Arbitrium*, 3, 1985, p. 324-328, spécialement p. 326.

18 « *Ich möchte, dass jeder eine Chance hat!* » [*EL*, p. 298] ; traduction française : « Je voudrais que chacun ait sa chance ! » [*DL*, p. 298.]

19 « *[die] ehernen Prinzipien* » [*EL*, p. 306].

de Franklin, veut à tout prix changer le système de fond en comble et se détourne vite de son maître dont le pragmatisme et la lenteur l'exaspèrent. Coincé entre un réactionnaire intrigant et un réformateur exalté qui finissent tous deux par le combattre, John Franklin n'arrive pas à faire respecter sa propre démarche, finit par perdre le soutien de la population et est destitué par le ministre de colonies. Quand le Premier ministre britannique Robert Peel lui propose en dédommagement la présidence d'une commission nationale d'éducation, il comprend vite qu'au fond cette commission ne changera rien, et il décline l'offre.

La déception de Franklin vient du fait que lui se passionne réellement pour des questions pédagogiques. « Les élèves devront apprendre à découvrir. Avant tout, à découvrir leur vision et leur vitesse propres, chacun pour soi[20] » [*DL*, p. 3028], dit-il à son épouse. L'éducation passe donc principalement, non pas par une accumulation de connaissances, mais par une nouvelle manière de voir, permettant de découvrir du nouveau. Le protagoniste de *La Découverte de la lenteur* insiste sur le fait que sortir des schémas habituels demande du temps : « Sans lenteur, on ne peut rien, même pas faire la révolution[21]. » [*DL*, p. 307.] En cela, il se rapproche du pédagogue Me Ti chez Bertolt Brecht :

> Le plus souvent nos expériences se transforment *très vite* en jugements. Ces jugements, nous en gardons le souvenir, mais en les confondant avec les expériences. Naturellement, des jugements ne sont pas aussi sûrs que des expériences[22].

Ce qu'il faut, au lieu de la certitude d'avoir tout de suite compris, c'est le regard étonné – Brecht dirait, la distanciation – afin d'explorer un domaine inconnu. C'est l'argument principal que Franklin oppose au mathématicien Charles Babbage qui travaille au projet d'une gigantesque machine à calculer, précurseur de l'ordinateur : « Votre machine – lui

20 « *Die Schüler müssen entdecken lernen. Vor allem ihre eigene Art des Sehens und ihre Geschwindigkeit, jeder für sich.* » [*EL*, p. 329.]

21 « *Ohne Langsamkeit kann man nichts machen, nicht einmal Revolution.* » [*EL*, p. 308.]

22 Bertolt Brecht, *Me Ti : livre des retournements*, texte français de Bernard Lortholary, Paris : L'Arche, 1968, citation p. 37. (« *Unsere Erfahrungen verwandeln sich meist sehr rasch in Urteile. Diese Urteile merken wir uns, aber wir meinen, es seien die Erfahrungen. Natürlich sind Urteile nicht so zuverlässig wie Erfahrungen.* ») Bertolt Brecht, *Buch der Wendungen*, dans *Große kommentierte Berliner und Frankfurter Ausgabe*, éd. par Werner Hecht et Jan Knopf, Berlin et Weimar, Aufbau Verlag / Francfort sur le Main, Suhrkamp Verlag, tome 18 : *Prosa 3*, 1995, S. 45-194, citation p. 90 [nous soulignons].

oppose John – ne peut ni s'étonner ni se troubler ; elle ne peut donc rien découvrir d'inconnu non plus[23]. » [*DL*, p. 286.]

Décrit dans le roman comme un homme « qui n'aimait ni les femmes, ni les enfants, ni quoi que ce soit au monde en-dehors de ses idées » [*ibid.*], Babbage est présenté comme le parfait contraire de Franklin, dont l'utopie réside en une :

> [...] lutte contre la veine accélération des choses, [une] découverte progressive, en douceur, du monde et des hommes [...], des machines ne servant pas à l'exploitation mais à la protection du temps individuel, des territoires réservés à la sollicitude, à la tendresse, à la méditation[24]. [*DL*, p. 339.]

Le mathématicien est pourtant représentatif de son époque, où « tout Londres semblait s'être entiché de vitesse[25] ». [*DL*, p. 162.] Chaque fois que John Franklin revient sur la terre ferme après une mission, il découvre d'autres changements : les carrosses qui, en roulant de plus en plus vite, prennent de moins en moins égards aux piétons, les pompes à vapeur du bassin minier de Sheffield, les cadrans des montres désormais pourvus d'aiguilles pour les secondes, les locomotives qui révolutionnent les transports, le chantier d'un tunnel sous la Tamise, et finalement l'apparition des premiers bateaux à vapeur. Le constat du narrateur est pourtant lapidaire :

> Londres bouillonnait. Chaque jour apportait un nouveau lot d'appareils, de machines et de constructions métalliques ; on appelait cela le progrès. Beaucoup y participaient, peu en avaient leur part[26]. [*DL*, p. 285.]

De son côté, le protagoniste enregistre les conséquences sociales de ces bouleversements : l'appauvrissement de toute une partie de la population, ainsi que la délinquance et les révoltes qui en résultent.

Ce qui suscite particulièrement l'intérêt de Franklin, ce sont les inventions dans le domaine optique. Son mentor, le Docteur Orme, a trouvé les bases d'un appareil que nous connaissons aujourd'hui sous

23 « *Ihre Maschine kann nicht staunen und nicht in Verwirrung geraten, also kann sie auch nichts Fremdes entdecken.* » [*EL*, p. 287.]

24 « *Kampf gegen unnötige Beschleunigung, sanfte, allmähliche Entdeckung der Welt und der Menschen* [...], *Maschinen und Einrichtungen* [...], *die nicht der Ausnutzung, sondern dem Schutz der individuellen Zeit dienten, Reservate für Sorgfalt, Zärtlichkeit, Nachdenken.* » [*DL*, p. 339.]

25 « *Ganz London schien in die Geschwindigkeit verliebt.* » [*EL*, p. 163.]

26 « *London dampfte. Der Zuwachs an Apparaten, Maschinen und Eisenkonstruktionen wurde täglich größer, man nannte es den Fortschritt. Viele wirkten an ihm mit, wenige hatten an ihm teil.* » [*EL*, p. 286.]

le nom de folioscope : un livre composé d'une séquence d'images qui, quand on le feuillette rapidement, donne l'impression d'un mouvement. À sa mort, Orme lègue à son élève deux manuscrits : l'un décrivant son invention, l'autre contenant des réflexions sur la vitesse propre à chaque individu. John, dont la particularité consiste à isoler par son regard chaque détail pour le considérer à fond, se sent personnellement concerné par le folioscope ; il essaie même de le développer, mais s'en détourne finalement, car, dit-il à un de ses amis :

> Je suis un découvreur [...], et découvrir signifie regarder soi-même à quoi ressemble et comment se meut quelque chose. Je ne voudrais pas m'en laisser accroire par un bouquin à images[27]. [*DL*, p. 277.]

Franklin donne la préférence à un autre prédécesseur du cinéma : le panorama, dont l'image fixe lui permet de réfléchir sur le sens de la scène reproduite.

Ce scepticisme envers les technologies de la perception visuelle nous amène du personnage de John Franklin à son auteur : avant d'écrire les romans qui devaient le rendre célèbre, Sten Nadolny a travaillé comme assistant de production cinématographique, et a d'ailleurs participé au tournage d'*Octopussy*, l'un des films d'action les plus célèbres de la série James Bond. Son premier roman, *Netzkarte*, devait à l'origine être le script d'un film et porte encore, par le montage des scènes, des traces du langage filmique. *La Découverte de la lenteur* en revanche est composé de manière linéaire, presque exclusivement dans la perspective de son protagoniste, sans coupures brusques. Ce flux tranquille de la narration renvoie plutôt au mouvement réaliste de la littérature de langue allemande du XIXe siècle, notamment aux romans de l'écrivain autrichien Adalbert Stifter[28]. Qui plus est, la lenteur, l'empathie avec les personnages et l'amour du détail relient l'écriture de *La Découverte de la lenteur* à la vision qu'exprime John Franklin. Citons l'auteur :

> Si résistance il y a, elle « se raconte », elle se glisse dans le « flux narratif » – fine, difficile à percevoir, efficace avec le temps seulement. Raconter, c'est

27 « *Ich bin Entdecker* [...], *und Entdecken heißt: selber direkt anschauen, wie etwas aussieht und wie es sich bewegt. Ich möchte mir von einem Bilderwälzer nichts vormachen lassen.* » [*EL*, p. 277.]

28 Voir Peter Becher, « *Langeweile und Langsamkeit. Stifterphänomene bei A. Brandstetter, E. Y. Meyer und S. Nadolny* », dans *Vierteljahresschrift des Adalbert-Stifter-Instituts des Landes Oberösterreich*, 36/1987, p. 43-56.

> résister à la hâte, c'est disposer d'une marge irréductible de temps et de liberté de mouvement[29].

Comparable à Franklin, l'explorateur qui écrit deux livres sur ses expéditions, l'écrivain Sten Nadolny se voit en navigateur qui se dirige vers l'inconnu, commet des erreurs, et manque parfois le cap qu'il s'est fixé[30]. Ce qui importe cependant pour l'auteur, c'est la volonté d'explorer une terre inconnue, une nouvelle manière de voir.

Si Nadolny s'est détourné d'un cinéma dont Paul Virilio a analysé les similitudes avec l'art de la guerre[31], on peut en revanche constater les rapports étonnants qu'entretient son roman avec la série télévisée *Heimat* du cinéaste allemand Edgar Reitz, incontestablement l'une des œuvres filmiques les plus importantes des années 1980. Décrivant la vie d'une famille allemande de province sur une période de 60 ans, *Heimat* excelle par un rythme très lent, une grande empathie envers ses personnages, et une critique indirecte, mais efficace d'un progrès technologique amenant en même temps vitesse, aisance matérielle et mise en danger des relations personnelles. L'énorme succès de *Heimat* peut s'expliquer par le fait que cette série a exprimé un sentiment collectif que nous pourrions qualifier de « post-soixante-huitard[32] ». Cela vaut également pour *La Découverte de la lenteur*. Se présentant de prime abord comme roman biographique, le livre de Nadolny traite en fin de compte des problèmes auxquels se voit confrontée l'Allemagne des années 1980. Le pacifisme de Franklin fait apparaître en filigrane l'angoisse d'une nouvelle guerre à un moment historique où les deux blocs politiques ont décidé de stationner de nouveaux missiles sur le territoire des deux États allemands. De plus, la lenteur du protagoniste doit être vue en rapport avec le scepticisme général à l'égard d'un progrès technique de plus en plus rapide. Et finalement, le

29 « *Wenn irgendwo, dann wohnt der Widerstand im Erzählen, listig, schwer erkennbar, erst nach längerer Zeit wirksam. Erzählen widersteht der Eile, es verfügt über ein unangefochtenes Volumen an Zeit und Bewegungsfreiheit.* » Sten Nadolny, *Selim oder Die Gabe der Rede*, Munich, Piper Verlag, 1990, citation d'après l'édition de poche, Piper Verlag, 1992, p. 365 ; traduction française : *Selim ou Le Don du discours*, traduit de l'allemand par Anne-Marie Geyer, Paris, Grasset, 1993, citation p. 289.

30 Voir Sten Nadolny, discours de remerciement lors de la remise du Prix Anton-Hofrichter, le 19 janvier 1995 à Munich, cité d'après Wolfgang Bunzel (éd.), *op. cit.*, p. 12.

31 Paul Virilio, *Guerre et cinéma I : Logistique de la perception*, Paris, Seuil, 1984.

32 Voir Thomas Zenetti, « Regain d'intérêt pour la petite patrie : le film *Heimat* d'Edgar Reitz », dans *Revue d'Allemagne et des pays de langue allemande*, tome XXIV, numéro 1, janvier-mars 1992, p. 61-67.

désenchantement envers les utopies politiques de gauche après 1968 est exprimé dans le roman à travers le personnage de Maconochie, qui veut à tout prix accélérer le changement de la situation à Van Diemen's Land et empêche par son impatience une amélioration durable. Décélération et repli sur un champ d'action restreint deviennent des valeurs de résistance, valeurs qu'incarne John Franklin, l'explorateur lent qui dirige son petit bateau vers ce qu'il appelle « l'Arctique hospitalier[33] » [*DL*, p. 285], un endroit dont il a rêvé déjà petit garçon, car « ni le soleil ne s'y couchait, ni le temps ne s'y s'écoulait[34] ». [*DL*, p. 12.] Il est intéressant de mentionner que presque en même temps que *La Découverte de la lenteur* parut le roman *Les Effrois de la glace et des ténèbres* de Christoph Ransmayr[35], qui met en relief les souffrances surhumaines et les échecs d'une expédition arctique, représentant en cela l'autre courant, apocalyptique, de la littérature allemande des années 1980. Sten Nadolny en revanche transforme la mort de son protagoniste et de ses hommes en apothéose, et donne le dernier mot au capitaine du navire parti à la recherche de l'expédition disparue :

> C'était un équipage valeureux et courageux. Le temps fut trop long pour eux. Qui ne sait ce qu'est le temps ne pourra jamais comprendre la moindre image, celle-là pas plus que les autres[36]. [*DL*, p. 355.]

Il est tout à fait conséquent que le livre se termine en un arrêt sur image, symbolisé par une photographie prise des vestiges de la dernière expédition de John Franklin. La littérature, c'est le message de Sten Nadolny, a l'aptitude de ralentir le flux des événements, afin de faire apparaître quelque chose d'inconnu : la découverte *de la* lenteur mène à des découvertes *grâce à* la lenteur.

Thomas ZENETTI
Université de Haute-Alsace

33 « *die freundliche Arktis* » [*EL*, p. 285].

34 « *de[r] nördlichste* [...] *Teil der Erde* [...], *so weit weg, dass die Sonne nicht unterging und die Zeit nicht ablief* » [*EL*, p. 12].

35 Christoph Ransmayr, *Die Schrecken des Eises und der Finsternis*, Vienne, Christian Brandstätter Verlag, 1984 ; traduit de l'allemand par François Mathieu, Paris, Éditions du Seuil, 1991.

36 « *Es war eine würdige und tapfere Schiffsmannschaft. Die Zeit war zu lang für sie. Wer nicht weiß, was Zeit ist, versteht kein Bild, und dieses auch nicht.* » [*EL*, p. 355.]

LA FORCE COGNITIVE DE LA VITESSE DANS L'ÉCRITURE-HÉRISSON À LA CHEVILLARD

> [...] il doit y avoir un mouvement dans un livre, une sorte d'accélération continue, cela afin d'éviter que le texte ne se fige en discours. Doivent se produire des phénomènes liés au temps qui s'écoule pendant l'écriture, puis pendant la lecture, des événements liés à cela, à ce déplacement dans le temps, inscrits dans cette durée[1].
> Éric CHEVILLARD

> L'idée d'autopoïèse s'appuie dur l'idée d'homéostasie et la développe dans deux directions importantes. D'une part, en transformant toutes les références de l'homéostasie en références internes au système lui-même. D'autre part, en affirmant que l'identité du système, que nous appréhendons comme une unité concrète, provient de l'interdépendance des processus. Ces systèmes produisent leur identité ; ils se distinguent eux-mêmes de leur environnement : c'est pourquoi nous les nommons autopoiétiques[2] [...].
> Francisco J. VARELA

1 Richard Robert, « Le monde selon Crab », entretien d'Éric Chevillard, dans *Les Inrockuptibles*, nº 47, juillet 1993, disponible en ligne : <http://www.eric-chevillard.net/e_lemondeseloncrab.php>. [Consulté le 10/10/2014.]

2 Francisco J. Varela, *Autonomie et connaissance : essai sur le vivant*, Paris, Seuil, 1989, p. 45.

VITESSE, COGNITION, LITTÉRATURE

Dans la création littéraire, la vitesse est un facteur d'existence qui concerne la tension entre deux modes de fonctionnement : celui du *parvenir* et celui du *survenir*[3]. Le parvenir est caractérisé par un *tempo* lent, lié à des schémas narratifs soumis à la logique de l'anticipation, du prévisible, et conduit donc à des résultats calculés. C'est le cas par exemple du schéma narratif *contrat* > *compétence* > *performance* > *reconnaissance*, qui déploie les évolutions et les réalisations du sujet d'une façon séquentielle, suivant une chronologie. Le survenir, en revanche, est caractérisé par un *tempo* rapide, qui fait éclater l'événement en provoquant des ruptures, donc de l'inattendu, de la surprise. Il introduit une dimension passionnelle dans le schéma de l'action qui est soumise à des intensités variables et à des programmes qui se chevauchent.

La vitesse est un facteur omniprésent dans l'écriture de l'auteur contemporain Éric Chevillard, qui lui permet non seulement de faire éclater l'action, mais constitue « un mouvement d'arrachement[4] », « une évasion à corps perdu, droit devant dans l'espace infiniment ouvert de songe et de la spéculation[5] ». La vitesse lui sert donc comme point de départ dans l'élaboration de ses cosmogonies absurdes, dans lesquelles le sens est toujours poussé au-delà de ses limites, grâce à un travail fin et précis sur le matériau plastique de la langue. Dans ses petits mondes verbaux, teintés d'ironie et d'humour noir, l'auteur « ordonne le monde à sa guise durablement, en le nommant[6] ». Pour ce faire, tout élément peut lui servir :

> J'ai parfois simplement l'idée d'une situation de départ et l'intention, sinon de l'étirer, du moins de faire jouer jusqu'au bout la logique narrative ou spéculative qu'elle porte en germe [...]. Le livre commence à prendre corps

3 Voir Claude Zilberberg, *Éléments de grammaire tensive*, Limoges, Pulim, 2006.

4 Pierre Jourde, « Épuiser la forme », entretien avec Éric Chevillard, dans *Europe*, 92ᵉ année, nº 1026, octobre 2014, p. 9.

5 Florine Leplâtre, « Douze questions à Éric Chevillard », *Inventaire/Invention*, 21 novembre 2006, disponible en ligne : <http://www.eric-chevillard.net/e_inventaireinvention.php> [Consulté le 13/02/2015.]

6 Éric Chevillard, *Du hérisson*, Paris, Minuit, « Double », 2012, p. 72. Dans cet article, nous allons nous référer à l'édition augmentée.

> pour moi lorsqu'il invente sa forme particulière, c'est-à-dire lorsqu'il déborde du cadre romanesque souvent assez classique au départ pour devenir un objet inassimilable et même monstrueux. Cela peut se produire assez vite[7].

Son écriture développée autour des tendances contradictoires de l'aphorisme et de la digression se tisse entre deux techniques : « la précipitation du récit dans la formule qui le clôt[8] » ou « inversement, une germination folle à partir d'un énoncé bref et sentencieux[9] ». Dans les deux cas, l'accélération stimule son exploration de « tous les champs du possible[10] » dans la langue.

Nous nous proposons d'étudier ici les effets de la vitesse dans son roman intitulé *Du hérisson* à travers l'apport principal des sciences cognitives, à savoir le concept de l'autopoïèse. Si nous avons opté pour les sciences cognitives afin d'aborder ce problème, c'est parce que les transformations qui se sont opérées ces dernières décennies au sein de ce champ d'études, et dans le cadre de la biologie en général, reflètent « avec le plus d'acuité les métaphores et les sensibilités de la pensée contemporaine[11] ».

LE RÉGIME DE L'AUTONOMIE
Sur les pas de l'autoproduction

Afin de pouvoir comprendre l'apport de l'autopoïèse, nous devons d'abord distinguer deux régimes : celui de la *commande* et celui de *l'autonomie.* Le régime de la commande représente les systèmes à entrées-sorties, qui se définissent de l'extérieur, comme le modèle cybernétique de Wiener par exemple :

---

7 Daniel Lemi, « J'admire l'angélisme des pessimistes. Comme si la situation pouvait encore empirer ! », entretien d'Éric Chevillard, *Article XI*, 27 septembre 2008, disponible en ligne : <http://www.eric-chevillard.net/entretiens.php>. [Consulté le 10/10/2014.]

8 Jourde, art. cité, p. 8.

9 *Id.*

10 Cécile Narjoux, Sophie Jolin-Bertocchi, « L'œuvre d'Éric Chevillard ou "l'expérience du temps" » dans *La langue de Chevillard ou « le grand déménagement du monde »*, *id.* (éd.), Éditions universitaires de Dijon, « Langages », 2013, p. 11.

11 Varela, *op. cit.*, p. 14.

> Nous connaissons bien la commande. [...] Le modèle qu'on en donne couramment est le suivant : quelque chose entre dans un processus, quelque chose en ressort. Nous nous tenons des deux côtés de cette entrée et de cette sortie, qu'il s'agisse d'un système économique, d'un compilateur ou de la pensée d'une autre personne. Le paradigme fondamental de nos interactions avec ce genre de systèmes est l'*instruction*, et les résultats insatisfaisants de nos interactions avec ces systèmes sont des *erreurs*[12].

Le régime de l'autonomie, concept moins bien défini et moins à la mode, représente, quant à lui, des systèmes qui s'autorégulent de l'intérieur, en suivant leurs propres lois : « Le paradigme fondamental de nos interactions avec un système autonome est la *conversation*, et, lorsque ce genre d'interactions donne des résultats insatisfaisants, nous parlons d'*incompréhension*[13] ». La différence entre ces deux régimes, c'est que dans le cadre de la commande, l'information est conçue comme instruction et représentation, et le système cherche à regagner toujours le même état, en suivant ces instructions. Par exemple, le thermostat est un modèle cybernétique qui relève du régime de la commande grâce à trois aspects essentiels :

1. Premièrement, il possède un thermomètre qui lui permet de mesurer la température extérieure, donc il fonctionne en *input*, puisqu'il est ouvert sur le donné.
2. Deuxièmement, ce donné, c'est-à-dire la température extérieure, est analysée en fonction d'un seuil préprogrammé, autrement dit d'une température idéale qui est de 18 degrés.
3. Troisièmement, cette information codée se manifeste par l'activation ou la désactivation du circuit de chauffage, le thermostat est donc relié sur le mode de l'*output* à un milieu technique (le moteur, le chauffage, etc.)

Ces systèmes-là ont donc pour but de neutraliser les perturbations pour pouvoir retourner à la température préprogrammée, autrement dit, ils visent la stabilité : l'homéostasie. Dans le cadre de l'autonomie, au contraire, l'information est construite par le système lui-même de façon à ce qu'il puisse maintenir son identité. C'est le cas des systèmes vivants, appelés autopoiétiques.

12 *Id.*, p. 7-8. Je souligne.
13 *Id.*

L'autopoïèse, élaborée par les neurobiologistes Francisco Varela et Humberto Maturana dans les années soixante-dix, constitue le fondement biologique du modèle cognitif appelé enaction, « c.-à-d. une cognition "incarnée" et "sans représentation[14]" ». En étudiant les racines biologiques de l'individualité, Varela et Maturana introduisent ce concept pour expliquer la façon dont les êtres vivants se constituent comme des unités autonomes, ayant une capacité auto-organisatrice.

En dépassant l'approche classique adoptée en biologie, basée sur le code de programmation dont le responsable est l'ADN, la théorie autopoïétique postule que le propre des systèmes vivants est de *s'autoproduire*, en maintenant la cohésion entre leur *organisation* et leur *structure*. L'organisation d'un système vivant est pour Varela l'ensemble des éléments invariants qui constituent sa configuration globale, ce sont donc des éléments qui ne changent pas dans un individu tout au long de sa vie. La structure quant à elle, constitue l'univers indéfini des variables à l'origine des changements continuels, qui spécifient le vivant comme processus de singularisation :

> Un système autopoiétique est organisé comme un réseau de processus de production de composants qui (a) régénèrent continuellement par leurs transformations et leurs interactions le réseau qui les a produits, et qui (b) constituent le système en tant qu'unité concrète dans l'espace où il existe, en spécifiant le domaine topologique où il se réalise comme réseau[15].

Le réseau autopoiétique accomplit donc deux critères simultanés et paradoxaux : il ne cesse de changer, tout en gardant une identité délimitée dans l'espace.

Le point de départ de tout le processus est le fait que ces systèmes doivent continuellement faire face à des *perturbations* venues de l'extérieur. La cognition comme niveau d'organisation supérieur influence les chances de survie de la configuration autopoiétique. Sans cognition, comprise comme la capacité de répondre à ces perturbations, l'unité biologique perd son autonomie et commence à s'homogénéiser avec l'environnement, autrement dit l'organisme meurt.

---

14 Olivier Penelaud, *Le paradigme de l'enaction aujourd'hui : apports et limites d'une théorie cognitive « révolutionnaire »*, disponible en ligne : <http://plasticites-sciences-arts.org/PLASTIR/Penelaud%20P18.pdf>. [Consulté le 03/03/2015.]

15 Varela, *op. cit.*, p. 45.

En réponse, le système produit donc une *clôture opérationnelle*, c'est-à-dire une frontière dynamique qui lui permet d'opérer des transformations suite aux perturbations, mais en même temps, elle soumet ces transformations au maintien de son organisation. Autrement dit, la clôture est « la manière par laquelle le système maintient les processus qui le configurent comme entité autonome[16] ». Cette autonomie renvoie donc à un comportement d'*auto-création*, ce qui veut dire que le système n'a pas tendance à regagner toujours le même état, comme le modèle cybernétique à entrées et sorties, mais expérimente des assemblages potentiels à l'infini. Il nous semble que cet aspect fertile et dynamique du concept de l'autopoïèse peut nous servir pour élucider la spécificité de l'esthétique foisonnante de la vitesse dans le roman de Chevillard.

LE HÉRISSON NAÏF ET GLOBULEUX
Propagation du trouble obsessionnel

> Des hérissons naïfs et globuleux hantaient mes songes / tournoyant autour de moi comme des casse-tête, comme la foudre en boule furieuse échappée de l'Enfer, dans le puits noir de la nuit[17].

Du hérisson débute par l'intrusion inopinée d'un hérisson naïf et globuleux sur le bureau d'un écrivain anonyme, alors que celui-ci s'apprête à écrire sa grande autobiographie, « une confession autobiographique déchirante[18] » dans laquelle « il ordonnerait tous ses souvenirs à la

16 Voir le cours de Pedro Contro, « L'émergence en biologie », disponible en ligne : <http://www.memoireonline.com/06/09/2114/m_Emergence-en-physique-biologie-et-sciences-cognitives_Vers-une-comprehension-globale2.html>. [Consulté le 22/07/2014.]

17 Chevillard, *op. cit.*, p. 237.

18 *Id.*, p. 14.

française[19] ». Le lecteur survient en même temps dans l'univers du livre que le petit animal épineux, son arrivée apparaît « du même coup, elle aussi comme une intrusion tout à fait intempestive[20] » :

> Coïncidence
>
> ou pas, en même temps que vous a surgi ce hérisson naïf et globuleux. S'il est à vous, reprenez-le, je n'en veux pas. S'il s'agit d'un cadeau, je le refuse. Très peu pour moi. Ne me plaît pas. Reprenez-le. Soudain vous voilà, et avec vous quoi ? Ni fleurs, ni chocolats, et votre brouette de confitures a dû s'embourber ou se renverser en chemin – avec vous quoi ? Ni le sac de plâtre ni le parpaing dont l'homme a constamment besoin – avec vous quoi ? Ni vin ni liqueur
>
> nulle douceur, au contraire une bête mieux organisée pour la guerre et plus redoutable qu'un essaim d'abeilles[21] [...].

Un hérisson naïf et globuleux sur la table d'un narrateur-écrivain, un lecteur, et il y a « une germination folle » à la Chevillard qui commence. Cette irruption inattendue du hérisson dès le premier fragment constitue la première manifestation d'une *obsession*[22] qui va transformer ce livre en une *anomatomanie*[23], une litanie de formules hérissonneuses. En ce sens, l'apparition de ce petit parasite est une source de perturbation qui affecte le roman, et non pas une source d'information qui imposerait au texte les étapes de son évolution. L'information est produite, en réponse à cette perturbation initiale, au fur et à mesure que le texte se déplie

19 *Id.*, p. 226.

20 Anne Cousseau, « Lecture, jeu et autobiographie dans *Du hérisson* d'Éric Chevillard », dans Marc Dambre, Bruno Blanckeman (éd.), *Romanciers minimalistes 1979-2003*, colloque de Cerisy, Paris, Presses Sorbonne Nouvelle, 2012, p. 232.

21 Chevillard, *op. cit.*, p. 11-12.

22 Le mot obsession vient du latin *obsessio* et veut dire action d'assiéger, blocus. Ce sens est reflété par l'étymologie et l'histoire du mot : « 1. 1470 "siège" (Georges Chastellain, *Hauts faits du Duc de Bourgogne*, dans *Œuvres*, éd. K. de Lettenhove, 7, 217); 2. 1590 "état d'une personne obsédée par un démon" (P. Crespet, *Deux livres de la hayne de Sathan*, page de titre); 3. 1690 "action d'importuner sans cesse" (Fur.); 4. 1799 "idée, image, mot qui s'impose à l'esprit de manière incessante" (La Harpe, *Cours de littér.*, t. VIII, 386 ds Pougens ds Littré); 5. 1866 psychiatrie (Delasiauve, *Discussion sur la folie raisonnante* dans *Ann. Médico-psychol.*, t. 7, p. 431). » Voir : <http://www.cnrtl.fr/etymologie/obsession>. [Consulté le 13/02/2015.]

23 Dans la clinique des troubles obsessionnels compulsifs, l'anomatomanie est une obsession portant sur un mot ou un groupe de mots qui doit être prononcé ou soigneusement évité. Voir <http://psychiatrie.free-h.fr/troubles-anxieux/clinique-troubles-obsessionnels-compulsifs-toc.html>. [Consulté le 14/02/2015.]

en une série d'emboitements et de déboitements compulsifs autour de l'élément épineux, formant blocus.

Tout cela se déroule sur un *tempo* rapide, la vitesse devient donc une énergie qui nourrit cette écriture obsessionnelle compulsive dont la spécificité est d'exploiter, par les clôtures et les ouvertures des fragments répétitifs autant de configurations à venir.

L'élément perturbateur, le hérisson naïf et globuleux, apparaît brusquement suivant la logique du spasme. Au commencement, sa présence constitue un facteur d'empêchement cocasse, mais petit-à-petit il creuse un trou de plus en plus grand dans le petit monde en miniature de Chevillard : « De fait, on assiste à un processus d'envahissement progressif qui voit l'animal s'installer dans l'espace de travail de l'écrivain et le discours sur l'animal contaminer le discours du narrateur au risque de voir l'autobiographie projetée "ressembler fastidieusement à une monographie du hérisson naïf et globuleux[24]". » Son caractère irréprimable, son image parasite en propagation, entraîne ainsi une accélération du trouble qui se traduit par le ressassement de son omniprésence :

> Ah, je suis bien embarrassé avec ce hérisson naïf et globuleux sur les bras. Ça ne m'arrange pas. Avouons-le, ça tombe même très mal, cette histoire, ça me contrarie. J'avais d'autres projets
>
> et d'une toute autre envergure, vous pouvez me croire, d'une toute autre ampleur. Un hérisson naïf et globuleux ! N'importe quoi[25] !
>
> Et soudain sur ma table en voici un
>
> vous ne rêvez pas : un hérisson naïf et globuleux. D'où vient-il ? Qui me le dira ? Autrefois, je n'en avais pas, de cela je suis sûr, avant celui-ci, jamais je n'en avais eu. Qu'en aurais-je fait, grands dieux ! Mais celui-ci ? C'est mon premier. Tout à coup il fut devant moi. Exactement tel qu'il est là[26].
>
> Ce n'est pas de ma faute. Je n'en voulais pas, de ce hérisson naïf et globuleux, moi. Il s'est trouvé là. Je n'en voulais pas. Je préparais un livre important, plein de ricanements clairs comme des rires d'enfant. [...] Il n'était pas dans mon intention d'évoquer cette question
>
> du hérisson naïf et globuleux[27].

24 Marie-Odile André, « Récit contrarié, récit parodique : la figure auctoriale chez Chevillard », dans *Romanciers minimalistes 1979-2003*, *op. cit.*, p. 35.

25 Chevillard, *op. cit.*, p. 10.

26 *Id.*, p. 11.

27 *Id.*, p. 18.

Les phrases coupées en deux, à cheval sur deux paragraphes, c'est-à-dire le principe de l'enjambement appliqué à la prose, est une contrainte formelle qui permet ce *tempo* rapide « en favorisant les effets de chute, de reprise, de relance[28] ». Les blancs installés entre les fragments donnent à chaque fois une nouvelle pulsion à l'écriture compulsive, qui, par l'itération ardente de la formule « hérisson naïf et globuleux » déballe ses paragraphes à l'infini. Le texte, submergé par ces rituels contraignants et encombrants « se cogne[29] » à son cadre, puis le déborde…

HANTÉ PAR LA FOLIE COMPULSIVE, ACCÉLÉRER… AUTO-CRÉER…

L'excès de vitesse génère un *délire langagier* dans ce texte, « une prise de pouvoir de l'imagination sur le réel[30] ». Ceci se dévoile à travers les différents symptômes de l'agir compulsif, notamment la « *loi des séries*[31] », le *bilanisme*, l'*amplification du détail à l'extrême* et l'*énumération*. Ces procédés constituent un soubassement pour ce « radotage obsessionnel[32] », ils déstabilisent donc le texte et accélèrent le dépliement et le repliement des segments hérissonneux, devenus les lieux d'une folie verbale « d'autant plus frénétique que systématisée[33] ».

Suivant la loi des séries, les éléments sont soumis à « des procédés de répétition[34] », les mêmes sujets et les mêmes formulations tournent autour du projet autobiographique contourné par l'obsession idéative du hérisson. La particularité de cette loi est, selon Monjour, de « renforcer la

28 Mathilde Bonazzi, « Une espèce de transe stylistique », entretien d'Éric Chevillard, dans *La Langue de Chevillard ou « le grand déménagement du monde »*, *op. cit.*, p. 194.

29 *Id.*

30 Robert, art. cité.

31 Servanne Monjour, « L'esthétique loufoque chez Éric Chevillard », *@nalyses*, vol. 6, n° 2, 3 juin 2011, p. 209, disponible en ligne : <https://uottawa.scholarsportal.info/ojs/index.php/revue-analyses/article/view/618/520>. [Consulté le 10/10/2014.]

32 *Id.*, p. 212.

33 Bruno Blanckeman, « "L'écrivain marche sur le papier", Une étude du *Hérisson* », dans *Roman 20-50, Revue d'étude du roman du XXe siècle*, éd. par Pascal Riendeau, n° 46, décembre 2008, p. 71.

34 Monjour, *op. cit.* p. 209.

propension de la narration à la logorrhée[35] » en générant une esthétique loufoque[36]. Il s'agit :

> d'une forme à l'état pur et d'une non-forme : quelque chose comme une figure de l'épuisement formel. Si une série est potentiellement infinie, elle est potentiellement informe [...], il s'agit donc de la forme loufoque par excellence ; elle regroupe des objets selon une apparente motivation, tout en laissant s'égarer cette motivation : la série devient une machine à engendrer n'importe quoi[37].

Le bilanisme[38], l'amplification du détail à l'extrême et l'énumération, sont d'autres procédés de l'esthétique chevillardienne qui accélèrent cette dynamique obsessionnelle des perturbations contractiles et rétractiles en y injectant de nouvelles forces. Le *tempo rapide* du souci d'établir sans arrêt le bilan des bouleversements causés par l'animal, avec toutes les digressions cocasses et absurdes frôlant la minutiosité, trouve son apogée dans l'énumération, laquelle est, pour Chevillard, « une forme de délire, une accélération de la pensée qui file vers son but sans se laisser retarder, [...], comme on avale les kilomètres qui nous séparent du bord de mer[39] » :

> [...] On ne m'a jamais vu ivre. On ne m'a jamais vu nu. On ne m'a jamais vu et soudain la rumeur se répand que je me montre partout avec un hérisson naïf et globuleux ! Non seulement je ne paradais pas, ne me pavanais pas,

35 *Id.*

36 « Le loufoque résulte de la combinaison de la folie et du rire (voir Daniel Péchon, *Thésaurus*, Paris, Larousse, 1991), à l'origine d'effets d'étrangeté surprenants. La notion cependant, se distingue du carnavalesque, né lui aussi de l'association du rire et de la folie, mais selon une logique de renversement (voir Mikhaïl Bakhtine, *L'Œuvre de François Rabelais et la culture populaire au Moyen Âge et sous la Renaissance*, Paris, Gallimard, "Tel", 1982) du noble vers le trivial, du haut vers le bas, de la dignité à l'obscénité. Alors que le carnavalesque sert d'exutoire à une société très contrainte dans ses traditions et son protocole, le loufoque, au contraire, interroge les aspects et les évolutions de la société à travers un comique mêlé de poésie [...]. Si le carnavalesque privilégie donc le renversement, le loufoque convoque plutôt des associations bizarres et surprenantes [...] à travers des procédés si nombreux et variés qu'il "ne saurait être ramené ou réduit à une rhétorique [...], il vaudrait mieux alors parler d'effet loufoque, d'accident loufoque plutôt que d'un genre en tant que tel" » (voir Jean-Pierre Mourey, Jean-Bernard Vray [éd.], *Figures du loufoque à la fin du XXe siècle*, Saint-Étienne, Presses de l'Université de Saint-Étienne, 2003, p. 9, dans *id.*, p. 197).

37 Jourde, « Le loufoque comme exercice d'épuisement », dans *Figures du loufoque à la fin du XXe siècle*, *op. cit.*, p. 161.

38 Le bilanisme est un souci obsédant d'établir l'état comparatif des gains et des pertes dans tous les domaines de l'existence « bilans sur le plan organique, psychique, matériel ». Voir : <http://psychiatrie.free-h.fr/troubles-anxieux/clinique-troubles-obsessionnels-compulsifs-toc.html>. [Consulté le 14/02/2015.]

39 Robert, art. cité.

> mais je rêvais d'être invisible ou au moins de n'être jamais là, ou d'être mort, depuis six mois. X pour les intimes, c'était moi. Mon ombre était pour moitié dans mon poids. Or, voici que l'on s'achemine vers le dévoilement solennel
>
> de marbres commémoratifs taillés en tablettes fixées par quatre clous d'or aux façades des maisons où je suis mort-né, avec ces mots gravés : L'HOMME AU HÉRISSON NAÏF ET GLOBULEUX A SÉJOURNÉ DANS CETTE MAISON DE TELLE DATE À TELLE DATE, ON S'EN FLATTE. Le musée est ouvert tous les jours. Du matin tôt au soir tard. Congés annuels le 29 février, hormis les années bissextiles. Gratuit le premier dimanche du mois et pour les nourrissons à la mamelle
>
> accompagnés de leur maman. Tarif groupe. Réduction pour les enseignants. Déposez vos sacs à la consigne. *No flash*. Les toilettes sont sous l'escalier. Cafétéria en terrasse. À toute heure de la journée salades et choses à manger. Menu enfant. Sur les sets de table en papier, quoi ? la caricature grotesque d'un hérisson naïf et globuleux, en effet, vous avez déjà visité[40] ?

Le texte dévoré par la boule de piquants du hérisson « à laquelle finalement s'articulent tous les axes du récit[41] » devient une machine démoniaque : « un objet inassimilable et même monstrueux. »

Le lecteur est à son tour happé par la « germination folle » de cette écriture bardée de pointes dont il devient « le rouage[42] », au même titre que l'animal. En étirant jusqu'au bout ce texte-hérisson suivant une logique compulsive frénétique, l'auteur crée un effet de vertige, un tournoiement chez le lecteur. Celui-ci est constamment invité à entrer dans le système qui « n'interroge pas seulement les mécanismes de lecture par le biais de la contestation ou de la parodie, mais déploie aussi des stratégies de captation et de séduction qui piègent le lecteur à son propre jeu[43] ». Cette invitation qui se présente de plusieurs manières augmente le degré d'intensité de la dimension ludique de l'ouvrage.

Tout d'abord, le narrateur lance un appel permanent au lecteur pour l'attirer et puis l'introduire dans ce jeu : « *Vous voyez* ce hérisson naïf et globuleux, on peut dire que sa présence est agaçante, suprêmement pénible même[44] », « *Vous pouvez revenir*, j'en ai fini avec le chapitre spor-

40 Chevillard, *op. cit.*, p. 16-17.
41 Bonazzi, art. cité.
42 *Id.*
43 Cousseau, *op. cit.*, p. 239.
44 Chevillard, *op. cit.*, p. 46. Je souligne, ainsi que dans les deux autres exemples qui suivent.

tif[45] », « En ce cas, je suis atteint de cette très étrange et rare maladie mentale [...] – *voyez* mon hérisson naïf et globuleux, l'œil vif, la truffe humide, comme il se porte bien[46]. »

Ensuite, la concomitance des clôtures et des ouvertures « à la façon hérissonneuse[47] » est réalisée par la double contrainte des paragraphes, qui se coupent avant la fin des phrases. « L'effet pervers[48] » de « l'atomisation du texte[49] » en séquences dont la fin ne correspond point avec la fin des phrases, pousse le lecteur irrésistiblement à sauter sans cesse dans le paragraphe suivant. Il est donc entraîné dans le cercle infernal du délire ardent et s'identifie petit à petit à l'accélération du trouble.

Ce travail de reconfiguration autopoiétique lancée par les gestes compulsifs du repliement et de l'expansion s'effectue *in fine* dans un système de mise en abyme. Celle-ci se dévoile, d'un côté, au niveau de la structure et du langage animalisés à un rythme de plus en plus rapide et, de l'autre, dans la métaréflexion du narrateur sur sa propre écriture, mettant en scène la vitesse comme un principe auto-créatif :

> *ruiiiiiii ou grouiiiiii*, quand mon coude le heurte brutalement – ça alors ! vous avez entendu ? Mon hérisson naïf et globuleux a produit un son autre qu'un reniflement morveux ! [...]
>
> *ruiiiiii*, c'est bien cela, c'était bien mon coude, quand mon coude le touche, ça le heurte, mon hérisson naïf et globuleux qui est à peine plus pointu que lui, et il pousse son cri *ruiiiiii* ou *grouiiiiiii*, difficile à dire. Or, j'écris comme le crabe se déplace, latéralement, je suis réputé pour ça, le bras droit replié, le crayon prisonnier de la pince des doigts, je vais vite ainsi, plus vite que sur mes pieds, sans savoir où je me dirige, pense-t-on, alors que je suis comme les autres crabes, les petits crabes gris de Guadeloupe, je regagne mon trou
>
> dare-dare : ce bras replié, ce coude pointu, constituent une menace permanente pour le hérisson naïf et globuleux qui se promène innocemment sur ma table. Un enchaînement logique bien conduit, une accélération délirante, le mot perdu qui me revient pour m'empêcher de commettre l'irréparable, une digression intempestive, et je me déporte d'un coup dans sa direction, comme une armoire qui tombe, à la vitesse de la lumière[50].

45 *Id.*, p. 44.
46 *Id.*, p. 197.
47 Cousseau, *op. cit.*, p. 241.
48 *Id.*, p. 239.
49 *Id.*
50 Chevillard, *op. cit.*, p. 156-159.

« L'ÉBRIÉTÉ DE LA VITESSE »
Injecter un nouvel élan

« L'accélération délirante » sous-tend effectivement cette écriture joueuse qui combine, permute, bricole jusqu'à la fatigue dans « le tourbillon[51] » térébrant lui apportant la libération de ses ressources multiples, « la délivrance par l'excès[52] ». L'esthétique de la vitesse élevée a donc un potentiel cognitif dans ce roman, et dans toute l'œuvre de Chevillard, mais ceci ne se réfère pas à une connaissance statique, délivrée par le texte. Au contraire, sa portée cognitive réside dans le fait qu'elle permet d'aller au-delà des formes prédéfinies, séquentielles et hiérarchiques et d'embrasser la liberté en explorant de nouvelles sensations sur les fissures du non-sens, des mutations hérissonneuses à travers la langue :

> La maîtrise permet juste d'initier le mouvement, de prendre assez de vitesse avant de perdre le contrôle, et alors, à ce moment-là – et c'est à partir de ce moment-là que commence l'aventure d'écrire – tout peut arriver. Le réel est déformé par la vitesse et par l'ébriété qui naît de cette vitesse. Le spectacle me surprend moi le premier [...]. En poussant toujours plus loin le raffinement, on bascule finalement de l'autre côté, avec les fous, les enfants et les primitifs, au commencement de quelque chose de nouveau[53].

Comme dans le cas des systèmes vivants autonomes, il y a un véritable déplacement chez Chevillard « de l'étude des correspondances sémantiques vers celles des modèles structurels[54] ». Les éléments ne sont plus conditionnés par la réalité sémantique des symboles « *à propos de quelque chose*[55] », autrement dit, des symboles qui représentent ce dont ils tiennent lieu, mais se retrouvent dans les nouvelles configurations contingentes de l'écriture-hérisson, abordés sous l'angle du tissage, des relations, des résonances.

---

51 *Id.*, p. 131.

52 Matthieu Larnaudie, « Des crabes, des anges et des monstres », entretien d'Éric Chevillard, *Devenirs du roman*, Inculte/Naïve, janvier 2007, p. 98, disponible sur le web : <http://www.eric-chevillard.net/entretiens.php>. [Consulté le 10/10/2014.]

53 Leplâtre, art. cité.

54 Varela, *Invitation aux sciences cognitives*, Paris, Seuil, 1989b, p. 12.

55 Evan Thompson, Eleanor Rosch, *L'inscription corporelle de l'esprit*, Paris, Seuil, 1993, p. 76.

La vitesse est donc un élan qui souffle une force autopoiétique, c'est-à-dire un potentiel de régénération dans le texte, un élan qui alimente la folie verbale, pli délicat dans le « millefeuille de hérisson[56] ». Grâce à cette force autopoiétique, un espace de singularisation se crée dans ce roman, comportant une série de rituels compulsifs qui le libèrent de la charge de la représentation, et donnent libre cours à son fonctionnement complexe et dynamique. L'accélération alimentant ces déplacements imprévisibles et irrépressibles permet donc d'exploiter un *survenir* démesuré, un monde bouillonnant, plein d'intensités et « d'énergie pure[57] » qui transforme la lecture en une « aventure vertigineuse[58] ». Le lecteur est piégé, il ne peut plus en sortir, car *Du hérisson* fait partie des livres où :

> on n'avance pas, desquels on ne sort pas, on ne voit pas le bout et on prolonge indéfiniment la lecture en l'interrompant souvent, longtemps, nos vrais livres de chevet, ce sont ceux-là, la preuve : on ne peut pas se résoudre à les finir. On choisit donc de vivre dedans, avec les anges, ange soi-même[59].

Gabriella BANDURA
Université Paris 8 –
Université de Szeged

56 Blanckeman, *op. cit.*, p. 68.

57 Leplâtre, art. cité.

58 Chevillard, « Portrait craché du romancier en administrateur des affaires courantes », dans Laurent Zimmermann (éd.), *L'Aujourd'hui du roman*, Nantes, Cécile Défaut, 2005, p. 17.

59 Chevillard, *Préhistoire*, Paris, Éd. de Minuit, 1994, p. 234.

ABDELWAHAB MEDDEB OU L'ÉCRITURE DU NON LIEU

Le cas de *Talismano* et *Phantasia*

Si la vitesse est définie systématiquement comme étant un mouvement par rapport à un espace/temps, il n'en demeure pas moins que ce mouvement affecte bien des aspects de la vie moderne, en l'occurrence l'écriture. En effet, en lisant les deux romans de Abdelwahab Meddeb *Talismano* et *Phantasia*[1], écrits respectivement en 1979 et 1986, nous nous rendons compte à quel point ils sont d'une facture singulière autant sur le plan formel que sur le plan sémantique. Rien qu'à travers la morphologie des titres, nous pouvons prévoir combien ils sont révélateurs quant à la part d'imagination dont ils font l'objet.

Romans de déambulation par excellence, leur écriture, loin de toute narration ou description qui appesantit le rythme, implique la dynamique et le mouvement pour convoquer différentes cultures, différents lieux et différentes langues. L'Histoire, la politique, les arts, les religions, les langues, la géographie, la sociologie, la mystique et l'ethnographie trouvent des pans entiers dans les deux romans. Tout se fait « à la va-vite », au point que l'écriture devient logorrhéique. Dans le tourbillon de ce *brainstorming*, le narrateur, dans *Talismano* aussi bien que dans *Phantasia*[2], ne se garde pas d'évoquer sporadiquement des fragments et des souvenirs personnels dans une sorte d'associations d'idées étonnantes

1 *Talismano* [Christian Bourgois, 1979], Paris, Sindbad, « La Bibliothèque arabe », 1987 ; *Phantasia*, Paris, Sindbad, 1986, « La Bibliothèque arabe ». – Par la suite, nous indiquons seulement le titre et la page.

2 Il n'y a aucun doute que *Phantasia* constitue le prolongement de *Talismano*. Le prologue mis dans celui-ci concerne aussi bien l'un que l'autre. L'épilogue de *Talismano* ne clôt pas l'ouvrage, mais prépare un autre, où l'esthétique du premier roman sera de la même veine que le suivant. Le narrateur de *Talismano*, qui a déambulé à travers différents lieux de différents pays à commencer par son propre pays, la Tunisie, puis notamment d'autres pays arabo-musulmans, s'apprête à en faire autant dans *Phantasia*, mais cette fois-ci en choisissant l'exil (*taghrib*) en Occident : « Et moi, dit le narrateur, je m'engage avec ceux qui se destinent au chemin de l'Occident, *taghrib* et non *ghurba*. »

qui rappelle l'écriture surréaliste à bien des égards, ou encore cette écriture à « sauts et à gambades » dont témoignent les *Essais* de Montaigne.

À l'écoute du chaos intérieur, le narrateur entreprend un voyage, mais un voyage dont il ignore vraiment l'itinéraire. Faisant départ depuis son contexte géolinguistique arabo-musulman, la Tunisie, le narrateur prend l'avion de la capitale pour Paris. Et c'est ainsi que se déclenchent des allées et venues à travers les temps et les espaces pour les convoquer avec des sensibilités différentes. C'est un personnage qui traverse des siècles pour gloser, expliquer et critiquer tout ce qu'il perçoit par les sens. Trop submergé par le monde ambiant pour pouvoir résister à « la convoitise des yeux » ou encore à « l'inondation oculaire[3] », tantôt il le fait avec la sensibilité du littéraire, tantôt avec celle d'un anthropologue ou d'un sociologue, tantôt avec le discernement du linguiste ou de l'historien. L'étalage du savoir est flagrant, au point d'avoir sous les yeux un livre total. Mais c'est un savoir qui reste tout de même lacunaire, n'étant pas exhaustif. Le trop-plein des choses oblige la vitesse, obscurcissant la thématique qui ne saurait à aucun moment se préciser, si ce n'est dans la fulgurance et l'ubiquité. Une telle manière d'écrire, à « sauts et à gambades », débouche nécessairement sur l'esthétique du fragment, le mélange des genres, le nomadisme, la logorrhée, l'ellipse, et le *zapping*. D'où un style haché, paratactique et surponctué.

SOUS LE SIGNE DE LA VITESSE

Dans les deux romans, tout présage et prépare à la vitesse, à commencer par les éléments paratextuels. Rien qu'à travers les titres des deux romans, nous pouvons pressentir le rythme de leur écriture. Si le titre est une clé interprétative du texte comme étant un vouloir dire de l'écrivain, il faut dire cependant – selon l'expression d'Umberto Eco – que *Talismano* et *Phantasia*, en tant que titres, « embrouillent les idées au lieu de les embrigader[4] ». Constitués d'un seul mot, l'un et l'autre interpellent et

3 Paul Virilio, *La Vitesse de libération*, Paris, Galilée, 1995.

4 Voir le chapitre I, « Le titre et le sens », dans *Apostille au* Nom de la Rose, Paris, Grasset, 1985.

intriguent d'emblée le lecteur, lequel se sent totalement confus devant leurs sens, leurs graphies et leurs origines.

Dérivé du grec « *telesma* » (Littré), le mot « *talismano* » – que l'auteur a voulu prononcer en italien – fait la traversée des langues. Faisant ainsi preuve d'une saturation linguistique, culturelle et religieuse, il se retrouve écrit en français *talisman* ; en espagnol *talisman*, en anglais *talisman*, en arabe *telsam* et en persan *tilism*. En tant que texte difficile à déchiffrer, le talisman tient généralement sa force des images qu'il porte, et encore plus de la matière dont il est fait. Le talisman renfermerait ainsi une langue occulte dont il est difficile de percer le mystère ; elle débouche sur l'envoûtement de par sa fonction magique. Mais qui dit envoûtement, dit enchantement, perte et inaccessibilité à la fois.

C'est ainsi que la lecture de *Talismano* requiert implicitement un type particulier de lecteur : celui qui a de l'expérience, de la passion et surtout de la concentration. Car « le terme talisman », dit Yamilé Ghébalou, « introduit la double possibilité d'écriture et de magie, concrétisée dans la cryptographie, c'est-à-dire dans l'apparition d'un langage codé accessible seulement à des initiés, possesseurs du code[5] ».

Le titre *Phantasia* n'en dit pas moins long. À l'instar de *Talismano*, il est lui aussi l'objet de différentes questions. C'est un titre qui invite à la fantaisie, à la fuite et au rêve. Aux croisements des langues, il renvoie aux idées du spectacle et de l'imagination. En effet, *Le Petit Robert* définit la fantaisie comme étant « l'œuvre d'imagination dans laquelle la création artistique n'est généralement pas soumise à des règles formelles et où les facultés agissent librement ». C'est ainsi que tout amène à pressentir, avant même qu'on en aborde la lecture, que les deux romans connotent la vitesse, l'imagination, le labyrinthe, voire l'excès et la perte. Les éléments paratextuels confirment cette hypothèse de lecture.

---

5 Yamilé Ghebalou, « Modernité et tradition dans Talismano de Abdelwahab Meddeb » dans Naget Khadda (éd.), *Écrivains maghrébins et modernité textuelle*, Paris, L'Harmattan, « Études littéraires maghrébines », n° 3, 1994, p. 31-71.

UN PARATEXTE ÉLOQUENT

Déjà, les premiers mots du prologue de *Talismano*, qui sert de projet littéraire et qui concerne aussi *Phantasia*, paru sept ans plus tard, tout en signalant l'absence du récit classique et linéaire, mettent l'accent sur le caractère de leur prolixité, leur diversité, leur fulgurance, leur dispersion ainsi que sur la vitesse qui les affectent. C'est un prologue très éloquent quant à la modalité scripturale des deux romans :

> Injecter sang, déverser pleurs, ne serait-ce qu'en ces heures partout mourantes ; et l'idée qui traine et vacille entre les berges : l'idée qui parfois s'emprisonne et paralyse les doigts ; l'idée qu'on jette éclatée, transbordée, atomisée et réfugiée rosée matinale qui dégoutte douceur des plantes aux abords de tant de villes. Histoire qui n'est que mots et morts, coït restreint ou dense, mobile en toute hâte, rebords réconciliant les mythes d'un soi fuyant[6].

Si l'*incipit*, en tant que paratexte auctorial, constitue les mots qui débutent chaque ouvrage, il a généralement la fonction d'informer et d'intéresser, mais surtout de nouer un pacte de lecture avec le lecteur pour une découverte appropriée du texte. Andrea Del Lungo met l'accent sur ce qu'elle appelle « la fonction codifiante » de l'*incipit.* Celui-ci doit orienter la réception, car le lecteur, dit-elle, a intérêt à recevoir dès le début l'idée la plus complète, et du genre, et du style du texte[7]. Ainsi, les deux *incipit* des deux romans ne démentent guère ; ils traduisent le surinvestissement de l'imagination, de la remémoration, de la vitesse voire de la perte :

> Me voici de retour exprimé ville à dédale, ému à me distraire d'enfance : à retrouver des saveurs anciennes à travers les déduits de Tunis. Les portes, bleu doux tendre, clous noirs, repères où s'incrustent les ébats incertains de la mémoire. À percer le secret des rues et impasses qui ne furent jamais foulées, n'était itinéraires anciens d'une enfance, que je ne fabule pas paradisiaque perte[8].

6 *Talismano*, p. 11.

7 Voir Andrea Del Lungo, « Pour une poétique de l'*incipit* », dans *Poétique*, n° 94, avril 1993, p. 131-152.

8 *Talismano*, p. 15.

L'*incipit* de *Phantasia* annonce, lui aussi, un roman qui égare la pensée sous l'effet de la vitesse. Rien qu'à travers les premières lignes, la concentration du lecteur se disperse, car, face à une nouvelle attitude de locution qui ne sera surtout pas de l'ordre de la narration[9], il est convaincu que la lecture du roman ne fera pas partie de ces belles promenades. Par une syntaxe volontairement fautive, un rythme accéléré, une multitude de sujets labyrinthiques et enchevêtrés, par la constitution cosmopolite même de la personne du narrateur, la perte est inévitable :

> Quand le corps est immobilisé dans la lave qui en lui bouillonne. Nerfs vibrant coulée d'acier chauffant mille feux qui égrugent la tête. Tas de grains, crâne poussière. À vif, le cerveau abandonné à reconstruire lambeaux et figures. Se superposent les visions, puis s'éclipsent avant de reparaitre lancinantes, bruyantes, imprévisibles. Un flou brouille le montage et cela va vite[10].

Les deux *incipit* nous renseignent donc amplement sur l'esthétique scripturale préconisée par l'auteur, autrement dit le mode d'énonciation. L'écart s'annonce dès les premiers mots par rapport à une quelconque poétique romanesque codifiée. Le champ lexical utilisé, « dédale », « perte », « lave », « nerfs vibrant », « feux », « reconstruire lambeaux et figures », « visions », « bruyantes », « imprévisible », « flou », dénote sans détour le caractère rapide, labyrinthique et hétéroclite du texte. Voulant se singulariser surtout dans le concert des écrivains maghrébins de langue française, et mû par un goût prononcé pour la modernité, Meddeb s'éloigne des sentiers battus pour pratiquer une écriture qui rappelle l'écriture automatique entreprise déjà par les surréalistes[11] :

9 Harald Weinrich distingue deux attitudes de locution possibles : le récit et le commentaire. Autrement dit, le locuteur se trouve face à deux possibilités, soit raconter, soit commenter. La narration qui préconise une attitude neutre et descriptive par l'usage de l'imparfait, du passé simple, du plus-que-parfait, ou encore du conditionnel passé se voit l'opposé du commentaire où la subjectivité est de mise par le discours. En optant pour le présent, le passé composé et le futur, le locuteur marque son implication dans l'énoncé. Voir Harald Weinrich, *Le temps*, Paris, Seuil, 1973.

10 *Phantasia*, p. 1.

11 Il va sans dire que le dadaïsme et le surréalisme sont considérés sans conteste comme les principaux mouvements d'avant-garde durant tout le XXe siècle. Ils ont opéré une transformation en profondeur dans la littérature et l'art d'aujourd'hui dont les manifestations sont encore palpables chez bon nombre d'écrivains. Extrémiste à l'excès, déjà dans son *Premier Manifeste* de 1916, Tzara invite à « détruire les tiroirs du cerveau » et annonce que « faire œuvre compréhensible, c'est faire du journalisme ». Il ajoute encore « qu'il [...] faut des œuvres fortes, droites, précises, et à jamais incomprises ». Voir *Le Magazine*

> J'écris sous la dictée d'une voix intérieure, dit le narrateur, l'inspiration me parvient comme jets d'atomes. La voix est rapide. Je n'arrive pas à la suivre en ses paradoxes. Tantôt forte, tantôt modérée, elle ne lâche pas mes oreilles. J'entends et j'attends. J'écoute avec tous mes sens[12].

Loin d'être une narration selon le mode balzacien, l'écriture de Meddeb œuvre ainsi dans le sens de la vitesse, car tout se fait dans la précipitation. La pensée qui se réfracte agit dans tous les sens pour se traduire en un flux verbal continuel. L'imagination et le rêve s'ajoutent à l'odorat, l'ouïe et la vue pour capter le moindre réel dans ses détails infinis, mais jamais dans un ordre préétabli.

UNE ÉCRITURE À « SAUTS ET À GAMBADES »

Les sujets traités, les espaces parcourus ou nommés, les thèmes développés ou effleurés, les temps visités et revisités sont si difficiles à cerner dans *Talismano* et *Phantasia*. Très foisonnante, l'écriture de Meddeb se refuse à tout moment à être stable et linéaire ; elle ne cesse de connaitre chaque fois des mouvements de dérive, révélant ainsi l'instabilité de sa pensée : « Ma pensée est une musique changeante, tantôt volcan, tantôt pic d'aiguille[13] ». Si nous avons emprunté ce titre à Montaigne dont il qualifie son écriture, c'est pour dire qu'à l'instar de l'auteur des *Essais*, l'écriture de Meddeb ne saurait avancer dans les deux romans qu'« à sauts et à gambades ». Pensée fuyante et fugitive, c'est une écriture qui relève d'un choix esthétique pleinement conscient, une écriture qui ne saurait progresser que par digressions, comme l'avait bien souligné Montaigne :

> Cette farcisseure, est un peu hors de mon theme. Je m'esgare : mais plustost par licence, que par mesgarde : Mes fantaisies se suyvent : mais par fois c'est de loing : et se regardent, mais d'une veue oblique. [...] J'aime l'alleure poetique, à sauts et à gambades[14].

---

littéraire : *Dada, l'esprit de la révolte : de Tristan Tzara à Guy Debord*, nº 446, octobre 2005, p. 31-36.

12 *Phantasia*, p. 16.

13 *Ibid.*, p. 14.

14 Montaigne, *Essais*, Livre III, chap. IX.

Loin donc des textes trop classiques qui ont le souci de classer, hiérarchiser et organiser les éléments qui les composent, les deux romans témoignent d'une écriture fugitive, rapide et vagabonde qui agit tous azimut. Lors de la lecture, nous perdons vraiment toute trace de localisation au sein d'un texte qui ne cesse de s'entortiller en multipliant les pistes et les méandres par une écriture qui progresse à vau – l'imagination : « Ma pensée indivise, dit le narrateur, mais instable, appelle à être fixée dans sa fragilité. C'est une parole trouée qui perturbe la continuité de la conscience[15]. »

C'est un procès contre ce fil d'Ariane dont on a l'habitude dans les textes classiques au point que les deux romans offrent des rentrées et sorties multiples. Nous pouvons même les feuilleter en désordre, car c'est contre une histoire à vocation chronologique que l'écriture de Meddeb fait son émergence. Le texte fonctionne sous forme de scènes entre lesquels il n'y a parfois aucun lien ou, à la limite, un lien fort lâche. Comme avec une caméra à la main, le narrateur ne cesse de capter l'espace sur le mode du *travelling* ; mais chaque espace, chaque scène évoque un autre champ, de sorte qu'il est impossible de prévoir la suite selon le raisonnement de type causal. C'est pourquoi toutes les formes du discours se succèdent pour se trouver nez à nez tantôt avec la description, tantôt avec la narration, tantôt avec l'explication ou l'argumentation.

Ce procédé scriptural s'apparente à la *varietas*. Appliqué à outrance, surtout au Moyen-âge, sa caractéristique majeure est le mélange des formes de discours, notamment la poésie et la narration[16]. Meddeb ne cache pas d'ailleurs la dimension parodique des *Essais*, ni son engouement pour le mélange qui débouche sur le discontinu :

> Si je situais ma démarche en raison française, je me verrais du côté des Essais, où les pensées et les impressions s'enchainent à un fil ténu, vite lâché, puis repris, à l'affût de l'altérité pour mieux revenir à soi, sans avoir à sermonner une vérité, sinon celle précaire, qui, sur le parcours des jours, se teinte de la couleur du temps[17].

Au fur et à mesure que l'écriture avance, les portes ne cessent de s'ouvrir selon le mode de pensée analogique. Toute idée, tout objet de quelque

15 *Phantasia*, p. 14.

16 Voir Marta Cuenca-Godebert, « La *varietas*, poétique du discontinu. L'exemple des prosimètres du siècle d'or », dans Nadine Ly (éd.), *Figures du discontinu*, Bordeaux, Presses universitaires de Bordeaux, 2007, p. 53-76.

17 *Phantasia*, p. 44.

nature que ce soit sont des tremplins, des éléments d'accroche et d'appui pour aller fantasmer ailleurs. Une chose fait penser à une autre dans le cadre des interconnexions où l'auteur étale généreusement son savoir encyclopédique. Si l'analogie est une « ressemblance établie par l'imagination entre deux ou plusieurs objets de pensée essentiellement différente suite à une association ou une correspondance » (*Le Robert*), il est à constater que l'écriture de Meddeb – calquée sur celle de Montaigne – se développe de la sorte. Pour aborder un point, cela ne dure qu'un temps bref pour examiner les différences et ressemblances de la chose convoquée pour sitôt revenir au point initial dans l'attente de faire un nouveau départ :

> D'un exemple à l'autre, voire d'une idée à l'autre au sein d'un même essai, l'intelligence de Montaigne d'aller le plus loin possible sur les chemins que trace le fonctionnement analogique[18].

Il est certain que c'est le savoir encyclopédique qui étaye davantage l'écriture pour pousser parfois à l'extrême la chaîne des connexions. Le narrateur donne l'impression qu'il ne vit pas pathétiquement le temps, mais qu'il agit sur lui. Armé de vastes connaissances, il peut ainsi étirer à volonté son texte pour aborder des choses dans le passé, le présent et même dans le futur. C'est ainsi que le tour de la question ne se fait pas seulement dans le même domaine (l'intra-domaine), mais entre des domaines de natures différentes (l'inter-domaine) et d'époques différentes, ce qui constitue un réseau : « Tant de mondes se pressent, en moi se dispersent[19]. »

Dans l'avion qui surplombe l'Italie en direction de Paris par exemple, il n'en est qu'un parmi bien d'autres, le corps de la bien-aimée sert de tremplin au narrateur pour que celui-ci s'abandonne au rêve pour « accéder à l'autre monde ». Par une simple captation de l'élément minéral qu'est le ressac, qu'il sent, mais qu'il n'entend pas, le narrateur se dédouble pour se voir aller pérégriner en Italie de la Renaissance[20] :

18 *Ibid.*, p. 32.

19 *Ibid.*, p. 12.

20 Cécile Kovacshazy dit que le thème du double est un thème littéraire qui trouve son origine dans l'écriture romantique, notamment dans la littérature fantastique, mais qui continue dans la narration du XXe siècle, où l'esthétique du double se fait réaliste. La duplication est le résultat du rêve. La mystique musulmane a traité du double que concrétise la dualité l'âme et le corps. Voir Cécile Kovacshazy, *Simplement double : Le personnage double, une obsession du roman au* XX*e* *siècle*, Paris, Classiques Garnier, 2012.

> Un bruit aquatique me fit apparaitre mon double arpentant pendant la semaine sainte, le jardin d'une villa florentine, sur l'autre rive de l'Arno[21].

Ce voyage dans le temps déclenche tout un flot d'informations pour nous mettre sous les yeux et, rien que dans l'espace d'une page, toute la vie artistique et religieuse de l'Italie de l'époque, qui défile comme sous l'effet d'une boule de neige pour assister à un nomadisme spatial, linguistique et culturel :

> Dans une grotte, un silène bat d'eau la mesure. La pierre prend la forme d'une tortue géante qui crache de sa gueule jet qui soude les sons de la viole d'amours parvenus de l'église Santa felicità où brille dans le fondu d'un néon froid, ultramarin et pervenche, ketmie et guimauve, la déposition du Pontormo. Les corps, aux proportions étirées, encerclent d'ondulations sinueuses la dépouille du Christ. Le deuil masque les visages. La rhétorique emphatique veille sur un théâtre de lamentation. Orgue, violoncelle et violons endiguent l'hermaphrodite haute-contre qui chante en solo ou avec l'enfant les tercets du Stabat mater. D'aria en duo, la voix masculine très aiguë module les octosyllabes soumis à la partition de Pergolèse, où la révolte s'apaise en résignation, sur une large tessiture, se déployant dans la maitrise du hoquet, d'un étage à l'autre de l'appareil vocal. Tendre et résolue, suave et compassée, elle mêle les deux registres qui s'équilibrent, se chevauchent, se fondent en un même métal. La mâle voix de poitrine fusionne dans la voix de fausset, intense et gutturale. D'un timbre tantôt sombre, tantôt clair, la voce colorate avoue, par contraste baroque, la langueur de l'homme qui postule à la divinité par devoir de souffrance. Le malheur est admis avec une allégresse à peine contenue[22].

Ce procédé scriptural rappelle la notion de l'hypertexte dans le domaine des technologies de l'information et de la communication (TIC)[23]. Il est évident que l'usage de l'Internet relève d'une pratique différente que celle du livre, car chaque document en mode hypertexte offre la possibilité – par un simple clic sur les mots-clés qui le composent – d'accéder à d'autres documents qui, eux-mêmes, offrent les mêmes possibilités que le premier pour accéder ainsi à des informations à

21 *Phantasia*, p. 33.

22 *Phantasia*, p. 33-34.

23 Le mot *hypertexte* est à attribuer dès 1965 au crédit du sociologue américain, pionnier de l'histoire des technologies de l'information, Ted Nelson. La définition que Genette donne de l'hypertexte est « [...] toute relation unissant un texte B (que j'appellerai hypertexte) à un texte antérieur A (que j'appellerai, bien sûr, hypotexte) » (Genette, *Palimpstestes*, Paris, Seuil, 1982, p 11).

l'infini. C'est une méthode plutôt intuitive, qui permet d'accéder aux informations par processus d'association sans jamais perdre le contact avec le texte source. Le lien hypertextuel, dit Viviane Serfaty, introduit dans la linéarité et la fixité du texte le règne de l'hétérogène et du discontinu[24].

Les deux textes de Meddeb agissent systématiquement en mode hypertextuel ; des idées périphériques ne cessent de se régénérer à partir d'idées sources. Contrairement à la lecture de l'hypertexte où l'internaute contrôle le flot d'informations, et peut ainsi passer sous silence celles qu'il juge facultatives, le lecteur du livre n'a pas cette manœuvre, ce qui le laisse à la merci de l'écrivain qui le mène là où il veut et lui fournit ce qu'il veut[25]. Objet d'un flot torrentiel d'informations, le narrateur se trouve débordé au même titre que le lecteur :

> Je m'y agrippe pour ne pas me perdre, moi qui courtise la perte. De nombreuses images s'inscrivent sur le corps, surface fictive sur quoi les choses s'impriment et s'effacent[26].

D'une phrase telle que « Perte de soi, perte de la raison : belle envolée à s'approcher égarée mouette venue probablement du lac excrémentiel ou de ce qui reste du port[27] », le narrateur fait un élément d'appui pour aller évoquer très rapidement les types d'oiseaux fréquentant les villes : « À chaque ville des oiseaux. » C'est ainsi qu'il évoque les moineaux, les rossignols, les huppes, les pigeons, les tourterelles qui fréquentent des villes comme Tunis, Paris, Tanger, Le Caire et Baghdâd. Le passage en revue de l'ornithologue ne s'arrête pas au monde des oiseaux, car les pigeons font penser au mystique musulman Hallaj, et d'autres pigeons viennent se recueillir sur sa tombe à Baghdâd. Ces mêmes pigeons font penser au livre *Le Langage des oiseaux*, du poète mystique persan du XIIe siècle, Al Attar. L'évocation de la huppe débouche nécessairement sur la légende de la fameuse reine de Saba Balkis et son histoire avec le roi Salomon :

---

24 Viviane Serfaty, « Lire Faulkner en hypertexte : les métamorphoses d'un genre », en ligne : <http://vserfaty.free.fr/faulkner/faulkner.html>. [Consulté le 18/03/2015.]

25 Même dans un livre, la lecture ne se fait pas au bout d'une seule traite, les notes infrapaginales qui le ponctuent (celles des références ou du contenu) cassent la chaine de lecture par un va et viens entre le texte et ses notes.

26 *Phantasia*, p. 13.

27 *Talismano*, p. 34.

> Et certes quand j'évoque la huppe comment puis-je demander au lecteur d'en barrer la potentialité messagère tant fut universalisée, outre la fable du Colloque, son rôle à médiatiser la séduction de Balqis par Sulayman, qualité égrenée par mille lèvres orientales et reprise suite à Goethe par des voix septentrionales[28].

Quand le narrateur glose sur la langue arabe, l'effet boule de neige le conduit, par analogie, à évoquer plusieurs langues. Pour décrire ce monde côtoyé dans son abondance, le narrateur recourt, dans *Phantasia*, à d'autres langues pour nommer les différentes réalités. Derrière ce recours à la diversité linguistique, réside l'insuffisance du monolinguisme à nommer autrement, dans toute la différence culturelle. Meddeb veille à les transcrire dans leur graphie originelle : les langues latines, le chinois, l'hébreu, l'arabe, le japonais, le sumérien[29].

Mais il faut noter surtout que c'est avec l'espace que la machine de vitesse tourne follement. Dans *Talismano* et *Phantasia*, l'espace devient non seulement pluriel et multiple, mais il change en un champ complètement ouvert et sans bornes. Le narrateur erre dans sa liberté totale ; et il n'y a rien d'autre que son intuition qui le guide. Sa pensée circule et suit toujours des lignes de fuite pour chercher un dehors. C'est pourquoi nous entendons par l'écriture du non lieu un espace qui se réfracte, se multiplie et s'atomise pour déboucher sur une archispatialité :

> Mon corps grouillant me restitue à la pensée de l'exil sans que le désarroi paralyse. Sois exilé parmi les exilés ; la vie dans ce monde est un exil qui précipite dans l'errance[30].

Ceci nous amène à dire que la vie du narrateur réside dans le mouvement : « se déplacer » c'est vivre, « se sédentariser » c'est mourir :

> Attrapant au pas impression et phrases, ombres, cassures, personnes, parcours, réminiscences et ce qui compte. Tard venu, moi-même arrangé émigré, atomes au corps. L'histoire maitrise les déplacements, bras et cœurs. [...] Ici écrivant par fièvre et corps fragile ; les mots courent au tintant rythme de flipper[31] [...].

---

28 *Ibid.*

29 Voir *Phantasia*, p. 25, 26, 32, 36, 37, 38, 39, 56, 57, 58, 59, 70, 106, 146, 150, 169, 185, 186, 198.

30 *Ibid.*, p. 55.

31 *Talismano*, p. 167.

Mais ce déplacement ne connait sa plénitude que dans un espace qui ne connait pas d'entraves. Dans un cadre géopolitique, Gilles Deleuze et Félix Guattari évoquent les concepts d'*espace* lisse et *d'espace strié*. L'espace strié – comme son nom l'indique – est ordonné par des parallèles qui s'entrecroisent perpendiculairement comme le tissu ou les rues et les boulevards d'une ville. Le déplacement y est prévisible ; on va d'un point à un autre où tout est mesurable, calculé et codifié. C'est un espace qui invite au sédentarisme où il n'y a jamais lieu de surprise. Quant à l'espace lisse, il est ouvert et sans bornes ou qui n'a de bornes que l'horizon. C'est l'étendue qui fait penser à la mer ; au désert, à l'océan, à la steppe où l'on peut galoper sans entraves[32]. De nature ouverte, c'est un espace qui invite au nomadisme, mais où l'on doit s'attendre tout de même à l'imprévisible.

Dans les deux romans, le narrateur n'a de préférence que pour les espaces béants où les trajectoires ne sont aucunement prévisibles. L'imagination est toujours fuyante ; elle est constamment à la recherche d'un espace qui ouvre sur l'infini : « La *non-finito* est une esthétique[33]. » Même dans un espace clos, cette imagination agit par correspondance :

> De la cuisine, je regarde la forêt d'antennes par-dessus le plomb des toits. Ma première nuit, en ce retour parisien, est blanche. Je me couche, les yeux clos. Je me repose. Je chasse les mauvaises pensées. Mon cerveau est une chambre noire où je distingue une paire de lunettes que des rats rongent. En Ibn Arabi, je navigue. Je jubile à le lire. Je répudie la raison à la rencontre des correspondances entre les sagesses, les prophètes, les astres, la formation des fœtus[34].

De retour à Tunis, la vitesse de l'avion le plonge dans un périple interstellaire qu'il entreprend à la vitesse de la lumière. De culture arabo-musulmane, ceci lui rappelle bien évidemment l'ascension nocturne du prophète Mohammad[35]. C'est une vitesse qui lui permet d'atteindre un espace infiniment vaste comme les trois cieux dont il décrit le premier d'une façon surréaliste. C'est le ciel où les anges scellent les destins des humains :

---

32 Gilles Deleuze et Félix Guattari, « Le lisse et le strié », chap. 14, dans *Mille plateaux*, Paris, Éditions de Minuit, « Capitalisme et schizophrénie », 2, 1980, p. 592-625.

33 *Phantasia*, p. 82.

34 *Ibid.*, p. 40.

35 Dans la tradition musulmane, il est attesté par le *Coran* et le *hadith* que le prophète Mohommad a entrepris un voyage miraculeux de la mosquée *al-Haram* (la Mecque) à la mosquée *al-Aqsa* à Jérusalem. L'ange Gabriel lui présenta un petit cheval du nom d'*al Bouraq* – comparable au Pégase, cheval ailé de la mythologie grecque – qu'il monta pour atteindre les cieux.

> Au premier ciel, nous pénétrons dans une immense bibliothèque. Le savoir y est déposé, des tablettes pictographiques et cunéiformes aux vidéocassettes[36].

En fait, c'est grâce à son double que le personnage arrive à être ici et là, si ce n'est partout présent. Meddeb fait de l'usage du double une fonction esthétique qui aide à l'ubiquité. Grâce au double, le narrateur fait jouer simultanément son personnage au moins à deux endroits différents. Mais les deux personnages qui se trouvent à l'intérieur de la conscience du « je » narrateur ne sont en fait que le fruit de l'imagination, bref une *phantasia.* C'est une imagination active qui se détache du monde sensible comme chez les mystiques dont les deux textes abondent en citations : Hallaj, Sohravardi, Ibn Arabi, etc.[37]

> Si le personnage, création du romancier, n'est déjà plus la personne, je le débaucherai pour n'en conserver que les images qui en lui se condensent. Il aura à circuler comme un fantôme dans un roman qui juxtapose aux paysages du dehors les visions du dedans. Tantôt décliné à la première personne, tantôt tutoyé ou honoré par le vous, mon personnage est un spectre aux multiples faces. Il est un autre moi qui marche sur le boulevard de Charonne[38] [...].

Il est communément admis que ce sont les mystiques qui ont le don de l'ubiquité ; ils ont le don de quitter le monde de la perception sensible, qui est le nôtre, pour atteindre le monde supérieur du *Jabarût*, qui est celui des pures Intelligences archangéliques[39].

36 *Phantasia*, p. 81.

37 Dans un article consacré à Ibn Arabi et Dante, Meddeb évoque la conception de l'imagination chez le grand maître soufi, conception qui distingue « l'imagination conjointe (*Khayâl muttasil*), associée au sujet, lieu où se formule sa combinatoire propre, agissant à partir du stock d'images qu'il a acquis par l'expérience ; et l'imagination séparée (*Khayâl munfasil*), celle qui met le sujet en relation avec le monde imaginal, monde phénoménal, objectif, qui représente l'autre scène, indéchiffrable en ses mécanismes, mais capable d'octroyer la vision ». Meddeb voit en cette conception akbarienne « un étrange écho » à l'*alta fantasia* que motive l'écriture de *La Divine comédie* de Dante, haute imagination qui ouvre à la vision indicible. La théorie de l'imagination se précise davantage ici ; reprise par les successeurs d'Al-Kindî, elle se déploie en son inscription dans l'horizon du sujet où elle dit sa « double articulation » : présence au monde et présence à soi, double expérience qui engage dans la saisie totale, en dedans et en dehors, de l'être au monde et de l'être à soi. Voir Najeh Jegham, *Écriture de l'indéfini, in-défini de l'écriture : lectures de* Phantasia *d'Abdelwahab Meddeb*, Thèse de Doctorat (N. R.), Paris XIII, 1993, en ligne : <http://www.limag.refer.org/Theses/Jegham.PDF>. [Consulté le 20/04/2015.]

38 *Phantasia*, p. 13.

39 On raconte qu'on avait demandé au grand mystique Sohravardi d'où il venait, et que sa réponse fut : « *na koja abbad* », c'est-à-dire : « La terre du non où ». Voir Henry Corbin, *L'Iran et la philosophie*, Paris, Fayard, 1990.

SUR LES TRACES D'UN LIVRE TOTAL

Il est des questions légitimes, que nous devons alors nous poser. Pourquoi l'écriture de Meddeb est d'une extrême vélocité ? Est-ce une esthétique qui relève d'un choix personnel de l'écrivain, d'une exigence de la modernité ou d'un simple ludisme ? Aspire-t-il au contraire à concrétiser ce désir de la totalité qui a longtemps caressé bien d'autres auteurs avant lui ?

Il parait que le projet de Meddeb est d'écrire un roman total ; un monstre littéraire selon l'expression de Barthes[40]. Son désir esthétique est de tout dire pour toucher à toutes les disciplines dans un roman qui échappe au classement générique, où l'histoire, la poésie, la narration, l'anthropologie, la linguistique, l'aventure, l'amour, la géographie, la mystique, la sociologie, l'essai, l'autobiographie viennent constituer le matériau du même livre.

En effet, *Talismano* et *Phantasia* constituent un roman creuset, contenant tout ; c'est un roman encyclopédique de toutes les démesures, si bien qu'on peut le qualifier, sans exagérer, de roman de l'ubiquité et de la multiplicité. De plus, le fragment s'impose et devient l'outil le plus efficace pour dire tout et rapidement, d'où un texte hétéroclite et discontinu. Le but est de récuser cette « pureté » générique que concrétise ces écritures classiques du continu tels le récit, le traité ou la dissertation :

> Histoire qui n'est que mots et morts, coït restreint ou dense, mobile en toute hâte, rebords réconciliant les mythes d'un soi fuyant[41].

C'est ainsi que ce désir de l'encyclopédisme a un rapport avec la vitesse qui préside à briser le roman pour en avoir une structure fragmentale. Le projet titanesque de l'encyclopédisme débouche sur l'inachèvement ; sur une écriture atélique qui n'est jamais menée à son terme. Meddeb a l'art de laisser le lecteur sur sa faim ; non pas pour le tenir en haleine en générant du suspens, mais le trop-plein de choses, l'excès d'informations, la compacité de l'espace-temps contraignent à ne jamais aller à l'exhaustivité.

---

40 Barthes intitule son dernier fragment « Le monstre de la totalité ». Voir Roland Barthes, *Roland Barthes par Roland Barthes*, Paris, Seuil, « Écrivains de toujours », 1995, p. 156.

41 Prologue, *Talismano*.

La traque du livre total oblige donc à accélérer le rythme dans un éternel commencement, mais sans jamais finir.

Il semble que le genre qui se prête à ce mélange soit l'essai ; un genre qui se mêle de tout pour combiner surtout prose et poésie. Pierre Glaudes, qui trace l'histoire du genre, souligne que parmi les constantes de l'essai, il y a l'inachèvement, l'orientation subjective et l'affleurement narratif qui fonctionne comme « un outil repris et abandonné, échantillons, fragments de vie d'une réflexion plus large[42]. »

N'ayant pas de sujets de prédilection, ce genre rebelle refuse le système académique pour œuvrer aux frontières de la philosophie, de la littérature, de l'art et de la science. Bref, l'essai se veut alors « *a litterary device for saying almost everything about anything* », un procédé littéraire pour dire à peu près tout sur n'importe quoi[43]. Meddeb s'érige constamment en essayiste dans les deux romans pour ainsi gloser, commenter, juger, condamner, et ce, pour mener un travail en perpétuel mouvement à caractère autoréflexif. Dès qu'un objet du dehors agit sur le narrateur, celui-ci se déchaine, mais vite s'interrompt sans jamais parvenir à l'effet. L'écriture procède ainsi par aphorismes, car en peu de mots et par phrases juxtaposées, le narrateur dit des sentences :

> Célébrant le sacrifice de dieu dans l'homme, la peinture et la musique d'Europe s'adressent à la mort. Elles évoluent dans la psychologie du malheur. Le sentiment de la faute édifie des châteaux dans les âmes. La culpabilité se transforme en conscience du plaisir. L'on se délecte en blessure. Les appartements de la douleur et de la jouissance communiquent[44].

Aller d'un point à l'autre, mélanger les genres, les espaces et les temps est donc une écriture qui débouche consciencieusement sur le fragment. C'est une écriture qui commence et finit sans cesse, mais il n'y a aucune nécessité ni de construire de grands discours comme chez les romanciers classiques, ni de concrétiser une écriture monocausale où la trame est unidirectionnelle : « La *non-finito* est une esthétique[45]. » C'est une écriture fragmentaire qui procède par jets pour s'autoriser, à l'instar de

42 Pierre Glaudes, *L'Essai : Métamorphoses*, Toulouse, CRIBLE, Presses universitaires de Mirail, 2002, p. 10.

43 Pierre Glaudes et Jean-François Louette, *L'Essai*, Paris, Hachette, « Contours littéraires », 1999, p. 3.

44 *Phantasia*, p. 34-35.

45 *Ibid.*, p. 82.

l'écriture poétique, toutes les licences possibles, tous les écarts potentiels par rapport aux normes établies du genre romanesque[46].

En effet, Meddeb, qui se réclame de la modernité, est conscient de la fonction esthétique de la forme fragmentaire du texte littéraire. Celle-ci se prête comme une manière efficace de rendre compte du monde, notamment du monde moderne où tout est en perpétuel changement. L'écriture fragmentaire est également refus du discours linéaire ; c'est encore le refus d'un paysage unique qui « appelle à un imaginaire sédentaire puisque tout se ressemble dans le texte qui devient continent et non archipel[47] ». De plus, l'écriture fragmentaire est la caractéristique majeure du postmodernisme ; elle cultive la parole morcelée et le collage qu'il faut lire en relation avec la perte de confiance dans ces grands systèmes de sens. Le postmodernisme rejette ces types de discours d'ordre international qui ont pu asservir l'humanité tout entière jusqu'à nos jours et dont la caractéristique, dit Jean François Lyotard est « l'incrédulité à l'égard des métarécits[48] ».

Par le recours à l'esthétique du fragment qui renvoie à la pratique du discontinu dans l'écriture, Meddeb veut traduire l'instabilité de l'être dans la société postmoderne. De plus, si la fragmentation est présente dans le roman, c'est justement pour contraindre ce genre qui impose un Moi unique, un « auteur » : « Dans le flux de la pensée, le fragment s'impose, le verset dit la discontinuité qui me retranche du monde[49]. » Le moi unique, à travers la figure de l'auteur, ne vise plus que la représentation d'un monde pour confirmer les mythes du XIXe siècle de l'expression

46 C'est une écriture qui procure sans doute du plaisir, selon l'expression de Barthes, mais jusqu'à maintenant, le genre romanesque se prête timidement à la fragmentation, car le fragment s'associe à une parole poétique et la poésie s'accepte comme genre éclaté, comme bris ou comme fulgurance. Le roman reste encore sujet aux mythes du XIXe siècle de l'expression et de la représentation dictée par la *doxa* qui impose une lisibilité fondée sur le modèle historique et idéologique. Voir Roland Barthes, *Le degré zéro de l'écriture*, Paris, Seuil, « Points », 1972.

47 Ricard Ripoll (éd.), *Stratégies de l'illisible*, Perpignan, Presses universitaires de Perpignan, « Études », 2005, p. 16.

48 Cette caractéristique du postmodernisme a été essentiellement débattue par Jean-François Lyotard. Le méta-discours ou la méta-narration se veut un discours « universel, normatif, autoritaire et messianique ». De sa prétention à l'universalité, le méta-discours (les Lumières, Hegel, le marxisme, le freudisme) se flatte d'apporter le salut à l'humanité que les maux et les malaises guettent. Voir *La Condition postmoderne*, Paris, Les Éditions de Minuit, « Critique », 1979, p. 7.

49 *Phantasia*, p. 24.

et de la représentation, à une époque où Stendhal écrivait : « un roman est un miroir qui se promène sur une grande route[50] ».

La discontinuité à laquelle recourt Meddeb accélère le *tempo*, autrement dit, la vitesse de la narration. L'écriture devient logorrhéique, car il arrive constamment au narrateur de « parler » rapidement, sans cesse dans une sorte de transe. Il se trouve ainsi incapable de réprimer cette pulsion – comme chez les malades mentaux – de parler continuellement et sans cohérence apparente. Le langage sort d'une même coulée, monolithiques « nerfs vibrant coulée d'acier chauffant mille feux qui égrugent la tête ». Le corps, notamment le cerveau, est ce lieu alchimique où la transe prend naissance ; il connait l'état d'ébullition où le libre arbitre, cette faculté de dire et de penser librement, atteint son paroxysme :

> Quand le corps est immobilisé dans la lave qui en lui bouillonne… Tas de grains, crâne poussière. À vif, le cerveau abandonné à reconstruire lambeaux et figures. Se superposent les visions, puis s'éclipsent avant de reparaitre lancinantes, bruyantes, imprévisibles. Un flou brouille le montage et cela va vite[51].

Passant d'un sujet à l'autre, les descriptions se font à la hâte ; elles ne fonctionnent plus comme ce repos ménagé à l'intérieur de la narration pour accorder une trêve et au narrateur et au romancier : « Un flou brouille le montage et cela va vite. » L'écriture use des procédés stylistiques qui précipitent le rythme comme l'ellipse, pour sauter des épisodes entiers, ou le sommaire pour résumer en quelques phrases une durée plus ou moins longue, ou encore la scène qui consiste à faire vivre au lecteur un événement comme s'il y assistait :

> La rue Saint-Denis me devance dans la pensée et les putes pullulent. Jeux de hasard, métèques de toutes les rives, à ma hauteur, passage du Caire, silence dans la nuit, pickpocket retors, commerce illicite, au détour de la façade empire, égyptomanie, embouteillage, klaxons brefs, les moteurs ronronnent, véhicules à l'arrêt. Filles exotiques, des îles, belles, teint mat, vahinées, ne manque que la fleur plantée dans l'ondulante chevelure, plus loin, une gitane marchant comme un serpent[52].

À la manière du *zapping*, c'est la vitesse qui compte dans la description, qui cumule des scènes dans l'omission totale de tout lien logique.

---

50 *Le Rouge et le noir*, chap. II, 19.

51 *Phantasia*, p. 1.

52 *Ibid.*, p. 54.

L'écriture devient paratactique et fait éclater ainsi l'espace du visible pour instaurer une vision partielle et fragmentaire, tout au long des deux romans. Comme devant la télévision, les vues ou les clips se succèdent sans interruption. Le *zapping*, c'est du « coq-à-l'âne » appliqué au regard que traduit le goût de l'assemblage hétéroclite[53].

CONCLUSION

Talismano et *Phantasia* restent deux romans dont l'écriture est dense, sinueuse, enchevêtrée, mais surtout dont le rythme est accéléré. C'est une esthétique scripturale singulière dans le concert de la littérature maghrébine qui repose sur la vitesse de l'imagination. D'une idée à l'autre, d'un espace à l'autre, tout se diffracte et s'enchaine dans une sorte d'association libre. Sur le plan formel, les deux textes sont difficilement classables dans le genre romanesque, puisque les ingrédients essentiels du genre – l'histoire et les personnages – sont sacrifiés sur l'autel d'un modernisme qui prône la fragmentation, le nomadisme, la logorrhée et la discontinuité. Par les multiples allers et retours dans le temps, par l'étalage d'un savoir dense et compact, par cette volonté de tout dire, mais à bâtons rompus, l'auteur finit par donner du fil à retordre au lecteur. Celui-ci se trouve tout à fait désemparé devant le flot d'informations que fournit un texte qui ne cesse de multiplier ses méandres.

Abdelhak Bouazza
Université Sidi Mohammed
Ben Abdellah (Fès, Maroc)

53 Chantal De Gournay et Pierre-Alain Mercier, « Le coq et l'âne : du *zapping* comme symptôme d'une nouvelle culture télévisuelle », dans *Quaderni*, vol. 4, n° 4, 1988, p. 95-113.

L'ACTE CRÉATEUR COMME CONTREPOINT À L'ACCÉLÉRATION DE LA SOCIÉTÉ

Le rythme de nos vies ne cesse de s'accélérer. C'est un constat que nous faisons tous les jours, et nombreuses sont les études réalisées sur ce phénomène. Envoyer un courrier à l'autre bout du monde semble pouvoir s'effectuer aujourd'hui en quelques clics, alors qu'il y a ne serait-ce que deux siècles, certains transports prenaient plusieurs mois pour acheminer ces mêmes lettres. Cette possibilité nous permet de vivre à un rythme effrayant de rapidité. Un paradoxe veut en effet que le temps gagné ne soit pas libéré, bien au contraire : la sensation de ne plus avoir de temps s'accentue et n'a jamais été aussi présente. Stéphanie Cœugnet, docteure en psychologie, explique que « l'enquête française sur les conditions de travail menée en 2005 par la direction de l'animation de la recherche, des Études et des statistiques (Dares, 2007) indiquait que 48 % des salariés considéraient devoir "toujours" ou "souvent" se dépêcher, 60 % estimaient devoir fréquemment interrompre une tâche pour une autre, et 53 % jugeaient que leur rythme de travail dépendait de demandes à satisfaire immédiatement[1] ». L'accélération liée à l'avènement de l'ère numérique est directement héritée de la Révolution industrielle. En effet, l'avènement de la mécanisation et de la transformation de l'artisan en ouvrier a mis en avant la diminution du temps d'exécution des tâches. Souligné par de nombreux auteurs comme Baudelaire à l'époque, il ressort de cette première vague accélératoire une certaine mélancolie qui n'appartient pas au génie romantique, mais au mal-être dû à ce changement de rythme. Les années ont passé et, malgré tout ce temps accumulé pour être réservé aux loisirs, on constate aujourd'hui un mouvement

1 Stéphanie Cœugnet, « La pression temporelle : un phénomène complexe qu'il est urgent d'étudier », *Émotions et activité de travail*, Paris, PUF, « Le travail humain », vol. 74, nº 2, 2011, p. 157-181.

particulièrement difficile à endiguer. Hartmut Rosa souligne à ce propos un flux accélératoire et un flux décélératoire, le deuxième permettant d'entretenir le premier. Paul Virilio parle d'une musicalité des rythmes qu'il est nécessaire de trouver. C'est ainsi qu'il faut conjuguer l'accélération et la décélération. Le regain pour des mouvements tels que *Slowfood*, mais également les pratiques de bien-être, constituent ce qu'Hartmut Rosa nomme les décélérations fonctionnelles, c'est-à-dire les activités qui ménagent un temps plus calme et permettent d'accélérer par la suite et de rester au centre de la société. La décélération dysfonctionnelle résulte des problèmes liés aux phénomènes d'accélération de la société, tels que sont les embouteillages (dysfonction technique) ou les licenciements qui contribuent à mettre l'individu en marge de la société. Habitués à nous saisir de la moindre information par l'intermédiaire de la technologie, les nouvelles technologies de communications et d'informations influent sur le regard, l'opinion que l'on porte sur le monde et sur ce qu'il s'y passe. On remarque d'ailleurs une disparition progressive de la faculté d'attention, au profit d'une existence plus connectée. Face à ce constat, il s'agit d'étudier les différentes possibilités qui se présentent à nous pour recouvrer une faculté d'analyse guidée par la nécessité de rester objectif.

Instaurer une démarche objective relève d'un protocole de questionnement qui se rapproche de ce qu'Antoni Tapiès appelle « le bien regarder[2] ». Cette notion a également été développée par Henri Michaux dans les années 1940. En effet, Michaux construit un rapport singulier à l'objectivité qui passe par la création et qui cherche à questionner l'accélération, la comprendre et s'en distancier. Cet écrivain et artiste va passer du monde scientifique et littéraire au champ de l'art. J'appellerai cela son « passage à l'acte ». Michaux effectue un premier pas vers la création plastique, car pour lui l'écriture ne suffit plus pour se re-lier au monde, car « animé par l'urgence de se "désenliser", il use du dessin et de la peinture comme pour mettre en mouvement l'écriture, lui redonner substance, corps, vie. Il tente de re-découvrir l'anima des signes[3] ». Se « désenliser » est une expression qui fait état de sa détresse et de son désir de renouer avec une vision plus objective de la société.

2 Antoni Tapiès, « Le jeu de savoir regarder », trad. Edmond Raillard, *Cavali Fort*, n° 82, janvier 1967.

3 Emma Viguier, « Henri Michaux : à la recherche du "texte primordial" », *Textimage, Revue du dialogue texte-image*, juillet 2010, n° Varia 2.

Se « désenliser » est en quelque sorte une manière de déclencher des procédés qui vont le conduire à « bien regarder ». La notion de ressenti est entendue comme étant l'équivalent du « *feeling* ».

Henri Michaux se met alors en quête de ce qui est le plus intime : la sensation, ce qui existe de manière irréfutable, car on la ressent. La sensation diffère de l'émotion dans la mesure où elle est le résultat d'une stimulation physiologique, tandis que l'émotion survient à la suite de la sensation. La sensation est donc le premier élément qui survient en réaction à notre environnement. L'artiste va se mettre en quête d'une chose qu'il semblait avoir perdue de vue : le « mouvement intérieur », recherche qui devient pour lui un Graal. Cette rigueur de progression suscite une ouverture et une précision dans le regard qu'il porte sur le monde. C'est pour cela qu'il parle de se « désenliser ».

La rigueur de sa démarche le pousse à exprimer au plus juste son ressenti, c'est-à-dire ce qu'il est par rapport au monde. Les dessins mescaliniens montrent de manière générale un graphisme caractéristique composé de traits saccadés. Le dessin dévoile une certaine forme de « notation du réel » commune à l'oscillographe. La multiplicité des sensations ressenties par Michaux fait alors l'objet d'une notation bien particulière, qui prend en compte chacun de ce qu'il appelle des « mouvements ». Par l'intermédiaire de cette expérience plastique, le ressenti et l'expression de celui-ci ne font qu'un. Ainsi « leur mouvement devenait mon mouvement. Plus il y en avait, plus j'existais [...]. J'envahissais mon corps[4] », écrit Michaux. La création devient pour lui ce qu'Étienne Souriau nomme « un acte motivé par la vertu duquel une chose, un être commencent à exister[5] ». Henri Michaux montre toute la puissance révélatrice du signe par rapport à ce qu'il nomme « l'espace du dedans ». Il ajoute pour conclure sur cette manière de procéder :

> Si je tiens à aller par des traits plutôt que par des mots, c'est toujours pour entrer en relation avec ce que j'ai de plus précieux, de plus vrai, de plus replié, de plus « mien » [...] c'est à cette recherche que je suis parti[6].

4 Henri Michaux, *Mouvements : soixante-quatre dessins, un poème, une postface*, Paris, Gallimard, « Le Point du jour », 1951, p. 199.

5 Étienne Souriau, « Création », *Vocabulaire d'esthétique*, Paris, PUF, « Quadrige. Dicos poche », 2010, p. 549.

6 Henri Michaux, *Émergences-Résurgences*, Genève, Skira, « Les sentiers de la création » / Paris, Flammarion, « Champs », 1972, p. 9.

L'art qu'il pratique devient une source d'expériences. Michaux prend de la mescaline pour aller à la source de l'image produite, à la source du signe du corps en mouvement : « du corps qui bat ». Il cherche à prendre le « pouls du mouvement ». Il va à la recherche d'un langage essentiel, primaire, universel, et cherche à trouver les coordonnées de cette source d'existence. Cette étape lui permet « d'entrer en relation avec lui-même, de faire corps avec lui-même et d'éprouver enfin son existence[7] », écrit Emma Viguier. Un pas est franchi à travers ses dessins mescaliniens. C'est une expérience artistique mêlant l'expérience scientifique. Le compte-rendu se fait de manière graphique. À travers la prise de drogue, il semble qu'il tente de raccourcir la distance qui sépare le temps d'appropriation de la réalité, du moment de la création et donc d'interprétation du réel. La mescaline permet d'accéder à un degré de lâcher-prise plus important. Elle met en lumière « le passage à l'acte ». Le mélange de ces deux expériences répond à une quête philosophique clairement revendiquée. En se plaçant dans le domaine de l'indicible, Michaux cherche la source de sa sensibilité. Il tente de donner à voir des sensations, de leur donner une consistance visuelle. Il établit ce qu'Alain Chareyre-Méjan nomme un « énoncé d'existence[8] ». Habiter ce langage lui permet de réincarner son rapport au monde. À travers ces signes, il évoque une certaine « conscience d'exister » et dessine son « aventure d'être en vie ».

Cela nous amène à constater qu'il y a plusieurs barrières dans le ressenti qui commencent par la perception, la sensation et son interprétation. Il y a donc différents niveaux d'ajustement au sein du procédé de création. La source de la création se situerait à mi-chemin entre le réel et l'interprétation que l'on en fait grâce aux informations sensorielles que l'on retire.

En créant pour préciser sa position au monde, en questionnant de manière rigoureuse la source de ses sensations, Michaux se met sur la voie du « bien regarder ».

Créer permettrait de chercher un langage et par son intermédiaire d'accéder à une connaissance plus profonde de notre position par rapport au monde. La création et le processus qui la sous-tend nécessitent un

---

7 Emma Viguier, *op. cit.*

8 Alain Chareyre-Méjan, *Expérience esthétique et sentiment de l'existence : l'indifférence du monde*, Paris, L'Harmattan, « L'Art en bref », 2000, p. 7-36.

lâcher-prise. Nous l'avons vu, Michaux utilise la mescaline dans un premier temps pour cela. C'est ce lâcher-prise qui induit l'expérience et vient déchirer le voile que la société et son accélération maintiennent sur nos yeux. Ainsi, Michaux se re-lie au monde, par la création. Il s'agit maintenant de décortiquer l'acte de création et de voir la distanciation qu'il permet.

L'acte de création résulte d'une intention et se compose de la *mimêsis*, et de la *poïésis*.

La *poïésis*, qui est « l'action de faire en fonction d'un savoir, est la production d'un objet artificiel, posé en dehors de moi : une œuvre. L'acte est production, technique comme savoir-faire qui s'abolit dans le produit (une fois l'objet produit l'action cesse[9]) ». La *mimêsis* était associée à des activités telles que la danse, le mime, la musique, et désignait la représentation d'une réalité intérieure du sujet. À partir du Ve siècle, elle marque la représentation d'une réalité extérieure. Il y a cependant une opposition entre deux concepts de *mimêsis :* la *mimêsis* platonicienne et la *mimêsis* aristotélicienne. Élisabeth Décultot explique que le premier est « un concept élaboré en référence à un modèle pictural et donnant à *mimêsis* le sens de ressemblance[10] », le deuxième est un « concept élaboré en référence à un modèle théâtral, donnant à *mimêsis* le sens de représentation ». Edgar De Bruyne, penseur du XXe siècle, écrit que : « L'œuvre matérielle ne copie pas nécessairement et avec fidélité la forme visible [...], mais inévitablement elle exprime la représentation de ce que l'artiste conçoit dans son âme. C'est ce modèle spirituel que la forme imite avant toute autre chose[11]. »

Cette production engage une réflexion de la part de l'artiste sur l'emploi de différents médiums. C'est à travers le savoir-faire du plasticien, la manière dont il va conjuguer des matériaux, les employer, que va apparaître la représentation qu'il donne du monde. En éprouvant le matériau, l'artiste plasticien s'approprie son environnement. La création résulte comme nous venons de le voir d'une représentation de ce que l'artiste « conçoit dans son âme ». Cette pratique deviendrait donc une possibilité d'analyser et de s'affranchir d'un mode de pensée dicté par

9 Élisabeth Décultot, « Poïesis », *Vocabulaire européen des Philosophies. Dictionnaire des intraduisibles*, Paris, Le Robert / Seuil, 2004.

10 Élisabeth Décultot, « *Mimêsis* », *ibid.*

11 Edgar De Bruyne, *Études d'esthétique médiévale*, Bruges, Albin Michel, 1946. p. 152.

la société. Créer conduirait à l'émancipation, et donc à l'émergence de la singularité de l'artiste. L'œuvre est le fruit du travail de création. Selon Étienne Souriau, il y a trois facteurs indispensables à la création. Il faut qu'elle soit « productrice c'est-à-dire qu'elle doit être attestée par l'existence d'une œuvre, qui n'est pas forcément d'ordre matériel[12] », qu'elle comporte une « véritable et suffisante nouveauté[13] » ainsi que « l'intervention d'un agent créateur[14] ». Cependant, chaque œuvre n'est pas nouvelle en elle-même. La nouveauté se fait dans un élément de l'œuvre. C'est à cette condition qu'il n'y a pas de plagiat. C'est à travers le caractère novateur de cet élément dont témoignera l'œuvre que l'on notera la singularité de l'artiste et que se manifestera la force de son intention. Cette force témoigne d'une volonté avant tout proche de « bien regarder » de Tapiès. L'intention de créer répond à l'intuition et nécessite une matière sur laquelle travailler : la sensation.

La sensation se définit comme étant un « phénomène par lequel une stimulation physiologique (externe ou interne) provoque, chez un être vivant et conscient, une réaction spécifique produisant une perception ; état provoqué par ce phénomène[15] ». Elle est liée à la connaissance intuitive et pose la question de la validation de l'existence ainsi que celle de l'instant auquel elle surgit.

La sensation est le matériau nécessaire à la connaissance intuitive comme nous avons pu le constater précédemment. Elle est définie par Schopenhauer « comme une forme de prolongements du cerveau ; par lesquels il reçoit du dehors, sous forme de sensation, la matière dont il va se servir pour élaborer la représentation intuitive[16] ». L'importance que revêt la sensation se dessine à travers les écrits d'Aristote, notamment dans le *De anima*. Aristote va déterminer un sens commun, duquel se dégage une unité dans la sensation. Voir est une sensation, mais le fait de sentir que l'on voit ne fait pas référence selon lui à un sixième sens, mais au fait que dans le même temps que l'on sent, il existe une faculté

12 Étienne Souriau, *op. cit.*, p. 549.

13 *Ibid.*

14 *Ibid.*

15 Voir « Sensation », article en ligne : <http://www.cnrtl.fr/lexicographie/sensation>. [Tous les liens cités dans cet article ont été consultés le 29/05/2015.]

16 Arthur Schopenhauer, *Le Monde comme volonté et comme représentation*, p. 646 de la version numérique : <http://www.schopenhauer.fr/oeuvres/fichier/le-monde-comme-volonte-et-comme-representation.pdf>.

qui nous permet de percevoir que l'on perçoit. Pour les philosophes grecs, l'homme à son origine est défini, voire montré comme un animal esthétique. C'est à dire comme un animal capable de sentir. Il existe un terme grec, « *aisthesis* », qui fait référence à la sensation de sentir. Platon, dans l'*Apologie de Socrate*, entend la mort comme une absence d'*aisthesis*. On prend alors toute la mesure de l'importance de la sensation. Dans une archéologie du toucher, Daniel Heller-Roazen déclare « *sentio ergo sum* », qui nous évoque le célébrissime « je pense donc je suis » de Descartes. Sa déclaration s'appuie sur *De anima* d'Aristote. En effet, « quand on se sent soi-même ou quand on perçoit quelque autre chose dans un temps continu il est impossible de ne pas remarquer qu'on existe[17] ». De plus, l'*aisthanestai* est un verbe qui était utilisé par Socrate et d'autres philosophes comme étant une forme d'attention suscitée par un état physique. Selon Socrate, c'est l'*aisthanestai* qui précéderait l'*aesthesis*. Daniel Heller-Roazen rapproche l'*aesthesis* de la faculté d'attention et de ce qui va survenir et sera appelé « conscience ». Cette expérience relève de l'ineffable, elle survient dans l'instant, dans un temps qui est irréductible. Elle signale le « maintenant ».

La sensation permet la connaissance intuitive. Elle revêt une importance au sens ontologique du terme puisqu'elle nous conforte dans notre existence. Cependant, la notion de sensation est indissociable du moment où elle surgit.

Heller-Roazen explique que « l'examen attentif du traité antique permet d'identifier un principe qui est à la racine de l'unité des sens. » Mais ce principe n'est ni la connaissance ni la pensée : c'est le concept de temps. Par définition, l'*aisthesis* se produit « maintenant » « et elle ne peut rester elle-même dans la coïncidence de sa multiplicité et de son unité qu'à ce moment-là et à aucun autre[18] ». On comprend l'importance du temps dans la sensation, puisque « ce "maintenant" est le seul élément où les qualités sensibles différentes perçues par l'âme peuvent se rencontrer ». Roazen conclut que « la force directrice de la faculté perceptive dominante repose peut-être sur l'activité la plus simple et la plus élémentaire, celle qui rend ensuite possibles les multiples formes de perception : la sensation de la forme du temps[19] ».

---

17 Daniel Heller Roazen, *Une archéologie du toucher*, traduit par Paul Chemla, Paris, Seuil, « La Librairie du XXIe siècle », p. 78.

18 *Ibid.*, p. 52.

19 *Ibid.*, p. 53.

Créer serait donc un acte qui mobilise d'une part nos sens et par l'objectivité qu'il suscite, mobilise d'autre part notre conscience. L'acte de création nous inciterait à exister en tant qu'Être sentant, en nous permettant par ce biais de susciter ce par quoi nous sommes. Créer permettrait de mobiliser l'attention pour faire surgir l'instant indissociable de la sensation. C'est à travers la notion de temps que l'on saisit toute l'importance de la création dans le contexte actuel d'accélération.

Le temps correspond à « un milieu indéfini et homogène dans lequel se situent les êtres et les choses et qui est caractérisé par sa double nature, à la fois continuité et succession[20] ». La disparition de la faculté d'attention est une des raisons pour lesquelles l'instant joue un rôle important. Pour Bachelard, « l'idéal de la vie est la vie ardente de l'éphémère, mais de l'aurore au vol nuptial nous réclamions pour l'éphémère son trésor de vie intime. Nous voulons donc toujours que la durée soit une richesse profonde et immédiate de l'être. Voilà notre première position en ce qui concerne l'instant[21] ». L'instant est une valeur qui semble à la fois très concrète par l'avènement de l'ère numérique, mais qui à la fois peut paraître complètement abstraite. L'impression que cette valeur change avec l'avancée et l'accélération de notre société domine. Qu'est-ce que l'instant aujourd'hui, quelle valeur a-t-il ? Il devient extrêmement complexe à l'heure d'aujourd'hui de vivre l'instant au plus profond, et de chercher la source de nos réactions en nous. Bachelard écrit :

> Ce n'est pas l'être qui est nouveau dans un temps uniforme, c'est l'instant qui en se renouvelant reporte l'être à la liberté ou à la chance initiale du devenir[22].

Bachelard explique que ce qui amène à une connaissance objective passe par une durée de temps très petite. Autrement dit, lorsqu'on fait preuve d'attention, « le monde nous apporte une connaissance, et c'est encore dans un instant fécond que la conscience attentive s'enrichira d'une connaissance objective[23] ». Bachelard souligne l'importance de l'instant dans la connaissance, car « la durée n'a pas de force directe ; le temps réel n'existe vraiment que par l'instant isolé, il est tout entier

20 Voir « Temps », article en ligne : <http://www.cnrtl.fr/lexicographie/temps>.

21 Gaston Bachelard, *L'Intuition de l'instant*, Paris, Stock, 1993, p. 27.

22 *Ibid.*

23 *Ibid.*, p. 36.

dans l'actuel, dans l'acte, dans le présent[24] ». De l'avenir immédiat ressort une tension. C'est elle qui fait notre durée actuelle. Il subsiste alors deux sortes de temps, celui du présent qui se définit en petites valeurs, si l'infime durée a été intense et a fait l'objet d'une conscience attentive, elle entraîne un deuxième temps qui persiste le long de la vie d'un individu. L'attention se révèle par la conscience de ce laps de temps infime. Donc, plus on diminue la durée, plus on se rapproche d'une « quantité faible » de temps, plus notre attention va se focaliser. Pour faire sourdre cet instant, il semble donc nécessaire de passer par l'intermédiaire de la création, comme nous l'avons vu.

Ce moment matérialise la frontière entre ce que l'on perçoit de notre environnement, et l'acte créateur. Avant que l'œuvre soit achevée et qu'elle fasse l'objet d'interprétation, le geste de création constitue le premier acte d'interprétation, c'est le premier témoin qui matérialise la pensée. Il répond à l'intention, et marque le passage de la pensée immatérielle à la pensée matérielle. Cette transition qu'est le tout premier geste échappe au dessein de l'artiste, par sa spontanéité. Ce « degré zéro » de l'interprétation est une forme de transcription primordiale de ce que l'on vit et donc de nos liens avec le monde. Fixer l'instant, se confronter à lui et en chercher l'origine, Henri Michaux et Jean Degottex se sont dévoués à cette cause. Dans les peintures gestuelles de Jean Degottex, la valeur de l'instant est décisive. On prend conscience de cette quête impossible fixée par les frontières de cet espace-temps. Même en essayant de l'intellectualiser pour trouver ses « coordonnées philosophiques », la quête est infinie. Cette intention échappe à la raison et c'est elle qui donne cette première interprétation. C'est le moment qui précède ce « degré zéro » qui interpelle, puisqu'il est proche de la source responsable du regard dont parle Tapiès. Jean Degottex, peintre français de la seconde moitié du XXe siècle, a joué un rôle important dans l'abstraction lyrique gestuelle, après avoir découvert la philosophie zen ainsi que la calligraphie. À travers la peinture de Degottex et en adoptant une lecture orientale de son œuvre, on peut disséquer ce « moment ». Il y a une latence, cette période pendant laquelle le peintre prépare sa toile et l'enduit. Ce processus fait partie intégrante d'un travail méditatif que l'on pourrait comparer à la cérémonie du thé, mais également à celle d'un maître calligraphe. Cet état méditatif peut prendre plusieurs

24 *Ibid.*, p. 65.

formes et plusieurs appellations. Il ne s'agit pas de développer un art basé sur la méditation, mais de pratiquer une attention recentrée sur les sensations. On peut définir la méditation au sens religieux du terme comme étant un « exercice spirituel préparant à la contemplation[25] ». Par cette dernière, le processus de création fait surgir l'instant décisif. Je m'appliquerai donc à parler d'observation contemplative. Émile Bernard dans *Propos sur l'art* résume les choses ainsi :

> Il y a trois opérations : Voir, opération de l'œil. Observer, opération de l'esprit. Contempler, opération de l'âme. Quiconque arrive à cette troisième opération entre dans le domaine de l'art[26].

Dans l'observation contemplative, l'instant découlerait de la latence, qui naît elle-même de la libre attention. On parle de latence au sujet de ce « qui n'est pas manifeste, qui reste caché, mais demeure susceptible d'apparaître, de se manifester à un certain moment[27] ». Au sujet de cette période qui précède le jaillissement du « fait esthétique », Paul Virilio décrit sa « sensibilité à la succession de circonstances qui précède l'apparition proprement dite et où le monde commence à se donner à voir aux enfants comme illusion du monde[28] ».

Paul Virilio explique que lorsque surgit cette chose on assiste à une certaine régénérescence, comme si on ouvrait les yeux pour la première fois au monde, comme si les choses se chargeaient d'une puissance dont l'origine est extrêmement simple, limpide, et pourtant cette origine n'est pas localisable ni saisissable. Cette latence naît de la libre attention.

Cette « action de penser avec une grande concentration d'esprit pour approfondir sa réflexion[29] » définit en réalité ce que l'on appelle la méditation. Lors de la phase dite méditative, Degottex pratique la libre attention. Cette phase lui permet de s'ouvrir et de faire naître l'instant duquel surgira un geste abstrait qui représente l'ensemble de ce qu'il ressent. Cette culture de l'instant est importante quant à la question du regard sur le monde. Le peintre met en avant cette relation que les

25 Voir « Méditation », article en ligne : <http://www.cnrtl.fr/lexicographie/méditation>.

26 Émile Bernard, *La Connaissance de l'art*, Bruxelles, Éditions Nouvelle revue Belgique, 1942.

27 Voir « latent », article en ligne : <http://www.cnrtl.fr/lexicographie/latent>.

28 Paul Virilio, *Esthétique de la disparition*, Paris, Librairie générale française, « Le Livre de poche. Biblio essais », 1994, p. 12.

29 Voir « Méditation », art. cité.

Orientaux connaissent dans leur pratique. Il ne s'agit pas de s'imaginer saisir dans les moindres détails les tenants et les aboutissants d'un raisonnement philosophique, à travers la méditation et la représentation par un geste. Il s'agit d'exercer une libre attention qui permettra d'obtenir à travers l'extrême spontanéité, la justesse du trait. À travers ce dernier, on entrapercevra la globalité, la précision de ce que l'on souhaite transmettre.

Les avis peuvent bien sûr être partagés sur cette question. Il semble important de passer par une phase méditative pour cultiver le lâcher-prise, car aucun créateur ne peut échapper au flottement du premier geste de construction d'une œuvre. Degottex ne peint que par un geste sur l'œuvre présentée. Il me semble que le premier geste est important à préparer. Lorsqu'il jaillit comme nous l'avons vu, il échappe à l'entendement. La perception est induite par un chemin complexe partagé entre des influx nerveux, des molécules, des sensations, des émotions et un premier geste comme résultat. Il semble impossible d'en cerner l'origine. Cette phase de méditation permet de prendre une certaine distance d'analyse qui lui permet de synthétiser le rapport qu'il a au monde et à lui même.

Il y a quelque chose qui autorise cette latence. Je l'appellerai la libre attention. L'attention correspond à un « tension de l'esprit vers un objet à l'exclusion de tout autre ». Pratiquer la libre attention, c'est en quelque sorte être attentif aux informations sensitives du monde qui nous entoure. C'est attendre, sans avoir la garantie qu'il se passe quelque chose. Durant cette période, on reçoit du monde extérieur des sensations qui se transforment aussitôt en perceptions. C'est à travers cette attitude que Michaux cherche à cerner l'endroit exact de la transformation entre l'appropriation du réel et son interprétation. La première interprétation se fait dans le passage de la sensation à la perception. C'est à ce moment-là que l'acte créateur prendrait racine. À travers cette chimie complexe, le lien au monde se tisse. Expérimenter le fait d'attendre en prêtant attention de manière désintéressée aux choses ne garantit en rien qu'il se passe quelque chose de notable ! Cette expérience est avant tout importante dans sa démarche.

Ainsi, nous sommes passés de la démarche créative de Michaux comme tentative de se re-lier au monde, c'est-à-dire une manière de concilier les différents rythmes imposés par l'accélération tout en étant connecté à ce monde qui semble échapper. C'est en détaillant le phénomène de création à travers les sensations, mais aussi les différentes durées, auquel il fait appel, que nous pouvons entrevoir un moyen de se distancier du monde, de recouvrer un regard plus « objectif ». C'est à travers l'exercice de la création que nous pouvons trouver cette conciliation des différents rythmes, mais également que nous pouvons cultiver une prise de conscience de l'accélération.

Hélène PARVEAU
Université de Limoges

DEUXIÈME PARTIE

VOYAGE ET VITESSE

LE VOYAGE EN INDE À L'ÉPREUVE DE LA VITESSE

Quelques réflexions d'écrivains-voyageurs depuis la fin du XIXe siècle

« Aller en Asie, naguère, c'était pénétrer avec lenteur dans l'espace et le temps conjugués » – écrivait André Malraux dans son récit autobiographique *Le Miroir des Limbes*[1]. Le voyage prenait du temps, c'était une « lente pénétration » dans les terres situées à l'est de l'Europe, dans l'Histoire de l'Asie et dans sa propre histoire, avec en arrière-plan tous les voyages déjà entrepris et les récits déjà écrits. *Les Conquérants* s'ouvraient par l'image d'un espace inviolé et d'une immensité à conquérir : « Jusqu'à l'horizon l'océan Indien immobile, glacé, laqué – sans sillages[2]. » Il y a plus d'un siècle, il fallait dix-sept jours pour arriver à Colombo de Marseille, en s'arrêtant seulement quelques heures à Port-Saïd. Cette mer immense à traverser offrait un espace vide, informe, « lisse » au sens où l'entend Gilles Deleuze[3] en opposition à l'« espace strié », à savoir un espace ouvert, non cloisonné, nomade, une béance que les écrivains s'occupaient à combler en écrivant ou en discutant avec « des hommes d'une autre sorte et d'un autre monde que ceux qu'un écrivain a l'habitude de rencontrer dans les limites de l'Europe[4] ». Cet espace et ce temps long servaient aux voyageurs de transition, de sas entre leur pays d'origine et la terre inconnue qu'ils allaient découvrir. Qu'en est-il aujourd'hui, à l'heure des vols *low cost* qui permettent de se déplacer à moindres frais en quelques heures aux quatre coins du monde ? Comment le voyageur réagit-il à l'épreuve de la vitesse ? Et quelle est la spécificité de cette problématique dans le cas du voyage en Inde ?

1 André Malraux, *Le Miroir des Limbes* [1974], dans *Œuvres complètes*, Paris, Gallimard, 1996, t. III, p. 7.

2 André Malraux, *Les Conquérants* [1928], dans *ibid.*, t. V, p. 117.

3 Gilles Deleuze, Félix Guattari, *Mille Plateaux*, Paris, Minuit, 1980, Plateau 14, p. 592-625 : « 1440 – Le lisse et le strié ».

4 Stefan Zweig, *Le Monde d'hier. Souvenirs d'un Européen*, Paris, Belfond, 2012, p. 220.

LE VOYAGEUR FACE À LA TENTATION DE LA VITESSE

Depuis la fin du XIXe siècle, le sous-continent indien attire particulièrement les intellectuels et les artistes européens épris de spiritualité et assoiffés d'exotisme. Bien que les temps aient changé et les technologies évolué (du train et du télégraphe au vol charter et à internet), les voyageurs partagent depuis plus d'un siècle la même aspiration à toujours plus de mobilité – la littérature viatique européenne en apporte la preuve au fil du temps ; mais en s'abandonnant aux vertiges de la vitesse, ils ont le sentiment, souvent oppressant, d'être contraints par deux objectifs : celui de tout voir, et celui de leur appareil photo ou de leur caméra.

Le voyageur moderne qui découvre une contrée inconnue a tôt fait de succomber à la tentation de la vitesse : rongé par la soif de tout voir, le désir de tout absorber en un minimum de temps, il ne tarde pas à recourir aux moyens de locomotion (voiture, train, avion, etc.) lui permettant d'atteindre ce but. À la recherche permanente de sites toujours plus beaux à visiter, il parvient difficilement au repos propice à une ouverture réelle à l'altérité et… à soi. Cette contradiction est plus flagrante encore dans le cas de l'Inde – pays considéré par bien des Européens comme une « patrie spirituelle », mais soumise elle aussi à une accélération de la vitesse qui ne fait qu'exacerber les tensions entre la tradition du yoga, celle de « l'Inde éternelle », et la modernité de Bollywood et de Bangalore, la « *Silicon Valley* de l'Inde ».

Le voyageur avide et pressé consomme plats épicés, paysages, cultures, spectacles… Il amasse, tel un collectionneur, informations, données, objets d'art, trophées de chasse, spécimen de la faune et de la flore, photographies, vidéos, sites touristiques… Ces sites sont prédéfinis, car classés dans les guides ; il faut les avoir vus pour pouvoir en parler une fois revenu – il en va du statut et de la reconnaissance sociale du voyageur. En Inde, le Taj Mahal est LE site incontournable par excellence. Doté du nombre maximal d'étoiles dans le *Baedeker*, le *Murray* et autres guides touristiques, il fait partie du programme obligatoire, du rituel d'admiration imposé à tous les voyageurs en Inde.

Dans les années 1920, l'écrivain-voyageur Bernhard Kellermann traverse toute l'Inde en voiture sur la mythique *Grand Trunk Road* ; son automobile file à toute allure sur les larges boulevards de New Delhi, cité coloniale luxueuse érigée par les Britanniques à côté de *Old Delhi*, où s'entasse une population pauvre et exploitée. Kellermann dispose d'une voiture avec chauffeur, d'une carte de l'Inde et d'une somme conséquente d'argent – c'est-à-dire du pouvoir et du savoir. Du milieu du XIXe siècle à la Grande Guerre, la vitesse est associée aux infrastructures coloniales et donc à un impérialisme socio-économique indissociablement lié au tourisme dès son apparition[5].

C'est aussi l'époque de la modernité, du fluctuant et de l'éphémère que Charles Baudelaire a si bien dépeinte, l'ère de la nervosité dont a parlé le sociologue Georg Simmel, des chocs permanents évoqués par le philosophe Walter Benjamin. Le kaléidoscope de l'Inde colorée, chatoyante et changeante, vue de la fenêtre du train ou de l'automobile, fascine les voyageurs par la foule des impressions sensorielles qui l'assaillent et éprouvent ses nerfs. Mais ni le dandy Oscar A. H. Schmitz ni le « bohémien » de Schwabing Waldemar Bonsels – tous deux minés par une inquiétude intérieure typique de la modernité – ne trouvent en voyageant la paix de l'âme qu'ils recherchent ; au contraire, voyage et nervosité semblent s'entretenir dans une sorte de cercle vicieux auquel il est difficile d'échapper[6]. Il en va de même pour le peintre Melchior Lechter qui, contraint par « un programme gigantesque[7] », parcourt à la hâte – une « hâte diabolique[8] » pour reprendre l'expression d'Henri Bauchau – les sites indiens alors qu'il aimerait, en vrai flâneur, se perdre en eux[9]. L'artiste regrette profondément de ne pas avoir le loisir de

---

5 Le sociologue Dennison Nash assimile le tourisme à une forme d'impérialisme. Voir Dennison Nash, « Tourism as a Form of Imperialism », dans Valene L. Smith, *Hosts and Guests. The Anthropology of Tourism*, Philadelphia, University of Pennsylvania Press, 1977.

6 Joachim Radkau, « Das Zeitalter der Nervosität » : « *Reisen und Nervosität wirken wie ein ewig sich selbst erhaltender Kreislauf.* » Cité dans Nachwort. Oscar A. H. Schmitz, *Ein Dandy auf Reisen. TageZbücher*, Band 2, 1907-1912, herausgegeben von Wolfgang Martynkewicz, Berlin, Aufbau Verlag, 2007, p. 356.

7 Melchior Lechter, *Tagebuch der indischen Reisen*, Berlin, Otto von Olten Verlag, 1912, 26 novembre 1911 : « *Wie soll ich nur bei unserem riesenprogramm zum arbeiten kommen? Selbst die aufnahmen kann ich ja nur in größter hast machen. Indien verlassen und nichts von diesem Hohen Liede gemalt haben – es ist zum wahnsinnig werden!* »

8 Voir l'article de Pierre Halen dans le présent volume.

9 Pour donner une idée du programme effectivement gigantesque de Lechter, donnons quelques étapes de son voyage : en 1911, il rejoint Calcutta à partir de la Birmanie, prend

s'imprégner des lieux et de les peindre, tant les sites à voir sont nombreux. Paul Valéry, qui s'est lui-même adonné à la peinture, constatait en 1935 la « fin du temps libre », corollaire selon lui de la « disparition de la terre libre », c'est-à-dire de « l'occupation achevée des territoires par des nations organisées » :

> [...] le loisir intérieur, qui est tout autre chose que le loisir chronométrique, se perd. Nous perdons cette paix essentielle des profondeurs de l'être, cette absence sans prix, pendant laquelle les éléments les plus délicats de la vie se rafraîchissent et se réconfortent, pendant laquelle l'être, en quelque sorte, se lave du passé et du futur, de la conscience présente, des obligations suspendues et des attentes embusquées... Point de souci, point de lendemain, point de pression intérieure ; mais une sorte de repos dans l'absence, une vacance bienfaisante, qui rend l'esprit à sa liberté propre[10].

La précipitation du voyageur moderne trouble bien souvent ce repos précieux, particulièrement propice à la création. Lechter oscille constamment entre le désir irrépressible de voir et de photographier le plus de sites possible – attitude typique du touriste, ce parasite « photophage[11] » qu'il méprise par ailleurs –, et une aspiration profonde à s'attarder sur un lieu particulier pour le peindre de l'intérieur : « Il n'y a que deux possibilités : rester au même endroit et peindre et ne rien voir d'autre, ou tout voir et ne quasiment pas peindre[12]. » Cette injonction contradictoire suscite un sentiment de profond malaise. À Khajuraho par exemple, l'artiste aimerait voir tous les temples : « Merveille sur merveille. D'ici le soir tout doit être vu, je continue donc à avancer en toute hâte dans la chaleur brûlante, dans la lumière crue[13]. » Lechter, qui a déjà vu un nombre impressionnant de temples, ne se pardonne pas de ne pas avoir

---

un train pour Darjeeling en janvier, revient à Calcutta, se rend en train à Gaya, puis en carriole à Bodhgayâ, prend le train de nuit pour Bénarès, visite Sarnath, poursuit en train jusqu'à Manikpur, puis visite Khajuraho, Gwalior, Agra, Lahore, Amritsar, Delhi, Jeypur, Ajmer, le Mont Abu, Palitana, Ahmedabad, Bombay, Ellora, Arkonam, Chindambaram, Tanjore, Trichinopoly, Tuticorin, pour enfin boucler la boucle et revenir à Colombo.

10 Paul Valéry, *Le Bilan de l'intelligence* [1935], Paris, Allia, 2012, p. 30.

11 Georges Cazes, *Le Tourisme international. Mirage ou stratégie d'avenir ?*, Paris, Hatier, 1989, p. 108.

12 Melchior Lechter, *op. cit.*, 26 novembre : « *Es gibt nur zwei möglichkeiten: an einem ort bleiben und malen und nichts weiter sehen, oder alles sehen und so gut wie nicht malen.* »

13 *Ibid.*, 17 février : « *Wunder über Wunder. Bis abend muß alles flüchtig gesehen sein, so eile ich denn mit erregter hast in der glühenden hitze, im grellen lichte weiter. Ich komme nicht mehr zur besinnung.* »

eu le courage d'aller jusqu'à Ajanta : « C'était comme si je devais mourir de honte. L'Inde entière disparaissait, rien de ses mystères n'avait été vu puisque je n'avais pas vu Ajunta[14]. » Si le peintre prend constamment des photos, c'est qu'il n'a plus la force d'emmagasiner tant d'impressions ; les stocker dans son appareil lui donne l'illusion de garder en mémoire ce qu'il a vu. À force de photographier, Lechter se retrouve toutefois sans pellicule et s'énerve de « ne plus pouvoir rien retenir[15] ». Sa dépendance à la technique le rend finalement encore plus nerveux.

C'est que la vitesse rend la perception du voyageur distraite : « Le regard distrait [...] produit inconsciemment des impressions fortuites, des aperçus, tout autant qu'il absorbe des chocs, lesquels peuvent tout d'abord être infinitésimaux[16]. » Les voyageurs sont tiraillés entre le proche et le lointain : le lointain domine dans la temporalité suspendue, la durée de contemplation d'un paysage sans aucune médiation – expérience comparable à l'expérience du Beau chez Kant ; le proche prévaut dans la distraction, dans « l'immersion d'une proximité excessive des processus techniques déchaînés. C'est l'expérience vécue du choc, qui fait éclater et dissout l'identité du sujet[17]. » Ici, la notion de distraction (*Zerstreuung*) ne désigne pas un état d'esprit souvent connoté négativement, car relevant du divertissement, mais, au sens où l'entend le journaliste et sociologue allemand Siegfried Kracauer (1889-1966), un mode complexe de perception dans l'espace social de la ville, que l'on peut étendre ici à l'espace indien dans son ensemble. Comme le citadin, le voyageur est en permanence soumis à des contacts et des excitations de toutes sortes ; aussi développe-t-il des réflexes de mise à distance par des formes d'inattention à autrui et aux choses, destinées à prévenir la violence potentielle d'une trop fréquente proximité et, dans notre cas, d'une trop forte altérité[18]. Comme le passant de Benjamin ébloui par les vitrines de la grande ville, le voyageur est happé et « distrait » par

14 *Ibid.*, 16 mars : « *Mir war, als müßte ich mich vor scham verkriechen. Ganz Indien versank, nichts von seinen mysterien war mir gesehen, da ich Ajunta nicht sah. Lange litt ich darunter.* »

15 *Ibid.*, Conjeeravam, 10 décembre : « *So mußte ich dies steinern götter-und dämonen-missale flüchtig anstaunen, kaum noch aufnahmefähig, von neuem zu neuem wandern – und mich aufregen, nichts mehr festhalten zu können!* »

16 Pascal Rousse, « Perception urbaine, distraction et stratification chez Benjamin, Eisenstein et Vertov », dans *Revue Appareil*, n° spécial, 2008 : <http://revues.mshparisnord.org/appareil/index.php?id=467>. [Consulté le 26.03.2010.]

17 *Ibid.*

18 Voir Georg Simmel, *Les grandes villes et la vie de l'esprit*, Paris, Carnet de l'Herne, 2007.

le kaléidoscope sensoriel de l'Inde. Sa perception s'en trouve en quelque sorte fragmentée.

La succession rapide, parfois effrénée, des images perçues du train – ce « serpent crachant le feu[19] » selon l'indianiste Paul Deussen – suit le rythme accéléré de la machine. Cette poétique de la vitesse est liée au visuel, à l'illusion optique, à une « esthétique de la surface[20] ». Dans les montagnes de Ceylan, sur la ligne de chemin de fer qui relie Colombo à Port de Galle, le paysage défile à vive allure devant les yeux écarquillés d'Erwin Drinneberg, suscitant en lui une multitude d'« impressions inoubliables[21] » et « merveilleuses[22] ». Enivré de dissipation, exposé à toutes sortes d'excitations psychiques et sensorielles, le photographe amateur éprouve un réel plaisir à découvrir la diversité des paysages, mais ce plaisir semble inséparable de l'abus, comme le remarque Paul Valéry à propos de l'homme moderne :

> Abus de vitesse, abus de lumière [...] d'excitants... Abus de fréquence dans les impressions ; abus de diversité [...] ; abus de facilités ; abus de merveilles [...]. Notre système organique, soumis de plus en plus à des expériences mécaniques, physiques et chimiques toujours nouvelles, se comporte à l'égard de ces puissances et de ces rythmes qu'on lui inflige, à peu près comme il le fait à l'égard d'une *intoxication insidieuse.* Il s'accommode à son poison, il l'exige bientôt[23].

La superficialité qui naît de la vitesse transparaît dans l'écriture du voyage elle-même. De nombreux récits retranscrivent – et revendiquent souvent de retranscrire, comme en témoigne le titre des ouvrages[24] – des impressions optiques, souvent fugitives. La perspective mobile du narrateur entraîne une structure textuelle faisant appel à la technique

19 Paul Deussen, *Erinnerungen an Indien*, Kiel, Leipzig, Verlag von Lipsius & Tischer, 1904, p. 163 : « [...] *feuerspeiende Schlange* [...] ».

20 Moritz Baßler, « Oberflächen. Die geflügelte Erde von Max Dauthendey », dans *Jahrbuch für Internationale Germanistik* Reihe A Bd. 47 : Gilbert Merlio, Nicole Pelletier (éd.), *Munich 1900 site de la modernité / München 1900 als Ort der Moderne*, Bern u.a., Peter Lang, 1998, p. 203-217 : « Oberflächenästhetik ».

21 Erwin Drinneberg, *Von Ceylon zum Himalaja*, Berlin, Volksverband der Bücherfreunde Wegweiser Verlag G.M.B.H., 1926, p. 33 : « *Zu den reichen Erlebnissen, die ich seit der Landung auf der Insel hatte, gesellen sich in rascher Reihenfolge die unvergeßlichhen Eindrücke, die ich auf meiner Fahrt in die Berge Ceylons hatte.* »

22 *Ibid.*, p. 21-22 : « *Und alle diese wundersamen Eindrücke eilen mit der leidigen Hast, die uns jene Errungenschaften modernen Menschengeistes gebracht haben, an meinen Augen vorüber.* »

23 Paul Valéry, *op. cit.*, p. 26-27.

24 Voir, par exemple, Johannes Sievers, *Bilder aus Indien*, Berlin, Paul Cassirer, 1911.

du montage, du collage, de la mosaïque, à l'écriture fragmentaire et à l'utilisation massive de la photographie, médium visuel moderne par excellence, typique du règne de la « surface » (un autre concept forgé par Kracauer) et de la copie « à l'heure de la reproductibilité technique[25]. L'écriture du voyage évolue à partir des années vingt vers la technique du reportage de type journalistique, qui connaît un franc succès : ainsi, les reportages de Egon Erwin Kisch (1885-1948) deviennent de véritables *bestsellers :* Kisch est surnommé dans le Berlin trépidant des années vingt le « reporter qui fonce comme un fou », titre d'un de ses ouvrages de 1924, *Der rasende Reporter.*

Cette évolution est concomitante au succès d'un nouveau média, le cinéma, qui connaît son apogée en Allemagne au cours des années 1920 et au début des années 1930. Cela n'est pas un hasard si l'on pense que le plaisir du voyageur en Inde ressemble fort à celui du spectateur qui va au cinéma[26] : c'est un plaisir avant tout passif et visuel puisqu'il s'agit finalement principalement d'images que le voyageur consomme un peu comme un spectateur regarde un film. C'est particulièrement le cas lorsque le voyageur est « voyagé » pour reprendre l'expression de l'écrivain autrichien Stefan Zweig, c'est-à-dire transporté par un bus ou un chauffeur de taxi par exemple[27]. Le paysage défile devant lui en une succession d'images variées et fugitives dont il ne se lasse pas, à un rythme accéléré, comme sur un écran. Cette accélération ne lui permet pas de vivre le temps véritable du voyage et d'établir avec l'espace une relation en profondeur, mais l'oblige au contraire à rester en surface[28]. L'Inde apparaît alors comme un espace illusoire, un décor exotique vu par la fenêtre (de la voiture ou du train), une surface de projection des

25 Voir Walter Benjamin, *L'œuvre d'art à l'heure de sa reproductibilité technique* [1935, dernière version 1939], dans *Œuvres III*, Paris, Gallimard, 2000. Notons qu'à partir de 1900, de nombreux voyageurs emportent dans leurs bagages un Kodak Brownie, petit appareil portable vendu en masse à l'époque. Les voyageurs peuvent également acheter sur place des cartes postales réalisées par des photographes professionnels.

26 Sur le rapprochement entre voyage lointain et cinéma à l'ère de la distraction, voir Siegfried Kracauer, *L'Ornement de la masse. Essai sur la modernité weimarienne* [*Das Ornament der Masse*, 1927], trad. de l'allemand par Sabine Cornille, Paris, Éd. La Découverte, « Théorie critique », 2008.

27 Stefan Zweig, « Reisen oder Gereist-Werden » [1926], dans *Auf Reisen*, Frankfurt am Main, Fischer, 1998.

28 Chez les voyageurs français, on trouve le même phénomène d'accélération, qui ne leur permet bien souvent de livrer qu'une image superficielle du pays. *Cf.* Jean de Pontevès-Sabran, *L'Inde à fond de train*, Paris, Société Anonyme de Publications Périodiques, 1886.

désirs et des angoisses du voyageur, une scène de théâtre (« *Szenerie* », « *Schauspiel* », etc.), une fantasmagorie.

La conséquence de ce processus est la spectacularisation et la touristification du monde. La perception d'un « espace touristifié » ne donne qu'une impression générale de superficialité, de carte postale. Avec l'accélération de la vitesse, la mondialisation culturelle et l'uniformisation du monde, ce phénomène semble s'accentuer à l'époque contemporaine, rendant le voyage quasiment impossible, pour reprendre la formule de Marc Augé[29]. Dans un monde « rincé de son exotisme » (Henri Michaux), où il n'y a plus d'espace ni de temps vacant, où tout espace est strié, quadrillé, où le temps est chronométré, en permanence minuté, le Moi-voyageur ressent avec angoisse la tension entre obligation de tout voir et besoin de contemplation. Comment sortir de ce cercle vicieux de l'accélération de la vitesse, de l'angoisse et de la nervosité, si ce n'est par la lenteur ?

RALENTIR LE RYTHME : LE SECRET DU « VRAI VOYAGEUR » ?

Pour le journaliste allemand Richard Katz (1888-1968), célèbre dans l'Allemagne de l'entre-deux-guerres pour son *bestseller Ein Bummel um die Welt* (1927), « le seul moyen de rencontrer l'Autre, c'est de voyager lentement, très lentement, encore plus lentement ! [...] s'acclimater avec les yeux et avec l'esprit. [...] Voyager reste encore la recette la plus supportable[30]. » Face à l'accélération incontrôlée de la vitesse, de nombreux écrivains-voyageurs, de Richard Katz à Hermann Hesse en passant par Stefan Zweig et Erwin Drinneberg, font le même éloge de la lenteur. Ce discours sur la lenteur nourrit le mythe romantique du « vrai Voyageur » qui sait prendre le temps – contrairement au touriste, être pressé, compartimenté, angoissé. La vitesse est non seulement critiquée pour rendre le paysage indistinct, pour en faire un kaléidoscope

29 Marc Augé, *L'Impossible voyage. Le tourisme et ses images*, Paris, Payot, 1997.

30 Richard Katz, *Ernte : des Bummels um die Welt. Zweite Folge*, Berlin, Ullstein, 1932, p. 271 : « *Einziges Mittel, Anschluss an die Fremde zu gewinnen, ist: langsam zu reisen, ganz langsam, noch langsamer! sich optisch und geistig akklimatisieren!* [...] *Langsam reisen ist* – [...] *noch immer das leidlichste Rezept.* »

coloré, mais aussi pour niveler la perception et réduire l'altérité. Selon ces écrivains – qui s'assimilent bien sûr aux vrais voyageurs – le voyage doit être individuel, créateur, actif, c'est-à-dire le contraire de ce que Zweig reproche au touriste de masse, à savoir d'être voyagé, au sens d'être-transporté comme une marchandise. La liberté est ici le maître mot ; il est celui que met en avant Victor Segalen dans son fameux *Essai sur l'exotisme* de 1938 :

> Ne peuvent sentir la Différence que ceux qui possèdent une Individualité forte.
>
> En vertu de la loi : tout sujet pensant suppose un objet, nous devons poser que la notion de Différence implique aussitôt un point de départ individuel.
>
> Que ceux-là goûteront pleinement l'admirable sensation, qui sentiront ce qu'ils sont et ce qu'ils ne sont pas.
>
> L'exotisme n'est donc pas cet état kaléidoscopique du touriste et du médiocre spectateur, mais la réaction vive et curieuse au choc d'une individualité forte contre une objectivité dont elle perçoit et déguste la distance[31].

Depuis l'époque romantique, cette attitude passe par un ralentissement de la vitesse du déplacement – que l'on songe au poète allemand Johann Gottfried Seume (1763-1810) qui critique, dans son *Spaziergang nach Syrakus im Jahre 1802*, le déplacement en voiture (à l'époque à cheval), car il empêche de bien voir. Des voyageurs comme Hermann Hesse ou Stefan Zweig se situent dans cette tradition qui privilégie la marche à pied parce qu'elle leur semble être le meilleur moyen de s'imprégner des paysages traversés, de s'approprier réellement l'espace grâce à l'*aisthesis*, la rencontre avec l'Ailleurs avec tous ses sens, et pas seulement la vue. Sans doute faudrait-il remonter jusqu'à l'Antiquité pour trouver les racines du voyage philosophique – les péripatéticiens marchaient et pensaient en même temps, ce qui leur permettait de concilier le corps et l'intellect – ou au moins à Montaigne, qui insistait sur l'absence de finalité de la promenade : « je me promène pour me promener ».

Cette géopoétique de la marche, en privilégiant la lenteur, exprime une critique de ce visiteur pressé et superficiel qu'est le touriste, et plus généralement une critique de la modernité et de l'ordre établi. Même si l'Européen qui visite l'Inde à l'époque coloniale se doit d'utiliser les moyens de locomotion à sa disposition, l'écrivain Cheskel Zwi Klötzel n'hésite pas à faire de la marche une philosophie : « [...] à pied on voit,

31 Victor Segalen, *Essai sur l'Exotisme. Une Esthétique du Divers*, Paris, LGF / Livre de Poche, « Biblio Essais », 1999, p. 43-44.

on entend, on sent tout beaucoup mieux. Tout véhicule, ne serait-ce que le rickshaw qui roule lentement, empêche un contact plus proche. En voyage, on ne peut voir qu'à pied ce qui est le plus intéressant et le plus beau[32]. » Le poète Hermann Hesse partage complètement cette philosophie du voyage, lui qui, vingt ans plus tôt, gravissait en méditant le pic d'Adam à Ceylan ; selon lui, une contrée ne révèle ses secrets qu'à celui qui le mérite : « Il ne faut pas vouloir tout voir et connaître. Celui qui a sillonné en tous sens deux montagnes et vallées des Alpes suisses connaît mieux la Suisse que celui qui a passé le même temps à traverser tout le pays à l'aide d'une carte panoramique [...]. Cela exige de l'amour, de la dévotion, de la discipline. Mais de tels efforts sont récompensés[33]. » À la marche contemplative du poète solitaire, le junker Otto Ehlers (1855-1895) préfère les randonnées sportives et parcourt en 1890, au risque de sa vie, les sentiers escarpés de l'Himalaya, « conscient que la moindre inattention, le moindre écart du sentier signifie la mort[34]. » L'explorateur déteste le train et n'en fait usage qu'en cas de grande nécessité. Sa répugnance non dissimulée pour les chemins de fer se comprend tout à la fois comme un moyen de se démarquer de la « masse des touristes » et comme une réaction conservatrice, aristocratique, face au progrès technique qui a détruit le temps véritable du voyage en accélérant sa vitesse.

À cette tradition, il faudrait aussi ajouter celle de la flânerie, développée par Walter Benjamin et Franz Hessel, par exemple. À l'instar de Hermann Keyserling, le flâneur entre les cultures laisse le lieu agir sur lui, tente de le lire comme un texte. Contrairement au touriste, il est réceptif à son altérité, prêt à recevoir toutes ses influences, à l'affût des clés pouvant lui ouvrir le *genius loci*. Face à l'espace nouveau qui s'ouvre à lui, et qu'il est donc loin de connaître intimement comme le

32 Cheskel Zwi Klötzel, *Indien im Schmelztiegel*, Leipzig, F. A. Brockhaus, 1930, p. 35 : « *Zu Fuss sieht, hört, fühlt, riecht man alles viel besser. Jedes Gefährt, und sei es selbst die langsam rollende Rikscha, verhindert den näheren Kontakt. Das wichtigste, Interessanteste, Schönste auf einer Reise kann man nur zu Fuss erreichen.* »

33 Hermann Hesse, « Über das Reisen », dans *Sämtliche Werke*, Volume 13, Frankfurt am Main, Suhrkamp, 2003, p. 35-36 : « *Man muß nicht alles sehen und kennen wollen. Wer zwei Berge und Täler der Schweizer Alpen gründlich durchstreift hat, kennt die Schweiz besser als wer mit einer Rundkarte in dersleben Zeit das ganze Land bereiste.* [...] *das fordert Liebe, Hingabe, Übung. Aber solche Mühen lohnen sich.* »

34 Otto Ehrenfried Ehlers, *An indischen Fürstenhöfen*, Berlin, Allgemeiner Verein für Deutsche Literatur, 1894, p. 122-123 : « [...] *daß die geringste Unachtsamkeit, daß ein Zoll vom Wege den Tod bedeutet.* »

flâneur parisien, le flâneur entre les cultures souhaite faire l'expérience directe et sensible de l'altérité culturelle, sans passer par des modèles de compréhension eurocentriques. Il cherche à ranimer, derrière le lieu visible, le coloris local du quotidien, à faire émerger la mémoire du lieu, le souvenir du passé à moitié enseveli. Le philosophe Hermann Keyserling vise à atteindre la profondeur des significations derrière la surface, le niveau où le Sens se déploie :

> L'homme doit s'élever au-dessus de l'instrument séculaire de sa connaissance ; il doit dépasser les limites biologiques dont l'expression abstraite et classique se trouve dans les « Critiques » de Kant ; [...] sa conscience, au lieu de se confiner à la surface, doit apprendre à refléter l'esprit de la profondeur qui est sa cause première. Ce développement vers le tout a commencé en Inde ; de là les prodiges accomplis par les hindous dans la connaissance de l'être et dans la science de la vie. À nous de continuer[35].

Comme le flâneur parisien tentait de lire l'immense mur d'affiches de Paris, le voyageur en Inde cherche à décoder les signes du texte indien, à découvrir des traces du passé et des significations cachées, à rendre visible l'invisible. Ceci explique sans doute l'attirance qu'exercent les ruines sur le flâneur entre les cultures, qui aime s'y promener sans but, en s'imprégnant de l'esprit des vieilles pierres. Un site comme Anuradhapura, à Ceylan, invite littéralement à la flânerie. Drinneberg qualifie même la cité antique de « Pompéi de Ceylan[36] » en référence à ce haut lieu de la flânerie littéraire[37].

Seule cette lenteur rend possible l'imprégnation des lieux, l'acclimatation, voire l'acculturation. Cette flânerie qui mène le voyageur au hasard de ses pas entre en résonance avec le mythe du voyageur libre de toute attache tel qu'il a été formulé dans le célèbre poème d'Arthur Rimbaud « Ma Bohème » – un mythe qui nourrit bien des membres de

35 Hermann Graf Keyserling, *Journal de Voyage d'un Philosophe*, Paris, Librairie Stock, 1928 (traduction française de Halzir Hella et Olivier Bournac), p. 312. *Das Reisetagebuch eines Philosophen*, Darmstadt, Reichl, 1919, p. 281 : « *Der Mensch muß sich erheben über sein sekuläres Erkenntnisinstrument; hinausgelangen über die biologischen Grenzen, deren klassischer abstrakter Ausdruck in Kants Kritiken enthalten ist;* [...] *sein Bewußtsein muß, anstatt an der Oberfläche zu haften, den Geist der Tiefe spiegeln lernen, der sein Seinsgrund ist. Diese Höherentwicklung hat in Indien begonnen; daher die Wunder seiner Seinserkenntnis und Lebensweisheit. An uns ist es, sie weiterzuführen.* »

36 Erwin Drinneberg, *op. cit.*, p. 23.

37 Voir par exemple *Pompéi. Le rêve sous les ruines*, Paris, Omnibus, 2002. Claude Aziza, *Pompéi – Sur les pas de Dumas, Gautier, Nerval, Jensen et quelques autres*, Paris, Pocket, 1995.

la Bohème littéraire et artistique du tournant du XXe siècle – de Bonsels à Dauthendey en passant par Hesse et Zweig. Il s'agit de découvrir, hors des conventions bourgeoises, le Sens profond du voyage, et par là-même de se découvrir soi-même. S'imprégner du lieu et de son atmosphère, flâner, prendre son temps, perdre son temps, se laisser aller au hasard, au moment présent, s'ouvrir aux choses banales, à l'infra-ordinaire – voilà qui permet de comprendre en profondeur ce qui fait la spécificité d'un paysage ou d'une ville étrangère, et finalement d'apprendre à les aimer[38].

Cette lenteur, cette vacance bienfaisante, sont propices à la création littéraire et artistique, car l'écriture viatique permet ce mouvement du dehors vers le dedans qui fait du voyage une exploration de soi et de son propre psychisme[39], qui lui donne sa véritable authenticité et en fait un acte libre, créatif, profondément individuel. C'est en ce sens que Keyserling, qui a développé une véritable philosophie du voyage, nous demande de lire son *Reisetagebuch* comme un roman. Afin que ce que je perçois dans le lointain ne soit pas qu'un kaléidoscope d'impressions fugitives, il me faut établir une relation profonde avec ce que je vois et ressens, tisser des liens dans une histoire, expérimenter, dans la polarité entre vie et écriture, le mouvement propice au voyage et le repos indispensable à l'écriture viatique.

Contrairement à la photographie qui est un cliché rapide, la peinture nécessite, comme l'écriture, temps et concentration. Elle joue un rôle important dans de nombreux récits de voyage en Inde. Pensons aux magnifiques aquarelles de Marie von Bunsen dans son ouvrage *Im fernen Osten*, lui-même placé dans un très beau « coffret-aquarelle » représentant le lac de Kandy. La couverture intérieure est également peinte et le livre, composé de doubles pages, contient plusieurs aquarelles de l'auteur qui marient les couleurs pastel avec sensualité et délicatesse. Marie von Bunsen précise que ces aquarelles (qui représentent le plus souvent des paysages) ont été peintes sur place, sur une impulsion du moment. Citons encore la magnifique couverture aux couleurs typiquement indiennes qui illustre le récit de Hanns Heinz Ewers, *Indien und ich...* et qui est

38 Hermann Hesse, « Über das Reisen », *op. cit.*, p. 32 : « *Wer in fremden Landschaften und Städten nicht lediglich dem Berühmten, Auffallendensten nachgeht, sondern Verlangen trägt, das Eigentliche, Tiefere zu verstehen und mit Liebe zu erfassen, in dessen Erinnerung werden meistens Zufälligkeiten, Kleinigkeiten einen besonderen Glanz haben.* »

39 *Cf.* Volker Zenk, *Innere Forschungsreisen. Literarischer Exotismus in Deutschland zu Beginn des 20. Jahrhunderts*, Oldenburg, Igel Verlag Literatur und Wissenschaft, 2003.

l'œuvre de sa femme, ou les peintures de Hans Sturzzenegger dans *Aus Indien* de Hermann Hesse.

Loin de la flânerie des aristocrates et des artistes bohèmes de l'époque coloniale, qui peut donner lieu à une « esthétique de la surface » éloignée des réalités sociopolitiques de l'Inde de leur temps, il est un autre type de résistance à la vitesse, une sorte de reportage sociocritique de type marxiste qui explore lentement des territoires moins exotiques, souvent cachés derrière la façade brillante réservée aux touristes ; ces enquêtes de terrain souvent plus sociologiques ou ethnographiques que littéraires et artistiques s'intéressent non pas à la scène et à ses couleurs chatoyantes, mais à l'obscène et à ses réalités peu reluisantes, à l'instar des habitants faméliques de l'Inde qui vivent misérablement dans des huttes de paria. En 1929, Bernhard Kellermann écrit par exemple :

> Le voyageur ordinaire voit les excellents chemins de fer, les hôtels, les routes merveilleuses sur lesquelles les voitures roulent à toute allure, les parcs bien entretenus, les musées et les bâtiments gouvernementaux modernes. Il aperçoit un État, ordonné, industrieux, avec un commerce florissant. Tout cela n'est cependant qu'une façade brillante derrière laquelle se cache l'Inde véritable, l'Inde appauvrie et humiliée[40].

Presque six décennies plus tard, l'écrivain allemand Günter Grass séjourne à Calcutta, en 1986, dans les bidonvilles ; face à la misère et la déchéance, il éprouve dégoût, effroi, honte, sentiment de l'absurde : « Pendant tout l'après-midi, je dessine des gens dans les ordures[41]. » Pour rendre ces images de la noirceur mondiale, il a besoin de « beaucoup d'encre noire » et passe des heures à dessiner et écrire dans son carnet de notes – éloge de la lenteur bien naturel de la part de l'auteur du *Journal d'un escargot*[42]. La fulgurance de ces dessins n'en a pas moins nécessité un lent processus de maturation.

40 Bernhard Kellermann, *Der Weg der Götter. Indien/Klein-Tibet/Siam*, Berlin, Samuel Fischer Verlag, 1929, p. 177 : « *Der gewöhnliche Reisende sieht die vorzüglichen Eisenbahnen, die Hotels, die wunderbaren Straßen, auf denen die Autos dahinbrausen, die gepflegten Parks, die Museen und die modernen Regierungsgebäude. Er erblickt einen Staat, geordnet, regsam und mit großem Handel. Das alles ist aber nichts als eine glänzende Fassade, hinter der sich das verarmte und gedemütigte, das wahre Indien verbirgt.* »

41 Günter Grass, *Tirer la langue*, trad. de Jean Amsler, Paris, Seuil, 1989. *Zunge zeigen. Ein Tagebuch in Zeichnungen* [1988], Darmstadt, Neuwied, Luchterhand, 1991, p. 51 : « *Den Nachmittag über zeichne ich Menschen im Müll.* »

42 Günter Grass, *Aus dem Tagebuch einer Schnecke. Roman*, Darmstadt, Neuwied, Luchterhand, 1972.

PAR-DELÀ LE MYTHE DU « VRAI VOYAGEUR » ET LA POLARITÉ VITESSE/LENTEUR
Le pèlerinage au centre de soi

Arrivé à ce stade de notre réflexion, il semble important d'éviter les oppositions binaires entre vitesse et lenteur, superficialité et profondeur[43], « mauvais » et « bon » voyageur, falsification et authenticité. Les deux termes en présence ne sont-ils pas finalement en permanence mêlés ? Le voyage n'est-il pas, comme l'existence elle-même, une activité tendue entre diverses polarités, entre lenteur et vitesse, entre centre et périphérie, entre nostalgie de la patrie, de l'origine, du repos, et soif d'étranger, d'inconnu, de mouvement ? D'après Hofmannsthal, la profondeur ne doit-elle pas être cachée à la surface[44] ? Et n'est-ce pas une contradiction en soi, une gageure, de pouvoir élire domicile dans le nombre, dans l'ondoyant, dans le fugitif et l'infini ? Pourtant le flâneur moderne est parvenu à connaître cette « immense jouissance » « d'être hors de chez soi, et pourtant [de] se sentir partout chez soi[45] ».

Dans ces conditions, il convient, comme l'ont fait certains anthropologues[46], de déconstruire le mythe du « vrai Voyageur » et de l'authenticité de son expérience en insistant sur le fait que les voyageurs ne sont pas des êtres unidimensionnels, mais des êtres complexes, capables de développer différentes stratégies pour accéder à une expérience authentique. Le touriste est-il vraiment l'idiot du voyage ? Et le « vrai Voyageur » est-il si différent du touriste ? Ne se mettrait-il pas plutôt en scène en recourant au mythe de l'explorateur, du poète possédé par l'aventure

43 Des théories esthétiques récentes montrent que surface et profondeur sont intimement liées. Voir Richard Shusterman, *Surface and Depth : Dialectics of Criticism and Culture*, Ithaca, Cornell University Press, 2002.

44 Hugo von Hofmannsthal, *Buch der Freunde*, *Gesammelte Werke in zehn Einzelbänden*, Band 10, *Reden und Aufsätze* III, Bibliographie, Frankfurt, Fischer 1986, p. 268 : « *Die Tiefe muß man verstecken. Wo? An der Oberfläche.* » Trad. fr. : « La profondeur doit se cacher. Où cela ? À la surface. »

45 Charles Baudelaire, « Le peintre de la vie moderne », dans *Œuvres complètes*, Paris, Robert Laffont, 1980, p. 790.

46 *Cf.* Jean-Didier Urbain, *L'Idiot du voyage. Histoires de touristes*, Paris, Payot, 1991. Vincent Coëffé, Philippe Violier, « Les lieux du tourisme : de quel(s) paradis parle-t-on ? », *Articulo – revue de sciences humaines* 4, 2008, en ligne : <http://articulo.revues.org/158>. [Consulté le 12/05/2015.]

du voyage, rongé par une passion à laquelle il ne saurait résister[47] ? Les « vrais Voyageurs » que sont Hesse ou Zweig ne sont-ils pas toujours déçus, insatiables ? La quête du sens profond du voyage n'est-elle pas souvent liée à une mise en scène de soi en tant que voyageur authentique, philosophe ou poète-voyageur sachant goûter la lenteur contrairement au voyageur grégaire – que l'on songe à Victor Segalen, Hermann Hesse[48] ou Max Dauthendey et à leur immense mépris pour les touristes. Le poète Dauthendey ne se vante d'ailleurs pas, dans sa longue épopée en vers *Die Geflügelte Erde* (1910), d'avoir fait appel aux services de l'agence Cook lors de son Tour du monde. Sachant que le touriste c'est toujours l'autre – comme l'ont montré les conclusions des travaux du groupe MIT (Mobilités, Itinéraires, Territoires[49]) – la solution ne serait-elle pas de prendre acte de l'identité de nature entre tourisme et Voyage[50] et de se rendre compte que la dualité entre vitesse et lenteur se résout ailleurs, sur un autre plan, dans une dimension qui permet de sortir du temps ?

Bien des récits témoignent du fait qu'en voyageant en Inde, on pénètre un autre espace et un autre temps. On voyage à l'intérieur de soi, dans des couches psychiques jusque-là inconnues. André Malraux est certain de s'être approché en Inde « du secret du monde » (*Antimémoires*) ; il retrouve dans ce pays, originels et immémoriaux, l'ordre et l'univers symboliques dont l'Occident moderne s'est coupé. Comment est-ce possible ? En laissant le voyage devenir pèlerinage, en comprenant que la problématique de la mobilité extrême se résout, paradoxalement, dans l'immobilité extrême, dans ce voyage intérieur qu'est la méditation : être relié à soi, au noyau immortel de son Être le plus profond, à cet *atman* que symbolise si bien, dans une géographie symbolique et

47 Notons qu'on est ici aux antipodes de la vision d'Henri Michaux : « Les poètes voyagent, mais l'aventure du voyage ne les possède pas. » Voir « Passages », dans *Œuvres complètes*, Paris, Gallimard, « Bibliothèque de la Pléiade », 2001, t. II, p. 307.

48 Voir par exemple Hermann Hesse, « Über das Reisen », *op. cit.*, p. 32 : « [...] *ich glaube es besser erlebt und mir herzlicher zu eigen gemacht zu haben, als viele fleißige Baedeketouristen.* »

49 Équipe MIT, *Tourisme 1. Lieux communs*, Paris, Belin, 2002 ; *Tourisme 2. Moments de lieux*, Paris, Belin, 2005.

50 Jean-Didier Urbain, *op. cit.*, p. 164-176 : « [...] ce qui se dessine ici, c'est la naissance d'un voyageur au regard multiple, qui utilise des moyens de communication divers dans leur vitesse et appréhende le monde selon différentes perspectives : celle de la marche, mais aussi celles de la diligence, du tortillard ou du train express. [...] Le touriste est tout autant un créateur qu'un consommateur d'espaces. [...] D'un réseau à l'autre, nomade autoroutier ou nomade des sentiers, le touriste, bien loin de ruiner le voyage, élabore à sa guise un jeu complexe d'espaces et de temps qui l'enrichit. »

sacrée, la ville éternelle de Bénarès, c'est pénétrer dans une région de l'âme où le temps est suspendu ; en s'immobilisant dans la méditation, on atteint, paradoxalement, l'expansion la plus grande ; en travaillant l'immobilité, la stabilité intérieure, on devient intensément présent à ce qui nous entoure, relié aux autres et à soi, et on ressent une joie immense – cette joie qui faisait dire à un célèbre yogi que l'on voulait inviter en Occident : « Pourquoi voulez-vous que je voyage puisque le monde est en moi ? ! »

Nombreux sont les voyageurs qui, dans ce « haut lieu » de l'Inde sacrée qu'est Bénarès, ont l'intuition de ce que peut être cette dimension qui échappe au temps. En arrivant dans la ville sainte de l'hindouisme, Max Dauthendey a l'impression de découvrir pour la première fois « l'Inde authentique [...]. La nostalgie, qui toujours voyage, resta prisonnière ici un moment, pieusement / Et respira l'esprit sublime du fleuve[51] ». Bernhard Kellermann décrit les rituels, les palais, le Gange, les chants des pèlerins : « Tout cela, semble-t-il, a toujours existé depuis la nuit des temps ! Ce fleuve, ces *ghats*, ces corps à la peau mate qui glissent de haut en bas. Et il en sera ainsi de toute éternité[52] ». Le temps semble pour ainsi dire suspendu. Et pour le voyageur qui adopte la perspective du fleuve, il devient clair que tout séjour terrestre est temporaire, fugace, illusoire, et que seule Kashi, la « lumineuse », existe réellement.

Mais pour en prendre conscience, pour percevoir vraiment la « ville de lumière », il est nécessaire de se libérer de l'identification au mental[53] et d'édifier grâce à la contemplation son propre temple intérieur[54]. Ceci implique de passer du voyage extérieur au voyage intérieur, d'une culture de l'avoir et du voir telle qu'elle a pu se développer dans un Occident matérialiste dominé par la raison technicienne, à une culture de l'Être et du sentir. Sentir la poussière sous ses pieds, le long du chemin qui

51 Max Dauthendey, *Die geflügelte Erde. Ein Lied der Liebe und der Wunder um sieben Meere*, München, Albert Langen, 1910, p. 148 : « *Nun, schien mir, war ich erst im echten Indien angekommen.* [...] *Sehnsucht, die immer reist, blieb einen Augenblick hier fromm gefangen / Und atmete den hehren Geist vom heiligen Strom.* »

52 Bernhard Kellermann, *op. cit.*, p. 157 : « *Das alles, scheint es, war immer und von Ewigkeit! Dieser Fluß, diese Ghats, diese braunen, auf und nieder gleitenden Körper. Und es wird immer und in alle Ewigkeit sein.* »

53 Voir Aurélie Choné, « Des mirages de Bénarès au miroir de Kâshî : comment les voyageurs de langue allemande ont-ils perçu la “Ville de lumière ? ” », dans Aurélie Choné, Catherine Repussard (éd.), *Recherches germaniques* : *Les mondes germaniques et les villes-mirages de la fin du* XIX*e siècle à nos jours*, hors-série n° 7, 2010, p. 7-26.

54 Henry Corbin, *Temple et contemplation*, Paris, Flammarion, 1981.

mène aux sources du Gange, comme l'a fait Lanza del Vasto lors de son célèbre pèlerinage en 1936, permet de se rapprocher de ce pays éternel et spirituel que sont les Indes mystiques, en se reliant à soi, au Soi, à l'axe du monde autour duquel tout tourne, au centre du mandala symbolique de notre être.

Le voyageur ne « cherche » plus, poussé par une soif insatiable, mais il « trouve ». Son voyage devient initiation : être initié, c'est apprendre à mourir – disait Platon : « L'initiation est maîtrise du Temps. Elle confère à la mort une fonction positive : celle de préparer la nouvelle naissance, purement spirituelle, l'accès à un mode d'être soustrait à l'action dévastatrice du temps[55]. » Le voyage en Inde passe alors par des dépouillements successifs qui – comme l'écrit Jean Biès – « sont autant d'apprentissages monastiques d'une désidentification, d'une insensible mort à soi-même. Tel est bien le sens de tout voyage initiatique auquel, plus que tout autre pays, l'Inde prête son ambiance et ses incidences[56] ».

> [...] qu'est-ce que voyager en Inde, sinon pratiquer l'introspection sous couvert de tourisme, et, en se promenant à travers le pays, se reconnaître dans son miroir, se retrouver, se réconcilier avec soi et les autres, redevenir unité ?... Je parlais tout à l'heure de carte ; il faut parler d'un mandala sur lequel méditer pour arriver au centre de soi. Contempler l'Inde, c'est se préparer à la contemplation de notre profondeur, rejoindre notre essence par-delà la bigarrure phénoménale. Celui qui parcourt le pays en compagnie du Fodor ne soupçonne pas qu'il tient le cicérone de sa propre identité sous le bras. Au long du dédale de tant d'itinéraires piqués de détails qui n'ont pas pour but de distraire l'initiable ou de brouiller ses pistes, même les cailloux du chemin – ces nœuds d'énergie solidifiée, ces astres de la terre – peuvent être des points de repère pour la lente approche de notre être[57].

« Faire la route » dans les années 1960, c'était aussi, en rejoignant l'Inde par voie terrestre, en plusieurs semaines, dans des conditions souvent difficiles, suivre un chemin initiatique. Bien des voyageurs vont suivre les traces de Ginsberg et Kerouac – les précurseurs du mouvement *hippie* – sur la *route* des Indes ou les chemins de Katmandou. Les années 1980 ont aussi eu leurs grands marcheurs, avec W. G. Sebald et Werner Herzog, l'auteur du documentaire *Jag Mandir* (1991). Cette tradition se poursuit jusqu'à aujourd'hui avec l'écrivain Ilija Trojanow,

55 Mircea Eliade, *Naissances mystiques*, Paris, Corti, p. 274.

56 Jean Biès, *Les Chemins de la ferveur*, Lyon, Terre du Ciel, 1995, p. 44.

57 *Ibid.*, p. 41.

le journaliste Helge Timmerberg et le reporter Wolfgang Büscher, qui tentent de ralentir leur vie trépidante vouée à la mobilité en revenant à la marche : Trojanow en entreprenant un *Ganga Yatra*, un pèlerinage le long du Gange[58], Timmerberg en se rendant à pied aux sources du Gange[59], à Gangotri, et Büscher en randonnant à travers le monde, notamment dans l'Himalaya[60]. Déracinés par leur mode de vie ultra-mobile, tous trois cherchent en Inde un ancrage, une patrie spirituelle, un antidote à leur nomadisme post-moderne. Ils y parviennent d'ailleurs parfois, lors de quelques moments épiphaniques, où le temps semble suspendu : Timmerberg aux sources du Gange, Büscher sous le ciel étoilé de l'océan Indien, Trojanow au détour d'une histoire sur la Déesse Ganga.

Mais leur voyage est-il pour autant initiatique ? Leur a-t-il permis de s'alléger, de se désidentifier du mental, de devenir des « pèlerins de l'Orient » et non plus des « vagabonds de l'Occident[61] » ? Il leur aura au moins donné la possibilité de se jouer, par moment, des vertiges de la vitesse en expérimentant différentes identités au sein d'une société marquée par l'accélération des rythmes dans tous les aspects de la vie – une vie devenue « liquide » selon le sociologue Zygmunt Bauman[62]. Comme le note le philosophe Alain de Benoist, la « modernité liquide » se caractérise par une fuite perpétuelle en avant, une course vers l'abîme : « elle consiste à aller de plus en plus vite vers nulle part, l'adoration du mouvement se substituant à toute réflexion sur les finalités ou les buts à atteindre[63] » et débouchant finalement sur l'immobilisation :

58 Ilija Trojanow, *An den Ufern des Ganges. Eine Reise entlang des Ganges*, München, Carl Hanser Verlag, 2003. (Traduction française de Dominique Venard : *Le long du Gange*, Paris, Buchet Chastel, 2011.)

59 *Helge Timmerberg, Shiva Moon* : *Eine Reise durch Indien*, Berlin, Rowohlt, 2006.

60 Wolfgang Büscher, *Asiatische Absencen*, Berlin, Rowohlt, 2010.

61 *Les Pèlerins de l'Orient et les vagabonds de l'Occident*, Paris, Berg international, « Cahiers de l'université Saint Jean de Jérusalem », 4, 1978.

62 Zygmunt Bauman, *Liquid Modernity*, Cambridge, Polity Press / Oxford, Blackwell 2000. (Traduction française de Christophe Rosson : *La Vie liquide*, Rodez, Le Rouergue, Paris, Chambon, 2006.) Zygmunt Baumann, *Life in Fragments. Essays in Postmodern Morality*, Cambridge, MA Basil Blackwell, 1995. (Traduction française de Christophe Rosson : *La Vie en miettes : expérience post-moderne et moralité*, Rodez, Le Rouergue, Paris, Chambon, 2003.)

63 Alain de Benoist, Entretien paru dans « Flash », 24 mars 2011. En ligne : <http://files.alaindebenoist.com/alaindebenoist/pdf/entretien_flash_vitesse.pdf>. [Consulté le 12/05/2015.]

> Car il y a des limites naturelles à la vitesse : limites physiologiques, limite du nombre d'heures de chaque journée. Paul Virilio parlait très justement d'« immobilité fulgurante » pour décrire ce paradoxe, bien dans l'esprit des travaux d'un Ivan Illich sur la contre-productivité. Exemple typique : les voitures peuvent aller de plus en plus vite, mais plus il y a d'automobiles et plus il y a d'embouteillages, si bien qu'en fin de compte on n'avance plus[64].

Cette image est au cœur d'un passage saisissant de *Shiva Moon* qui décrit Calcutta sous un autre angle, improbable ; l'immobilisation complète du trafic fait planer une atmosphère féérique, surréelle :

> Contrairement aux embouteillages que je connais des autres grandes villes, à Calcutta, tout le monde éteint tout de suite son moteur. Notre chauffeur aussi. Tout le monde. On n'entend plus que des voix d'hommes, des rires d'enfants, des sonnettes de vélo. Mais plus de machines. L'effet est surréaliste. [...] Calcutta révèle sa beauté dans ce sommeil de Belle-au-Bois-Dormant[65].

Alors qu'ici, l'immobilité est imposée de l'extérieur, par l'implosion d'un système qui atteint ses limites, elle semble venir de l'intérieur et être compatible avec la mobilité chez un autre écrivain-voyageur contemporain, français celui-là, Olivier Germain-Thomas. Guidé par Montaigne, lui aussi n'a que ses « pieds pour maîtres[66] ». Mais les voyages ont « chambardé [ses] raisons étroites », lui ont « donné à voir l'envers du sable et du ciel », l'ont conduit à « penser hors de toute trace », « dans le blanc », c'est-à-dire hors de toute image, à l'opposé du voyageur qui voyage à la suite d'images et pour en faire des images à poster sur Facebook. C'est dans le blanc que le voyageur peut s'ouvrir à l'autre, par exemple à une vieille mendiante qui s'accroche à lui : « Je retrouve dans son regard celui d'une aïeule aimée. Je lui caresse la joue. Son sourire est sale et sacré. Un seul fleuve, un seul flux, la vie... Et nous, des copeaux entre les récifs et les rêves[67]. » Ici, le voyage devient, comme chez Pierre Lartigue[68] ou Jean Biès, disponibilité. Qu'elle advienne dans

64 *Ibid.*

65 Helge Timmerberg, *op. cit.*, p. 203 : « *Im Gegensatz zu den Staus, die ich aus anderen Großstädten kenne, stellt in Kallutta jeder sofort seinen Motor aus. Unser Fahrer auch. Alle. Man hört nur noch Menschenstimmen, Kinderlachen, Fahrradklingeln. Aber keine Maschinen mehr. Der Effekt ist surrealistisch.* [...] *Kalkuttas Schönheit liegt im Dornröschenschlaf.* »

66 Olivier Germain-Thomas, *Le Bénarès-Kyôto : récit*, Paris, Gallimard, 2009, p. 27.

67 *Ibid.*, p. 34.

68 Pierre Lartigue, *L'Inde au pied nu*, Paris, La Bibliothèque, 2000.

la vitesse ou la lenteur, la profondeur ou la surface – cette « écologie de l'attention[69] » permet en tout cas d'échapper au vertige, à l'angoisse et à la nervosité provoqués par la vitesse, et d'approcher lentement du centre immobile de notre être en arrachant peu à peu tous les voiles qui nous en séparent.

Aurélie CHONÉ
Université de Strasbourg

69 Yves Citton, *Pour une écologie de l'attention*, Paris, Seuil, 2004.

VITESSE ET ALTÉRITÉ

L'angoisse du voyage impossible au XIXe siècle

Dans les récits de voyage romantiques, la locomotion a une grande importance ; les mésaventures de la voiture qui verse et du bateau qui risque le naufrage font le sel du récit. Avec les modes de transport traditionnels, la vitesse est du reste souvent un facteur comique, surtout quand le malheureux voyageur, sacrifiant aux usages locaux, doit emprunter d'improbables véhicules, comme Dumas qui fait l'expérience de la terrible télègue lors de son voyage en Russie :

> Représentez-vous une petite charrette basse, ayant la forme d'un bateau, à quatre roues, suspendue sur son essieu pour tout ressort, ornée de deux planches posées en travers et sur lesquelles on s'assied. Attelez à cette machine, qui doit être un ancien instrument de torture du temps d'Ivan le Terrible, trois chevaux courlandais bas, vigoureux, trapus, dont celui du milieu trotte, tandis que galopent ventre à terre, sans s'occuper des cris de ceux qu'ils emportent, ceux de côté ; supposez le tout conduit par un mougik finnois, qui n'entend aucune langue, pas même la langue russe, et qui, lorsqu'on lui crie : *Stoï*, croit qu'on lui crie *Pachol*, et vous aurez une idée de la trombe, du tourbillon, de l'orage, de la tempête, du tonnerre qui passe devant vous sous le nom de télègue, se rendant de Kouchelev à Ropcha, sur une route dont on a négligé d'enlever les pierres et oublié de combler les trous[1].

Ou du corricolo à Naples :

> Le corricolo est une espèce de tilbury primitivement destiné à contenir une personne et à être attelé d'un cheval ; on l'attelle de deux chevaux, et il charrie de douze à quinze personnes.
>
> Et qu'on ne croie pas que ce soit au pas, comme la charrette à bœufs des rois francs, ou au trot, comme le cabriolet de régie ; non, c'est au triple galop ; et le char de Pluton, qui enlevait Proserpine sur les bords de l'Himère, n'allait

1 Dumas, *En Russie*, Paris, Éditions François Bourin, 1989, p. 437.

> pas plus vite que le corricolo qui sillonne les quais de Naples en brûlant un pavé de laves, et en soulevant leur poussière de cendres[2].

La vitesse prête à sourire quand elle relève des mœurs locales et qu'elle entraîne des mésaventures fâcheuses. On ne s'étonnera donc pas que les deux écrivains qui décrivent avec le plus de verve ces impétueux véhicules soient ceux qui s'amusent volontiers et avec une certaine tendresse des déroutantes habitudes indigènes, Dumas et Gautier. Il ne s'agit pas seulement d'amuser le lecteur en quête de vignettes exotiques, mais de se livrer, comme Gautier admirant l'adresse des rameurs du Bosphore, à l'exercice qui permet de transformer l'expérience du voyage en précieux objet littéraire :

> [...] une barque lancée à toute vitesse faillit passer par-dessus la nôtre, et j'aurais été coulé assurément à fond ou coupé en deux si ses bateliers, d'une adresse incomparable, n'eussent brassé en arrière avec une vigueur surhumaine[3].

L'admiration de Gautier permet, comme souvent, de poétiser le monde sans le mettre à distance, parce que la victime de ces pittoresques usages les intègre avec bonne humeur à l'expérience d'un pays qui ne serait pas tout à fait connu sans les membres moulus des passagers de voitures inconfortables qui les font passer « à l'état de simple colis[4] », selon l'expression de Nerval, dont les débuts d'explorateur dans le *Voyage en Ori*ent sont aussi éprouvants que cocasses. L'étonnante façon qu'ont les conducteurs du Midi de faire galoper les mules en leur jetant des pierres[5], « la rêverie au grand air avec cinq chevaux qui galopent devant vous sur une belle route[6] », sont considérés avec bienveillance par des explorateurs qui ont le sentiment que la vitesse, justement parce qu'elle est facteur d'inconfort, fait intégralement partie du voyage.

Les choses changent quand les moyens de locomotion se modernisent à partir des années 1840 : ce que décrivent alors les récits est une vitesse

---

2 Dumas, *Le Corricolo*, Paris, Desjonquères, 2006, p. 17 (Introduction).

3 Gautier, *Constantinople*, édition de Sarga Moussa, Paris, La Boîte à Documents, 1990, p. 259.

4 Nerval, *Voyage en Orient*, édition de Jean Guillaume et Claude Pichois, Paris, Gallimard, « Folio », 1998, p. 46.

5 Stendhal, *Mémoires d'un touriste*, Paris, Maspéro, « La Découverte », 1981, t. II, p. 356.

6 Flaubert, *Voyage en Orient*, édition de Claudine Gothot-Mersch, Paris, Gallimard, « Folio », 2006, p. 62.

fatale à l'exotisme et au monde d'autrefois. Cette idée est obsédante chez Gautier, qui, de voyage en voyage, insiste sur la nécessité d'une expérience dont la réalité se fasse sentir dans la chair du visiteur. Dès le *Voyage en Espagne* (1843), il propose des réflexions visionnaires sur « le manque d'imprévu, l'absence d'aventures[7] » qui menacent l'explorateur pratiquant des moyens de locomotion trop commodes. L'intuition se confirme et s'intensifie avec l'arrivée du train et des bateaux à vapeur, qui déclenche chez l'auteur de *Constantinople* (1852) quelques notations déjà nostalgiques :

> Le Bosphore, de Seraï-Bournou à l'entrée de la mer Noire, est sillonné d'un va-et-vient perpétuel de bateaux à vapeur comparable au mouvement des *watermen* sur la Tamise ; les caïdjis, qui naguère régnaient en despotes sur ses eaux vertes et rapides, voient passer les pyroscaphes du même œil que les postillons, les locomotives des chemins de fer, et ils regardent l'invention de Fulton comme tout à fait diabolique[8].

C'est dans les articles de *Caprices et Zigzags* (1845 pour la première édition, 1852 pour la première édition complète), que la verve de Gautier se déploie avec le plus d'éclat contre le train qui solde tristement le voyage d'autrefois :

> Le tronçon de *railway*, qu'il s'agissait d'aller rejoindre à Arnheim, devait, le soir même, me conduire aux portes d'Amsterdam. Une voiture de poste me fit franchir l'espace intermédiaire d'un trot des plus modérés, qui me permit d'admirer en détail toutes les beautés du paysage. Les postillons hollandais sont éminemment flegmatiques ; leurs chevaux partagent cette disposition peu favorable à la vitesse, et semblent d'ailleurs découragés, comme les chevaux des autres pays, par l'invasion des chemins de fer ; ces pauvres quadrupèdes se reconnaissent tacitement vaincus par les locomotives, et se contentent de faire deux lieues à l'heure lorsqu'on est forcé de les employer[9].

Rien ne semble plus inutile qu'un voyage en train pour voir les lieux que l'on parcourt. On ne s'étonnera donc pas si la vitesse du train et celle des bateaux à vapeur se confondent assez vite dans l'imaginaire des voyageurs romantiques avec la bêtise bourgeoise qui ne voit rien des pays traversés, incapable de prendre le temps nécessaire pour saisir la

7 Gautier, *Voyage en Espagne*, édition de Patrick Berthier, Paris, Gallimard, « Folio », 1981, p. 320.

8 *Ibid.*, p. 395.

9 Gautier, *Un tour en Belgique*, dans *Caprices et zigzags*, Paris, Victor Lecou, 1852, p. 82.

vérité des sites. Et, comme souvent, le bourgeois imbécile n'est jamais mieux figuré que par l'Anglais dont la pratique du voyage s'apparente à un exploit sportif sans rapport avec le plaisir raffiné qu'y goûte l'artiste. Ainsi Nerval déplore-t-il que des « Anglais maniérés [...] se bornent à tourner la pointe du sérail, à parcourir la Corne d'Or et le Bosphore en bateau à vapeur, et [...] se disent : "J'ai vu tout ce qu'il est bon de voir[10]." » On ne saurait mieux dire combien la vitesse s'identifie à une facilité vulgaire qui tue un voyage que l'on doit mériter pour le faire exister. *Caprices et zigzags*, en particulier, reflète l'antimodernisme de Gautier[11], la mise en concurrence systématique du cheval et de la locomotive, et la mise en cause d'un « vertige de rapidité[12] », facteur de cécité faisant obstacle à la découverte d'un monde dont l'existence même est mise en péril par la fascination moderne pour la vitesse. Le titre du recueil dit éloquemment la préférence pour le détour, la promenade et la digression.

L'angoisse grandissante qui se manifeste ainsi chez plusieurs voyageurs romantiques des années 1840 et 1850 rejoint la traditionnelle satire de l'Anglais cherchant partout à être comme chez lui, image ridicule et détestable de celui qui refuse absolument d'autres formes de civilisation que la sienne, ce qui l'amène à inscrire son nom, celui de sa bonne amie ou de son commerce, sur les pyramides millénaires[13], ou, déjà chez Chateaubriand en 1806 à ouvrir à Misitra, sur le site supposé de Sparte, une auberge où l'on « mange du *roastbeef*, et l'on [...] boit du vin de Porto[14] ». Il n'est pas étonnant, dans ces conditions, que les infernales inventions de la modernité soient si souvent d'origine britannique, ce qui fait, dit Gautier, que « malgré leur prodigieuse civilisation matérielle, ils ne sont que des barbares vernis » à qui « l'art à proprement parler [...] fera toujours défaut[15] ». Du temps de Chateaubriand, ce ridicule était étranger au voyageur littéraire. Le danger vient de ce qu'il risque à présent de contaminer tous les déplacements, menaçant l'exotisme, pour mettre un terme peut-être à toute possibilité d'écrire

10 Nerval, *op. cit.*, p. 788.

11 Voir Françoise Court-Perez, « *Caprices et zigzags* de Gautier ou l'ivresse du mouvement », dans Fabienne Bercegol et Didier Philippot (éd.), *La Pensée du paradoxe : approches du romantisme. Hommage à Michel Crouzet*, Paris, PUPS, 2006, p. 217-236.

12 *Une journée à Londres* dans *Caprices et zigzags*, *op. cit.*, p. 143.

13 Flaubert, *op. cit.*, p. 95, et Nerval, *op. cit.*, p. 297.

14 Chateaubriand, *Itinéraire de Paris à Jérusalem*, édition de Jean-Claude Berchet, Paris, Gallimard, « Folio », 2005, p. 127.

15 *Une journée à Londres*, dans *op. cit.*, p. 129.

sur le voyage. La capacité à voir et à accueillir l'étrangeté est donc à mettre directement en rapport avec la production d'une œuvre, et le récit de voyage est là pour attester non seulement de l'expérience du voyageur, mais aussi, et surtout de la capacité de l'écrivain à s'inscrire corps et âme dans un lieu qui n'est pas son espace familier. De ce point de vue, et pour les voyageurs romantiques, c'est la littérature qui peut sauver le monde.

Si le regard porté sur les innovations dans les transports est souvent plein de réticence et de nostalgie, cela ne tient pas seulement à une disposition naturellement conservatrice des écrivains de la génération romantique, mais à ce que la vitesse rend le monde indistinct et donc illisible, à ce qu'ils tiennent à comprendre autant qu'à voir. La vitesse du train déforme et métamorphose les paysages, ce qui peut donner lieu à des effets poétiques bienvenus dont Verlaine et après lui Cendrars sauront rendre compte plus tard. Mais le problème devient sévère et même douloureux quand la vitesse ne se contente pas de transformer, mais qu'elle efface le monde, qu'elle interdit l'accès aux pays : escamotant le parcours en rendant caduc l'effort physique et moral que constitue un trajet aventureux et incertain, la vitesse menace l'expédition de disparition pure et simple parce que le voyageur n'est plus progressivement confronté à un ailleurs qui le met en présence de ses propres désirs et obsessions. Ce que Chateaubriand et ses successeurs cherchent dans le voyage, c'est en effet l'occasion d'une prise de conscience, la découverte de soi que permet la distance, loin des préoccupations habituelles. Si le voyage romantique se désigne si souvent comme « impression », c'est qu'il est le reflet d'une pensée intime avant d'être le compte-rendu d'un itinéraire. Comme un vulgaire touriste anglais, il ne reste au touriste trop vite arrivé que les admirations prévisibles et obligatoires devant sites et monuments. La vitesse rend bête.

Ce n'est donc pas un hasard si certains écrivains des années 1840 et 1850, parmi les plus grands, ont fait l'éloge de la lenteur ; au premier chef Hugo, qui dans *Le Rhin* (1842) ne manque jamais de célébrer la marche à pied, insistant sur le fait qu'il fit le trajet de Mayence à Cologne en un mois quand la plupart des voyageurs le font en quatorze heures[16].

16 Hugo, *Le Rhin, lettres à un ami*, Paris, François Bourin, « Le Voyage littéraire », 2011, p. 371.

Le chapitre où sont décrits les plaisirs de la déambulation est un des plus poétiques du livre, plein de formules superbes :

> Bien des fois, assis à l'ombre au bord d'une grande route, à côté d'une petite source vive d'où sortaient avec l'eau, la joie, la vie et la fraîcheur, sous un orme plein d'oiseaux, près d'un champ plein de faneuses, reposé, serein, heureux, doucement occupé de mille songes, j'ai regardé avec compassion passer devant moi, comme un tourbillon où roule la foudre, la chaise de poste, cette chose étincelante et rapide qui contient je ne quels voyageurs lents, lourds, ennuyés et assoupis : cet éclair qui emporte des tortues[17].

On notera comme chez Gautier, comme chez Dumas, que la vitesse est associée à des images apocalyptiques (« tourbillon », « foudre », « vertige », « orage », « tempête », « tonnerre ») qui mettent en rapport la vitesse et le bruit – ce dont aucun des infortunés usagers des trains à vapeur ne s'étonnera. La vitesse n'est pas seulement dangereuse parce qu'elle abolit les distances, mais aussi parce qu'elle détourne l'attention, qu'elle perturbe tous les sens et empêche de se concentrer sur ce qui compte. La rapidité est clairement l'apanage de ceux qui ne savent pas voyager, ne savent pas regarder les pays qu'ils traversent. Et la question de la vitesse est à peu près toujours liée aux conditions matérielles du voyage : le voyage lent, inconfortable et soumis aux aléas du chemin, où le corps du voyageur ne se laisse pas oublier, où il subit le froid, la faim, les cahots de routes pierreuses, est celui qui fait exister des lieux désormais menacés d'invisibilité. Loin de favoriser le voyage, la précipitation est assez communément dépeinte, chez les romantiques français, comme un obstacle à la découverte du réel.

Le rapport à la vélocité, ou plutôt à la lenteur, est donc un marqueur essentiel pour identifier à qui on a affaire en voyage – c'est-à-dire, on l'a compris, pour affirmer une fois encore la distinction entre l'artiste et le bourgeois. L'attitude devant la vitesse vous classe un homme ; celui qui se hâte est aveugle et sourd, esclave d'intérêts qui n'ont rien à voir avec les pays qu'il traverse. Pire encore, on peut le soupçonner d'aimer la vitesse pour elle-même sans s'intéresser aux lieux. Célébrer la promenade et la flânerie est donc essentiel :

> J'aime à dépendre un peu du hasard : l'exactitude numérotée des stations des chemins de fer, la précision des bateaux à vapeur arrivant à heure et à

17 *Ibid.*, p. 218.

> jour fixes, ne réjouissent guère un poète, ni un peintre, ni même un simple archéologue, ou collectionneur comme je suis[18].

Si les modes modernes de transport risquent de faire littéralement disparaître le monde, ils sont aussi un facteur de métamorphose du regard : découvrir les trésors de l'Antiquité depuis un bateau à vapeur permet par exemple de faire « de la géographie palpable, de saisir et de traverser en [...] peu de temps des lieux qui tiennent tant de place dans l'imagination et dans l'histoire[19] ». En plus des distorsions du paysage produites par la vitesse, celle-ci contribue à changer le regard porté sur le monde, parce qu'elle le défigure : comment se livrer tranquillement à la rêverie attendue sur les lieux quand, comme le remarque Dumas « on va bien du Pirée à Athènes en omnibus ; et l'on remonte bien l'Euphrate en bateau à vapeur[20] » : en offrant de nouveaux moyens de locomotion, la modernité ne se contente pas d'abolir l'espace et de mettre en danger la réalité du voyage, elle change physiquement l'aspect de sites mythiques dont le principe est d'être éternels et immuables ; elle met en péril le caractère de lieux qui existent dans l'imagination du voyageur bien avant d'être visités. Ce n'est pas seulement la philosophie du voyage qui est affectée par la vitesse moderne, c'est la beauté du monde. Comme le dit Gautier, tout ce que produit la civilisation est alors « malheureusement entaché de laideur, et trahit par là son origine compliquée et diabolique[21] ».

Une relation d'ordre esthétique s'établit ainsi naturellement entre voyage et vitesse, avec des rapprochements significatifs, comme « ces trois belles filles sur le pont de ce bateau à vapeur [qui] faisaient penser à la virginale triade des Grâces[22] », dont Gautier relève le type grec dans *Constantinople*, « modèles vivants de Praxitèle et Lysippe[23] ». Le scandale vient d'abord de ce que ces traces fantasmatiques de l'Antiquité se présentent dans un décor si peu propice au rêve. La rapidité n'est pas qu'une performance technique, elle ne se contente pas de changer le regard sur le monde, elle marque d'abord, pour certains romantiques, la victoire inévitable de la laideur bourgeoise, elle est au cœur de la plainte élégiaque sur l'époque.

---

18 Nerval, *op. cit.*, p. 52.

19 Gautier, *Constantinople*, *op. cit.*, p. 75.

20 Dumas, *Le Corricolo*, *op. cit.*, p. 475.

21 Gautier, *Voyage en Espagne*, *op. cit.*, p. 409.

22 Gautier, *Constantinople*, *op. cit.*, p. 374.

23 *Ibid.*

La vitesse représente donc une menace pour l'expérience heureuse du voyageur en lui interdisant de vivre les aventures qui valideraient l'expédition. Elle formate l'entreprise dont elle réduit à néant la finalité en détruisant la contingence qui la fait exister. Quand on va vite, rien n'arrive, les rencontres ne sont plus possibles et les découvertes obéissent sottement aux promesses des guides touristiques.

On peut du reste aller plus loin encore dans la déploration, parce que le plaisir du voyage n'est pas la seule victime potentielle du progrès, des prédictions bien plus sinistres sont formulées et des catastrophes bien plus grandes sont promises par certains des contempteurs de la vitesse : c'est le territoire connu, c'est l'existence même du monde ancien et de ses merveilles exotiques qui sont mis en danger par les nouvelles possibilités de déplacement, parce que l'humanité est menacée d'homogénéité. La possibilité d'une rencontre, cette motivation ultime du voyage, disparaîtra à son tour quand, tous pareils, parce que tous voisins, les hommes ne connaîtront plus l'altérité :

> Il deviendra impossible de distinguer un Russe d'un Espagnol, un Anglais d'un Chinois, un Français d'un Américain. L'on ne pourra plus même se reconnaître entre soi, car tout le monde sera pareil. Alors un immense ennui s'emparera de l'univers, et le suicide décimera la population du globe, car le principal mobile de la vie sera éteint : la curiosité[24].

… prédit Gautier dès le *Voyage en Espagne*. C'est donc la disparité du monde qui risque de disparaître, c'est-à-dire la raison d'être du voyage. Peut-être aussi celle de la littérature.

Il est intéressant à cet égard que Stendhal établisse une équivalence tranquille entre l'abolition des distances due à la vitesse moderne et celle des idées due à la démocratisation des journaux :

> Par suite des chemins de fer, des bateaux à vapeur, et surtout de la liberté de la presse qui donne de l'intérêt aux journaux, dans peu d'années il n'y aura plus de *Languedocien* en France, plus de *Provençal*, plus de *Gascon*[25] […].

Il n'y a guère de différence entre territoires et entendement, entre identité locale et distinctions intellectuelles : en mettant sur le même plan ce qui relève de la réflexion et de la géographie, le narrateur stendhalien

24 Gautier, *op. cit.*, p. 321.
25 Stendhal, *op. cit.*, t. I, p. 154.

met au jour une conception révélatrice du rapport à cette précipitation contemporaine qui, effaçant les différences entre les hommes, interdit la pensée, qui supprime l'originalité et la possibilité d'une existence individuelle et autonome. Stendhal salue certes l'avènement d'un monde plus libre et où tout est plus aisé, mais il relève que c'est au prix d'une perte irrémédiable. L'européanisation du monde, la disparition du *fandango* en Espagne, la généralisation de la redingote en Orient, sont déplorées dès cette première moitié du siècle, préambule à un discours qui nous est aujourd'hui familier, et que nous croyons à tort avoir inauguré.

Reste cet espoir exprimé par Gautier, espoir déçu nécessairement, et qui tient davantage de l'invocation que d'un optimiste sincère. Il sait bien, en plein milieu du XIXe siècle, alors que vieillit doucement la génération des grands romantiques français, qu'il fait partie des perdants de l'histoire :

> Changer n'est pas progresser, il s'en faut de beaucoup ; il n'est pas encore prouvé que les bateaux à vapeur l'emportent sur les vaisseaux à voile, et les chemins de fer, avec leur machine locomotive, sur les routes ordinaires et les voitures traînées par des chevaux ; et je crois qu'au bout du compte, on finira par en revenir aux anciennes méthodes qui sont toujours les meilleures[26].

Espoir exprimé avec une apparente conviction, mais que l'ensemble des amères observations de l'ouvrage vient contredire : certes, Gautier ne se fait guère d'illusions sur la marche inéluctable d'un progrès auquel le XIXe siècle donne, dès les années 1840, une forme impérieuse et tenace. Il ne faut pas cependant négliger la fascination que cette introduction de la vitesse provoque, même chez ses détracteurs les plus acharnés : bien avant Zola, le même Gautier décrit admirablement cet « animal de fer, de cuivre et d'acier, qui boit de l'eau bouillante et mange du feu, a des roues au lieu de jambes, et ne peut marcher que sur des tringles. Cette bête monstrueuse, qui grogne, qui glapit, éructe et produit toute sorte de bruits singuliers, traîne des fardeaux énormes plus vite que le vent[27] !... »

La puissance de destruction de la machine n'échappe ni a la charge sévère de celui qui reconnaît joliment être « en délicatesse à l'endroit du chemin de fer[28] », ni à la tentation toujours présente chez lui de

26 *Un tour en Belgique*, dans *ibid.*, p. 62.

27 *Pochades, zigzags et paradoxes*, dans *ibid.*, p. 141-142.

28 *Un tour en Belgique* dans *ibid.*, p. 57.

faire de la littérature avec ce qu'il juge le plus rebutant. Avec l'arrivée de la vapeur sur l'eau, puis du train, la question de la vitesse devient progressivement un *topos* des récits de voyage, et s'intègre naturellement à l'exercice littéraire dont la difficulté essentielle est de faire du neuf avec du déjà connu et du déjà lu.

En devenant l'occasion alarmante et même douloureuse de l'altération du monde ancien, le motif de la vitesse inspire une nouvelle forme d'élégie, très féconde, entre rejet et éblouissement ; ainsi se réinvente une fois encore la forme de la relation de voyage. Si l'on est bien avisé de se méfier de la vitesse à cette époque, on ne perd pas pour autant l'occasion d'en faire un motif fort prometteur pour la suite – l'histoire de la littérature de la seconde moitié du siècle en est témoin.

Nathalie SOLOMON
Université de Perpignan –
Via Domitia

LES VERTIGES DE LA VITESSE À TRAVERS L'EXPÉRIENCE DU RAIL

dans quelques pages de littératures entre les XIXe et XXe siècles

Le mot « vertige », selon la définition qu'en donne *Le Petit Robert*, concerne l'impression que l'on a lorsque les objets qui nous entourent sont animés par un mouvement, voire par une oscillation qui les déstabilise. Cela est évident, à l'époque moderne, à partir de l'invention du chemin de fer.

Pendant des siècles, les hommes ont vécu une existence sédentaire. La machine à vapeur a tout révolutionné. Elle a donné une nouvelle perception aux espaces traversés ; elle a permis aux hommes d'atteindre des endroits très éloignés de plus en plus rapidement : une vitesse qui s'est accrue au fur et à mesure que la technologie s'est améliorée, que l'espace s'est rétréci. Marc Desportes parle d'un « aménagement du territoire [qui] répond aux besoins nouveaux induits par l'industrialisation[1] », donc à l'augmentation de la vitesse ; Christophe Studény suggère l'idée d'un éclatement de l'espace, correspondant à un éparpillement des lieux, et il ajoute : « Sous la pression de la vapeur, l'espace se fragmente, l'horizon se disloque, le territoire éclate en pièces[2]. » Et c'est justement face à cet éclatement de l'espace que les hommes craignent l'arrivée de la nouveauté, des apports de la technologie qui transforme le monde.

L'accélération progressive du mouvement des convois suscite au sein de l'opinion publique des opinions contrastantes, dont la littérature est la caisse de résonance. À un enthousiasme assez naïf du début de l'ère du rail succède un sentiment de crainte face au mouvement de la machine que l'homme n'arrive pas à maîtriser. En France, en 1832, Gérard de Nerval écrivait :

1 Marc Desportes, *De l'espace au territoire*, Paris, Presses de l'École des Ponts et Chaussées, 1997, p. 71.

2 Christophe Studény, *L'Invention de la vitesse*, Paris, Gallimard, 1995, p. 242.

> Voici ce que je vis : – Les arbres sur ma route
> Fuyaient mêlés, ainsi qu'une armée en déroute ;
> Et sous moi, comme ému par les vents soulevés
> Le sol roulait des flots de glèbe et de pavés !
> [...]
> Et les monts enivrés chancelaient : la rivière
> Comme un serpent boa, sur la vallée entière
> Étendu, s'élançait pour les entortiller...
> J'étais en poste, moi, venant de m'éveiller[3].

Les images de l'« armée en déroute », des « monts enivrés » et de la rivière comparée à un serpent boa, anticipent de quelques années celles employées par Théophile Gautier et Victor Hugo. En 1837, le premier écrit :

> Les arbres fuyaient à droite et à gauche comme une armée en déroute ; les clochers disparaissaient et s'envolaient à l'horizon, la terre grise, tigrée de taches blanches, avait l'air d'une immense queue de pintade ; les étoiles de la marguerite, les fleurs d'or du colza perdaient leurs formes et hachaient de zébrures diffuses le fond sombre du paysage ; les nuages et les vents semblaient haleter pour nous à l'horizon[4].

La même année, nous lisons chez Hugo :

> La rapidité est inouïe. Les fleurs du bord du chemin ne sont plus des fleurs, ce sont des taches ou plutôt des raies rouges et blanches ; plus de points, tout devient raie ; les blés sont de grandes chevelures jaunes, les luzernes sont de grandes chevelures vertes ; les villes, les clochers et les arbres dansent et se mêlent follement à l'horizon[5].

Si l'on compare le passage de Gautier avec celui d'Hugo, on trouvera de remarquables différences de perspective, car chez le premier le paysage est soumis à la vitesse brutale du train, tandis que chez le second, c'est grâce au mouvement du chemin de fer que les objets changent de forme et d'apparence aux yeux du passager[6].

---

3 Gérard de Nerval, « Le Réveil en voiture », *Odelettes*, dans *Œuvres*, éd. Claude Pichois, Paris, Gallimard, « Bibliothèque de la Pléiade », 1993, p. 337, v. 1-12.

4 Théophile Gautier, « Le Chemin de fer », *Fusains et Eaux-Fortes*, Paris, Charpentier, 1880, p. 195.

5 Victor Hugo, *Voyage en Belgique* [1837], dans *Voyages*, Paris, Hachette, 1950, p. 32.

6 Quelques années après, un autre voyage en Belgique, celui de l'espagnol Mesonero Romanos, suscite la surprise de cet écrivain face à la façon dont la fantaisie arrive à remplacer la vue : « La rapidité de la marche est calculée à dix lieues par heure et parfois plus ; je me souviens d'avoir fait en une heure et deux minutes la traversée de Burgos à Gaute,

Quelques décennies s'écoulent avant qu'un écrivain, quasiment inconnu, Benjamin Gastineau, ne publie *La Vie en chemin de fer* (1861), un petit essai dans lequel il présente les sensations que l'on ressent tout au long d'un voyage en train. Les visions et les images juste aperçues au cours du trajet sont pour Gastineau une source ludique. En jouant avec les effets vertigineux de vitesse déformant les objets et les silhouettes des hommes et des bêtes, l'intérêt de cet écrivain va jusque dans la tentative de saisir des scènes au passage :

> Si rapidement que le convoi du chemin de fer traverse villages et villes, le voyageur saisit cependant les scènes des intérieurs ; [...] Il voit derrière les rideaux transparents des croisées éclairées les ombres chinoises des habitants se livrer à tous les ébats du ménage. Ces deux ombres qui s'embrassent ce sont de nouveaux époux assurément. À une autre croisée, trois ombres se livrent à un combat acharné : c'est un vieux barbon qui vient de surprendre sa Vénus et joue du poignard contre elle et Roméo ; plus loin, une canne frappe l'importance de blanches épaules[7] [...].

Gastineau se livre à de longues rêveries, à une imagination sans fin, qui se déchaînent tout au long de la description :

> La nature entière devient un théâtre féerique, mouvementé, sur lequel viennent poser et défiler les divinités fabuleuses, les héros, les monstres, les batailles, les famines, les triomphes, les grands spectacles de l'histoire. Beautés et laideurs des civilisations mortes ou en train de mourir, courtisanes et saintes, héroïsmes et bassesses sortent de leur suaire pour demander une approbation, une larme ou un sourire au voyageur spectateur du wagon[8].

Et encore, et de manière plus explicite :

> Avant la création du chemin de fer, la nature ne palpitait plus ; c'était une Belle-au-bois-dormant, une froide statue, un végétal, un polype ; les cieux mêmes paraissaient immuables. Le chemin de fer a tout animé, tout mobilisé. Le ciel est devenu un infini agissant, la nature une beauté en action[9].

---

qui est de douze lieues. Et cependant, le confort est si extrême, que dès qu'on aperçoit le mouvement et seulement lorsqu'on est dans la partie découverte, le vent parfois peut un peu gêner, lorsqu'on est en face de la rapidité avec laquelle les objets les plus proches disparaissent de la vue ; et il est donc mieux de la fixer au loin, ou pour mieux dire de ne la fixer en aucun lieu. » (Ramón Mesonero Romanos, *Recuerdos de un viaje por Francia y Bélgica en 1840-1841* [1841] ; nous traduisons.)

7 Benjamin Gastineau, *La Vie en chemin de fer*, Paris, Dentu, 1861, p. 63.

8 *Ibid.*, p. 56-57.

9 *Ibid.*, p. 50-51.

C'est la force violente, la pulsion vitale et le vertige qui animent la nature, une animation éclatante et enthousiaste. En effet : « Le chemin de fer prête les charmes du mouvement et de l'émotion au paysage qu'il voile ou dévoile, qu'il fait rire ou pleurer, qu'il estompe[10]. » Bien avant la naissance du cinéma et des avant-gardes du XXe siècle, Gastineau se plait à imaginer la création de nouvelles formes et de nouvelles silhouettes ressortant de l'accélération progressive, donc de la vitesse vertigineuse atteinte par le rail. Cela relève du domaine de l'illusion et, après Gastineau, ce sera à Jules Clarétie d'imaginer pouvoir saisir tout un paysage en un seul regard, pendant que la vitesse du convoi ne cesse d'augmenter[11].

Cependant, au fur et à mesure que le temps passe, l'entassement des images défilant à des vitesses de plus en plus vertigineuses de la fenêtre d'un convoi, cause dans l'âme du voyageur des sentiments de trouble et d'inquiétude indomptables. Dans un roman de la fin du XIXe siècle, un auteur italien méconnu, Achille Bizzoni, décrit le trajet en train d'un nouveau député voyageant de la Lombardie jusqu'à Rome. Les troubles dont le personnage est victime se répercutent dans la description rapide du paysage :

> Pensif, il continua à regarder par la glace embuée la fuite vertigineuse des champs qui au passage rapide du train semblaient précipiter dans un abîme invisible. Les mûriers nains, les chênes, les gigantesques peupliers dépouillés de leur feuillage, des géants fuyants aux bras levés au ciel, dans l'acte de maudire, défilaient devant lui, tels des fantômes, incroyablement vite. Un cortège indéfini, côtoyé par une rangée interminable de piliers télégraphiques, se suivant [...] sans trêve[12].

En France, dans la nouvelle *La Peur* (1884) de Guy de Maupassant, l'accélération vertigineuse de la vitesse du rail augmente les angoisses

10 *Ibid.*, p. 51.

11 « En quelques heures, il vous présente toute une France, sous vos yeux se déroule la totalité du panorama, une succession rapide d'images charmantes et de surprises toujours nouvelles. Il vous montre purement et simplement l'essentiel d'une région, en vérité c'est un artiste dans le style des anciens maîtres. N'exigez de lui aucun détail, mais seulement le tout où est la vie. Enfin, après qu'il vous a ravi par la fugue du coloriste, il s'arrête et vous libère à votre but. » (Jules Clarétie, *Voyages d'un Parisien*, Paris, Faure, 1865, p. 4. Texte cité par Wolfgang Schivelbusch, dans *Histoire des voyages en train*, Paris, Le Promeneur, 1990, p. 66-67.)

12 Achille Bizzoni, *L'Onorevole*, Milan, Sonzogno, 1895, p. 16. (Nous traduisons.)

du voyageur, plus particulièrement la nuit, qui n'est pas forcément une nuit réelle, mais plutôt symbolique :

> Ce fut tout à coup comme une apparition fantastique. [...] Nous vîmes cela pendant une seconde : [...] deux misérables en haillons, rouges dans la lueur éclatante du foyer, avec leurs faces barbues tournées vers nous, et autour d'eux, comme un décor de drame, les arbres verts, d'un vert clair et luisant, les troncs frappés par le vif reflet de la flamme, le feuillage traversé, pénétré, mouillé par la lumière qui coulait dedans. Puis tout redevint noir de nouveau[13].

Dominé par la crainte du voyage, le passager se construit une imagerie correspondant à ses inquiétudes les plus profondes. L'individu a l'impression d'être suspendu et instable : la terre lui manque sous les pieds, il a progressivement la sensation d'être vulnérable et en danger. C'est alors que les vertiges de la vitesse s'emparent de lui : le voyageur, incapable d'apercevoir le paysage qui défile au dehors de lui a plutôt tendance à se tourner vers son intériorité.

Ces sensations s'étalent bien au-delà du territoire français, parallèlement à la diffusion du chemin de fer en Europe. En Sicile, les accélérations de la vitesse se répercutent dans l'âme de Donna Mimma qui se trouve seule dans le wagon de chemin de fer :

> Jésus, le chemin de fer ! Des montagnes, des plaines qui bougeaient, tournaient, prenaient la fuite avec les arbres, les maisons éparses, les villages au loin ; et de moment en moment l'effet de choc brutal d'un poteau télégraphique ; coups de sifflet et secousses ; la frayeur des ponts et des tunnels se succédant sans interruption ; éblouissements et ténèbres, courants[14].

Mimma regarde le paysage. Sa crainte fait jaillir des perceptions dramatiques qui témoignent de son état d'âme, l'amenant au-delà du voyage en train, sur le chemin tortueux de ses inquiétudes. L'incapacité à regarder hors de soi constitue une forme d'aveuglement non seulement de la vue, mais de tous les sens et liée aux blocages et aux inhibitions de la voyageuse. C'est l'incapacité à savoir gérer les vertiges de la vitesse qui jettent la protagoniste dans l'impossibilité de regarder un paysage réel.

---

13 *Ibid.*

14 Luigi Pirandello, « Donna Mimma », *Donna Mimma*, dans *Nouvelles complètes*, Paris, Gallimard, « Quarto », 2000, p. 1124.

Dans une autre nouvelle de Pirandello, on a l'impression que les « se » manifestent de la vitesse, lors de la redécouverte des lieux de son passé :

> Une fois la gare de Carroceto passée, il commença à sentir la proximité de la mer et son âme se gonfla, joyeuse et trépidante, dans la vive attente de cette immensité bleue et palpitante qui d'un moment à l'autre allait s'étaler à ses yeux. Ah ! sa mer ! [...] quel désir aigu, intense, ardent de la revoir. La voilà, la voilà ! Et le professeur Corvara Amidei se dressa, tremblant d'émotion, se pencha à la portière et but avec une telle anxiété et une telle volupté la brise marine qu'un vertige le saisit et qu'il retomba sur la banquette, la tête entre ses mains[15].

Dans ce texte, à l'impossibilité d'observer hors de soi s'ajoute l'impossibilité de parler. C'est le vertige qui, atténuant l'émotion, empêche le professeur Corvara Amidei de jouir des visions de son enfance. Pirandello emploie des expressions significatives pour illustrer la situation mentale du professeur : « son âme se gonfla, joyeuse et trépidante » (« toute son âme », en italien). La gaieté coexiste alors avec la trépidation, dans un mouvement convulsif qui enveloppe l'âme du passager. La situation d'anxiété mélangée à l'émotion très forte causée par l'attente trépidante est exaspérée par le « désir aigu, intense, ardent de la revoir », « sa mer ». Ensuite, le personnage « se dressa, tremblant d'émotion ». Et le professeur « se pencha », « but avec une telle anxiété et une telle volupté », « un vertige le saisit », « il retomba sur la banquette, la tête entre ses mains ». Nous sommes là face à un « *crescendo* » : face à un mouvement continu qui se déroule, sans cesse, à partir de la sensibilité du personnage (« l'émotion »), jusqu'aux mouvements du corps qui se terminent avec la retombée sur le siège et l'impossibilité de voir la mer au-delà de la fenêtre. C'est bien l'incapacité de contrôler le « vertige » qui provoque le mouvement instinctif des mains sur le visage menant le personnage à un aveuglement momentané, et démontrant ainsi l'impossibilité pour le professeur de maîtriser son émotion.

Les effets des vertiges de la vitesse, au début du XXe siècle, constituent une entité au double visage : ils se répercutent d'une part sur l'esprit du voyageur et le tournent vers ses propres émotions et parfois vers le lieu de ses origines ; d'autre part, ils concernent la poussée d'une force

15 *Id.*, « Bon, ça va » [1905], *En silence*, dans *ibid.*, p. 770.

indomptable donnant aux hommes l'illusion de pouvoir franchir, grâce au chemin de fer, des distances infinies dans des temps inouïs.

Ces deux manifestations coexistent dans un moment magique de l'histoire (de 1909 à 1913), où l'illusion de tout transformer se propage au sein de la société, mais sur un terrain trop friable préconisant déjà la fin des illusions et la chute dans l'hécatombe de mort et de destruction du premier conflit mondial.

Tommaso MELDOLESI
Université Paris 3 –
Sorbonne Nouvelle

HISTORICISER LA VITESSE

L'exemple de l'automobilisme

En 1919, l'historien Georges D'Avenel affirme, dès la préface, que : « Nous allons plus vite, plus loin, à moins de frais et plus aisément que nos pères[1]. » Par un effet de symétrie hasardeux, moins d'un siècle plus tard, en 2009, Yves Cochet retourne ce postulat en arguant que : « Nous irons demain moins vite, moins souvent, moins loin et pour plus cher[2]. »

Ainsi, en moins d'un siècle, le paradigme de la vitesse s'est inversé au sein des sociétés occidentales. Cette rupture, relativement récente, n'a été que peu étudiée par les chercheurs puisque « [m]algré une réflexion bientôt trois fois millénaire, nous ne savons toujours pas ce qu'est la vitesse[3] ». Pourtant, la vitesse est partout présente dans notre société, et cela, depuis plusieurs décennies : elle est présente dans nos sensibilités, avec un nouveau rapport au temps[4], la bureautique, l'informatique et les médias, qu'il s'agisse de la littérature, de la radio, de la presse, du téléphone, du minitel, du cinéma, de la télévision ou encore de la musique[5]. Ce bref recensement fait apparaître que sous ce mot se cachent de multiples acceptions.

Phénomène historique et géographique, dans quelle mesure la vitesse peut-elle être appréhendée par les chercheurs ? Tout d'abord, un bref retour en arrière est présenté afin de montrer comment nos

---

1 Georges D'Avenel, *L'Évolution des moyens de transport : voyageurs – lettres – marchandises*, Paris, Flammarion, 1919, p. 1.

2 Yves Cochet, *Antimanuel d'écologie*, Rosny-sous-Bois, Éd. Bréal, 2009, p. 270.

3 *La Vitesse*, Paris, Flammarion, 1991, p. 112.

4 Nicole Aubert, *Le Culte de l'urgence : la société malade du temps*, Paris, Flammarion, 2003.

5 Alfred Willener, *À la lumière de la vitesse : essai sur l'accélération du quotidien*, Lausanne, Éditions Payot, 1990 ; *La Vitesse : actes des 8e entretiens de la Villette*, Paris, CNDP, 1997 ; Christophe Tison, *L'Ère du vite*, Paris, A. Balland, 1989.

prédécesseurs ont traité la vitesse. Puis, nous proposons une nouvelle définition de la vitesse qui s'appuie sur l'état de l'art précédemment évoqué et les résultats d'une thèse récemment défendue[6].

À LA RECHERCHE DE LA VITESSE
État de l'art

ENTRE CHIFFRES ET REPRÉSENTATION

La vitesse a été analysée par diverses disciplines et sous différents angles ; cet état de fait témoigne à la fois de la richesse qui se cache derrière ce terme et de sa complexité pour faire dialoguer les chercheurs entre eux. Plutôt que de proposer l'analyse chronologique qui sied aux historiens afin de montrer le processus d'évolution, nous souhaitons mettre en avant la manière dont la vitesse a été appréhendée par les scientifiques au sein de la littérature grise.

Une première approche, une des plus évidentes, est le rapport aux sports et à l'histoire des records. Nous sommes ici dans un combat réel et bien concret contre le temps pour abattre les murailles de l'espace[7]. C'est ce que nous pourrions appeler la célérité, soit une vitesse quantitative, et une vitesse qui s'exprime principalement par le chiffre – chiffre qu'il faut soit dépasser, soit réduire dépendamment du record établi. Peter Gosling, qui se focalise sur la période allant du XVIIIe siècle à nos jours en cataloguant les records de vitesse sur la route, puis sur l'eau, ensuite les débuts de la vitesse aérienne, l'âge de la vitesse aérienne sonique et supersonique et la vitesse dans l'espace, ne manque pas de souligner les prouesses techniques et technologiques mises au point au fur et à mesure de l'évolution de la civilisation humaine[8]. Pour autant,

6 Étienne Faugier, « L'économie de la vitesse : les enjeux de l'automobilisme dans le département du Rhône et la région de Québec, 1919-1961 », thèse d'histoire contemporaine en cotutelle, Québec/Lyon, Université Laval / Université Lumière Lyon 2, 2013.

7 Ce combat est très bien illustré dans la bande dessinée d'Hergé, *Le Testament de M. Pump*, Bruxelles, Casterman, 1951 : un milliardaire excentrique épris de vitesse meurt dans un accident de voiture et couche sur son testament un prix de 10 millions de dollars récompensant le voyage Paris-New York sans escale à 1 000 km/h en moyenne.

8 Peter Gosling, *The Quest for Speed*, London, Simples Guides, Kuperard, 2010.

Jean-Phillipe Domecq et Alain Fleisher font remarquer que la vitesse issue du monde sportif ne se réduisait pas qu'à cela. En effet, le premier révèle qu'au sein de la Formule 1, haut lieu de la célérité en majesté, la vitesse mobilise des individus et des valeurs morales – le *fair-play*, l'égoïsme ou l'ultra-individualisme – que l'on retrouve au sein même de la société contemporaine[9]. Le second montre quant à lui qu'il ne faut pas se laisser abuser par les chiffres vertigineux de la vitesse, car ces derniers reposent sur un système de données immuables. Il semblerait qu'à terme les records relatifs à la course à pied par exemple ne pourraient plus être battus du fait des limites liées à la condition humaine et qu'ensuite s'il y a des vitesses maximales, difficilement franchissables, il y a aussi des vitesses minimales qui sont impératives pour enclencher un certain mouvement[10]. Étudier les objets en mouvement qui participent ou accroissent la rapidité du mouvement et du déplacement est une manière d'aborder la vitesse. Un autre biais est d'analyser les représentations de la vitesse, soit la manière dont cette dernière a été perçue par les individus.

Cette approche véritablement culturelle est privilégiée au sein de différentes disciplines comme l'histoire et la littérature – on trouve d'ailleurs dans le *Dictionnaire d'histoire culturelle* une entrée pour le concept de vitesse[11]. L'appropriation de la vitesse, considérée comme un phénomène fascinant[12] par de nombreux artistes, a conduit plusieurs chercheurs, tels que Jacques Nathan[13], à analyser les rapports entre vitesse et culture. Dans cette lignée, Claude Pichois étudie dans quelle mesure la métamorphose du paysage par la vitesse a un impact sur la littérature, soit la manière dont les auteurs réussissent à retranscrire le caractère de la vitesse à travers leur style d'écriture[14]. Cette approche est confortée

9 Jean-Philippe Domecq, *Ce que nous dit la vitesse*, Paris, Pocket, 2000.

10 Alain Fleisher (éd.), *Vitesses limites*, Paris, Seuil, « Le genre humain », 49, 2010.

11 Vincent Guigueno, « Vitesse » dans Christian Delporte, Jean-Yves Mollier, Jean-François Sirinelli (éd.), *Dictionnaire d'histoire culturelle de la France contemporaine*, Paris, PUF, 2010, p. 849-851.

12 Voir Filippo T. Marinetti, « Manifeste du Futurisme », *Le Figaro*, 20 février 1909, qui fait de la vitesse un art ; Charles Frontisi, « Mouvement, vitesse, dynamisme. L'espace-temps futuriste », *Images re-vues*, hors série 1, 2008, p. 1-17.

13 Jacques Nathan, *La Littérature du métal, de la vitesse et du chèque de 1880 à 1930*, Paris, Didier, 1971.

14 Claude Pichois, *Littérature et progrès : vitesse et vision du monde*, Neuchâtel, Éditions de la Baconnière, 1973.

par l'étude des relations qu'entretiennent la vitesse et l'art – pictural, romanesque, iconographique, chorégraphique[15] – et la publication de catalogues d'exposition sur le même thème[16].

Proches de littéraires, les travaux d'histoire culturelle dirigés par Stephen Kern et Kristin Ross présentent : pour l'un les manières dont est traitée la vitesse à travers les littératures et l'évolution des discours traitant des moyens techniques tels que le vélo, l'automobile, le télégraphe, les escaliers roulants, le cinéma, l'art et la musique et ses effets néfastes sur l'humain[17] et pour l'autre, les liens entre vitesse, automobile et modernité à travers diverses œuvres cinématographiques françaises qui font de la voiture un moyen d'expression de la vitesse et de progrès social[18]. Plus récemment, Enda Duffy explicite les liens entre vitesse et modernité tout en soulignant que la vitesse est politique, c'est-à-dire qu'elle requiert une organisation et des règles pour s'exprimer[19]. Enfin, Jérôme Lèbre définit les différentes acceptions de la vitesse dans la société pour finalement montrer, à travers divers textes philosophiques de Rousseau, d'Hegel ou encore de Derrida, que celle-ci est profondément enracinée dans l'histoire[20]. Ces différentes recherches témoignent de la richesse du concept de vitesse qui s'exprime au travers des arts.

La vitesse possède et produit une culture, c'est une certitude. Toutefois, peut-être faudrait-il parler de vitesse au pluriel, car il existe différentes vitesses qui parfois entrent en concurrence, d'autres fois se complètent ou encore se surajoutent.

15 « La vitesse », *Corps Écrit*, n° 24, Paris, PUF, 1987.

16 *La Vitesse*, Paris, Flammarion, 1991 ; Jeremy Millar & Michael Schwarz (éd.), *Speed : Visions of an Accelerated Age*, London, Photographers Gallery, 1998 ; Jeffrey T. Schnapp (éd.), *Speed Limits*, Milan, Skira ; Miami Beach, Wolfsonian-Florida International University ; Montréal, Canadian Centre for Architecture, 2009.

17 Stephen Kern, *The Culture of Time and Space 1880-1918*, Cambridge, Harvard University Press, 2001, p. 109-131.

18 Kristin Ross, *Rouler plus vite, laver plus blanc : la culture française au tournant des années soixante*, Paris, Abbeville, 1997.

19 Enda Duffy, *The Speed-Handbook : Velocity, Pleasure, Modernism*, Duke University Press, 2009.

20 Jérôme Lèbre, *Vitesses*, Paris, Herman, 2011.

AU SEIN DE LA MOBILITÉ : L'ACCUMULATION DES VITESSES OU LE PRINCIPE D'ACCÉLÉRATION

La diversité de vitesse possible entre 1830 et 1980 a été recensée par Peter Lyth[21], dans une démarche plus poussée que celle de Pierre Rousseau[22] : la vitesse comme distinction sociale, la vitesse issue du sport, la vitesse comme facteur de nationalisme, la vitesse comme aspect de la modernité et le prix mortel de la vitesse. Pour autant, à la base, la vitesse se présente donc comme une idée en germe dans la conscience des individus et s'exprime au travers des différents moyens de transport que sont les coches, les chemins de fer, l'automobile et l'avion[23]. Christophe Studeny, dans une étude pionnière en histoire, s'est ainsi intéressé à la naissance et au développement du concept de vitesse dans l'imaginaire de la population française depuis le XVIIIe siècle. Plus attentif aux variétés de vitesse depuis 1850 – en soi, l'accélération –, Jean Ollivro montre que le rapport au territoire s'est modifié d'une lenteur homogène à la rapidité différenciée où l'homme combine diverses vitesses et modes de transport en un instant[24].

Le rapport au territoire qu'engendre la vitesse amène l'homme à poser un nouveau regard sur celui-ci[25]. Cette distanciation d'avec le territoire est accrue par la matérialisation des systèmes de transport qui participent de la création d'un paysage issu des techniques[26]. Vincent Guigueno parle à cet effet de « paysage de la vitesse[27] » dans la mesure où la perception du territoire est transformée par les modes de locomotion comme le montrent Christof Mauch et Thomas Zeller à propos

21 « Vitesse et sécurité routière / *Speed and Road Safety* », Journée d'étude, *Renault Square Com*, publié le mardi 04 septembre 2007 en ligne : <http://calenda.revues.org/nouvelle8890.html>. [Consulté le 21/03/2011.]

22 Pierre Rousseau, *Histoire de la vitesse*, Paris, PUF, « Que sais-je ? », 1963.

23 Christophe Studeny, *L'invention de la vitesse : France, XVIIIe-XXe siècle*, Paris, Gallimard, 1995, p. 10.

24 Jean Ollivro, *L'homme à toutes vitesses : de la lenteur homogène à la rapidité différenciée*, Rennes, Presses Universitaires de Rennes, 2000 ; *Quand la vitesse change le monde : essor de la vitesse et transformations des sociétés*, Rennes, Éditions Apogée, 2006.

25 Jean-Christophe Gay, « Vitesse et regard : le nouveau rapport de l'homme à l'étendue », *Géographie et Cultures*, n° 8, 1993, p. 34.

26 Marc Desportes, *Paysage en mouvement : perception de l'espace et transports (XVIIIe-XXe siècle)*, Paris, Gallimard, 2005.

27 Vincent Guigueno, « Les paysages de la vitesse », dans Mathieu Flonneau & Vincent Guigueno (éd.), *De l'histoire des transports à l'histoire de la mobilité ?*, Rennes, PUR, 2009, p. 97-102.

de l'automobile et de la route[28]. Ce bouleversement du territoire issu de la vitesse automobile a été vivement critiqué par Paul Virilio qui y voit un des facteurs d'anéantissement de la ville et ayant pour unique finalité la mort, soit l'accident intégral[29].

Lorsque l'on mentionne les analyses sur le concept de vitesse, la discussion se décale promptement vers la notion d'accélération. Lothar Baier, un des premiers à avoir porté son attention sur celle-ci, montre que le temps s'est contracté, s'est métissé, s'est altéré du fait de l'essor des techniques modernes et ses conséquences néfastes sur l'individu – nervosité, stress, dépression[30]. De nos jours, son travail est largement éclipsé par celui d'Hartmut Rosa qui défend l'existence de trois types d'accélération qui se côtoient et se superposent : l'accélération technique, l'accélération du changement social et l'accélération du rythme de vie[31]. L'auteur prolonge sa réflexion en liant le concept d'aliénation à celui d'accélération : l'accélération a plusieurs effets néfastes pour la vie moderne : elle enchaîne l'individu à l'espace, au temps, au travail et aux choses[32]. Dans une certaine mesure, l'accélération entraîne l'aliénation. La notion d'accélération diverge de la notion de vitesse dans la mesure où ce phénomène est relativement récent – une trentaine d'années – et que les trois sphères distinguées s'influencent entre elles entraînant le monde vers une accélération sans frein et sans fin.

À travers cet état de l'art, la vitesse concerne divers objets concrets ou virtuels et présente plusieurs acceptions. En prenant en compte les orientations des auteurs précédemment évoqués, nous proposons une définition de la vitesse éprouvée au sein d'un travail doctoral[33].

28 Christof Mauch & Thomas Zeller, *The World Beyond the Windshield: Roads and Landscapes in the United States and Europe*, Athens, Ohio & Stuttgart, Ohio University Press 2008.

29 Paul Virilio, *Vitesse et politique : essai de dromologie*, Paris, Éditions Galilée, 1977 ; *La Vitesse de libération : essai*, Paris, Éditions Galilée, 1995 ; Henri Kreek, « En hommage à la ville du futur antérieur : ville et vitesse dans l'œuvre de Paul Virilio » dans *Ville et voyage : trajectoires urbaines*, Paris, Didier-Érudition, 1986, p. 65-88.

30 Lothar Baier, *Pas le temps ! Traité sur l'accélération*, Arles, Actes Sud, 2002.

31 Hartmut Rosa, *Accélération : une critique sociale du temps*, Paris, La Découverte, 2010.

32 Hartmut Rosa, *Aliénation et accélération : vers une théorie critique de la modernité tardive*, Paris, La Découverte, 2012.

33 Cette partie est basée sur notre travail doctoral (voir *supra*).

LA VITESSE (AUTOMOBILE) COMME SOCIO-SYSTÈME

ÉLÉMENTS DE DÉFINITION

La vitesse recouvre une pluralité de monde : monde culturel, monde sportif, monde technique, monde des mobilités. La thèse qui est nôtre consiste à croiser ces différents mondes et à tenter de les appréhender comme un tout – tout en sachant qu'une histoire totale de la vitesse est infaisable.

Dans le cadre de notre thèse de doctorat, nous avons pris l'exemple de l'automobile et des véhicules à moteur. Nous avons choisi de nous pencher sur ce mode de locomotion, car il est à la fois un vecteur de la vitesse – il alimente le phénomène – et il est aussi un exemple montrant cette dernière. En effet, automobile et vitesse sont fondamentalement imbriquées : « La vitesse est la majeure raison d'être de l'automobile, sa dominante fondamentale. Elle est au fond la seule commune mesure des automobiles entre elles[34]. » L'automobile se développe en s'appropriant deux idées : celle de la célérité et celle de la liberté individuelle par opposition aux autres modes de transport qui proposent une vitesse collective[35].

La vitesse automobile constitue, selon nous, un socio-système tel que le définit Thomas Hughes : elle est construite avec « [...] des composants artificiels et des composants organisationnels[36] ». On perçoit progressivement l'instauration « [...] d'un système technique à grande échelle[37] [...] » : le système de la vitesse automobile. Celui-ci s'appuie sur des données économiques, institutionnelles et techniques. En ce sens, le système de la vitesse automobile est bien une « construction

34 « L'art de bien conduire », dans Pierre Dumont, *Au temps des automobilistes*, Lausanne, Edita Lazarus, 1965, p. 148.

35 Le transport ferroviaire et en coche proposaient une vitesse collective. Le train permettant de parcourir de grande distance en étant restreint dans sa liberté de mouvement par les rails. Le voyage en coche permettant une certaine liberté de déplacement sur un territoire étroit (il fallait passer par des relais pour changer de chevaux).

36 Thomas P. Hughes, « L'histoire comme systèmes en évolution », *Annales HSS*, juillet-octobre 1998, n°s 4-5, p. 839.

37 François Caron, « La naissance d'un système technique à grande échelle : le chemin de fer en France (1832-1870) », *Annales HSS*, *ibid.*, p. 859.

sociale[38] ». Il naît d'une demande populaire, de l'insuffisance et des faiblesses des autres modes de transport, de l'offre que proposent les constructeurs automobiles et d'une culture du déplacement propre à l'époque contemporaine et passée. Par conséquent, la vitesse se fonde nécessairement autour d'un quatuor logique et cohérent composé d'un mobile – soit l'automobile et les autres véhicules à moteur –, d'une infrastructure, d'une normalisation et de pratiques socioculturelles[39].

L'histoire de la vitesse n'est pas l'histoire des transports, elle l'excède très largement : « La vitesse n'est pas seulement une question de mobile – la voiture, le coche, le cabriolet –, mais de système, ou de réseau, englobant des acteurs et des infrastructures : routes, relais, guides[40]… » Ces différents éléments réunis impliquent un nouveau paysage qui se superpose ou s'impose aux précédents et aux paysages actuels. Il procure ainsi de nouveaux regards sur l'environnement, au sens de « paysages mentaux[41] » : c'est le cas avec l'essor de normes automobiles et avec la littérature automobile. En ce sens, la vitesse est indubitablement un « processus de civilisation ». Ce constat est confirmé par la thèse d'Ivan Illich[42] :

L'Américain type consacre plus de 1 500 heures par an à sa voiture : il y est assis, en marche ou à l'arrêt, il travaille pour la payer, pour payer l'essence, les pneus, les péages, l'assurance, les contraventions et les impôts. Il consacre quatre heures par jour à sa voiture, qu'il s'en serve, s'en occupe ou travaille pour elle. Et encore, ici ne sont pas prises en compte toutes ses activités orientées par le transport : le temps passé à l'hôpital, au tribunal ou au garage, le temps passé à regarder à la télévision la publicité automobile, le temps passé à gagner de l'argent pour voyager pendant les vacances, etc. À cet Américain, il faut donc 1 500 heures pour faire 10 000 km de route, six kilomètres lui prennent une heure[43].

38 Caron, *loc. cit.*, p. 860.

39 Wolfgang Schivelbusch, *Histoire des voyages en train*, Paris, Le Promeneur, 1990. En ce sens, notre approche reprend celle de Schivelbusch qui entend comprendre comment s'effectuent pour les usagers les voyages en train.

40 Guigueno, « Vitesse », *loc. cit.*, p. 850.

41 Desportes, *op. cit.*

42 Frédéric Héran, « Automobile *versus* bicyclette : Illich et la vitesse généralisée » dans Mathieu Flonneau, Arnaud Passalacqua, Léonard Laborie, *De la démocratie des transports*, Rennes, PUR, 2013, p. 177-191 ; L'auteur met ici à jour les données d'Illich datant de 1975, sur le vélo et l'automobile avec une approche économiste.

43 Ivan Illich, *Énergie et équité*, Paris, Seuil, 1973, p. 21-22.

Ivan Illich montre ici que si l'automobile va vite entre deux points, sa vitesse moyenne est relativement faible et est la conséquence d'un système efficient et régulé. Ainsi, le système de la vitesse automobile est tentaculaire et se veut cohérent.

APPRÉHENDER LA VITESSE EN HISTOIRE

La vitesse n'est pas un phénomène aisément abordable au sein des différentes sciences humaines et dures. En témoigne le peu d'étude qui existe à ce sujet. Dis simplement, comment aborder dans les multiples sources le rapport du temps sur une distance parcourue ? L'idée est de transformer un phénomène fugitif répondant au domaine du ressenti, des émotions, de la « conduite intérieure[44] », de l'introspection en un phénomène palpable sous forme de papier ou similaire : il s'agit véritablement d'un processus de traduction[45]. La réflexion développée par Jean-Philippe Domecq à propos de l'écriture de la vitesse s'inscrit dans cette veine :

> Comment dire ce que nous dit la vitesse, ce souffle qui dans les nerfs passe, sous la peau comme un charme tient à rien d'apparent, mais nous ravit dans un monde à lui, jusqu'à risque de nous perdre, de ne plus sentir la limite, d'aller trop vite ? [...]
>
> [...] traduire [le sport automobile] en un langage qui rende compte de cette passion de la vitesse [...] en un langage qui n'enferme pas le lecteur dans une spécialité qui ne l'intéresse pas nécessairement ; le traduire sous une forme qui dégage le concret de l'information, au lieu de les confondre ; une forme qui permettrait de tirer quelques enseignements de ce que l'être humain révèle là [...]. Or, si l'on veut un langage adapté à la passion de la vitesse, il y faut l'exacte froideur dont j'ai précédemment parlé à propos des pilotes et de la technique, exacte froideur sans laquelle la jouissance serait moins précise, donc moins forte, moins fidèlement dite[46].

Cette recherche d'un type d'écriture pour traduire la vitesse nous oriente vers la description brute des faits et du phénomène, plutôt que le recours à la fiction. Cela conduit nécessairement vers un usage scientifique de tous les documents à disposition.

---

44 Domecq, *op. cit.*

45 Ivan Jablonka, *L'histoire est une littérature contemporaine : manifeste pour les sciences sociales*, Paris, Seuil, 2014 : l'auteur parle de « fictions de méthode » qui permettent à l'historien de mener son enquête scientifique.

46 Domecq, *op. cit.*

L'état de l'art précédemment évoqué nous offre des pistes fortes utiles qu'il convient d'étayer désormais. Tout d'abord, une des premières orientations est d'aller analyser les récits de voyage à la manière des littéraires qui débusquent la vitesse au sein des littératures. Ces récits où prédominent les descriptions du voyage, le rapport au temps et l'expression des sensibilités au mouvement sont particulièrement prolixes quant à la vitesse. Cependant, dans le domaine automobile, les récits de voyage ne sont pas assez nombreux et peu étalés dans le temps pour permettre une étude sur un espace spécifique tels qu'un département ou une région[47] – ils déclinent drastiquement après les années 1930. L'historien doit nécessairement élargir à la culture de la vitesse, soit l'ensemble des documents iconographiques, les œuvres cinématographiques et les « littératures automobiles[48] » – les périodiques[49], les revues spécialisées, les magazines d'entreprises motorisées. Ces différentes sources peuvent être considérées comme la quintessence de la vitesse puisqu'elle l'illustre, la retranscrit, la critique, l'encourage *directement.* Elles sont dès lors une première étape pour aborder l'épaisseur culturelle de la vitesse ; mais elles ne sont pas suffisantes.

L'historien, ayant *[l]e goût de l'archive*, se doit d'aller traquer la vitesse là où elle n'est qu'anecdotique ou là où elle s'exprime de manière indirecte. L'historienne Arlette Farge pose ainsi la question suivante : « Lit-on une autoroute, fût-elle de papier[50] ? » Cette phrase anodine, perdue au milieu de l'ouvrage, montre selon nous que d'une certaine manière la vitesse s'exprime sur papier. Oui, l'historien parcourt des kilomètres de papiers dans les archives, mais s'il travaille sur la vitesse, il voit aussi défiler, dans les papiers, des kilomètres matérialisés. Le rapport à l'espace est donc bien tangible à travers les sources archivistiques rédigées par les pouvoirs publics à toutes les échelles, qui permettent de pointer et préciser les impacts de l'automobilisme en matière de réseau routier – construction, coûts et

---

47 Citons par exemple Marcel Proust, « Impressions de route », *Le Figaro*, 19 novembre 1907. Pour une analyse littéraire de ce texte, voir : Sara Danius, « The Aesthetics of the Windshield : Proust and the Modernist Rhetoric of Speed », *Modernism/Modernity*, vol. 8, n° 1, p. 99-126.

48 Hiroya Sakamoto, « La genèse des “Littératures automobiles” : Histoire d'une polémique en 1907 et au-delà », *La voie du regard*, n° 19, 2006-2007, p. 31-42.

49 Domecq, *op. cit.*, p. 18-19 : il a recours par exemple aux magazines *Paris-Match* et aux journaux *Le Monde* et *L'Équipe*.

50 Arlette Farge, *Le Goût de l'archive*, Paris, Seuil, 1989, p. 11.

dépenses, entretien –, des mutations quant aux institutions rurales telles que la Poste, l'économie routière avec les ouvertures et fermetures de ligne d'autobus, l'essor des stations à essence et des garages[51]. À cela s'ajoutent les différents textes de loi qui encadrent de manière normative les différents véhicules à moteur et les plans cartographient le territoire de la vitesse[52]. De même, les sources statistiques réalisées par les instances politiques à propos de l'évolution de la motorisation, des accidents sont illustratives de la rapidité avec laquelle la vitesse automobile se démocratise.

LES ENJEUX DE L'HISTORICISATION DE LA VITESSE

En proposant cette définition de la vitesse comme socio-système, nous avons testé sa fiabilité, sa souplesse, ses apports et ses limites dans un travail doctoral[53]. Pour ce faire, nous avons analysé la vitesse telle qu'elle s'exprime au sein du département du Rhône et de la région de Québec entre 1919 et 1961[54].

Au sein de l'histoire des transports et de la mobilité, le concept de vitesse a été peu mobilisé. Cela tient pour partie à la difficulté qu'a le chercheur pour historiciser le phénomène et trouver des sources adéquates qui traitent de ce sujet. Par ailleurs, ajoutons que la vitesse a été étudiée par les historiens, principalement dans une optique modale, soit un mode après l'autre[55]. Bien que nous n'ayons étudié qu'un mode – l'automobilisme –, la proposition de définition du concept de vitesse pourrait être employée pour une analyse transmodale ou plurimodale. En effet, le recours à la vitesse comme socio-système peut permettre au chercheur de croiser et de comparer l'élaboration de système de transport les uns avec les autres afin d'évaluer leur essor, leurs impacts, leurs limites.

Peut-on déceler un temps, une ère, un âge de la vitesse ? L'historien qui travaille sur et avec le temps doit nécessairement faire preuve de

51 Plusieurs chercheurs s'appuient sur ces sources : Desportes, *op. cit.*, Ollivro, *op. cit.*

52 Ollivro, *ibid.*

53 Faugier, *op. cit.*

54 Pour de plus amples informations, voir : Étienne Faugier, « Le désir de mobilité et l'automobilisme. Pour une analyse systémique de la vitesse automobile dans l'espace rural : le cas du département du Rhône et de la région de Québec », *Revue Recherche Transports Sécurité (RTS)*, 2015, n° 31, p. 7-24.

55 Studeny, *op. cit.* ; Desportes, *op. cit.*

recul pour répondre à cette question. En ces temps où il est de commune mesure d'évoquer l'accélération de tout ou presque tout[56], existe-t-il une ou plusieurs ruptures relatives à la vitesse ? Dans le cadre de notre recherche, nous nous arrêtons à l'aube de la réalisation des grands projets autoroutiers durant les années 1960 dans la mesure où ils proposent, selon nous, une accélération de la vitesse ; ce que Vincent Guigueno interprète comme « la grande vitesse[57] ». En effet, l'autoroute propose un nouveau rapport à l'espace et au temps radicalement différent de la route : un regard frontal, une célérité certaine, un nouveau paysage automobile et de nouvelles pratiques de mobilité. Plus largement, au sein de l'histoire des transports et de la mobilité, une rupture se fait jour puisqu'un choc technologique apparaît, une amélioration et une optimisation des connexions et des déplacements – on passe d'une manière de penser le temps du voyage en jour à un rapport à l'espace-temps en heure.

La vitesse s'exprime au sein d'une variété de documentation. Le premier mouvement est d'aller dépouiller les sources qui traitent à la fois de l'espace et du temps – les récits de voyage –, mais le plus intéressant est sans doute d'étudier les documents qui traitent de l'un ou de l'autre. Cette démarche se révèle fertile d'enseignements dans la mesure où les textes de loi, les contrats d'établissements d'un circuit automobile entrepreneurial, les statistiques d'accidents, les notes de l'ingénieur sur les travaux d'entretien d'une portion de route ou encore les revues spécialisées participent directement de la vitesse, mais la décrivent de manière indirecte ou incomplète. Ainsi, la vitesse peut être trouvée ailleurs que dans la technicité pure ou dans les arts.

56 James Gleick, *Faster : The Acceleration of Just About Everything*, New York, Pantheon, 1999.

57 Guigueno, *loc. cit.*

CONCLUSION

La vitesse a fait l'objet de diverses attentions de la part des chercheurs en sciences sociales mais il semblerait que son aspect systémique n'ait pas été réellement traité jusqu'à présent. Avec l'exemple de la vitesse automobile, nous avons montré que la vitesse s'exprime par des données concrètes et abstraites qui font cohérence : la route, la législation et la culture automobile et les pratiques de mobilité des individus.

Plus encore, la vitesse automobile modifie le rapport au temps en synchronisation et désynchronisant les temporalités[58] : les hommes voient leur perception du temps se contracter ou se dilater dépendamment de leurs déplacements. Elle participe aussi de la mutation du rapport à l'espace : l'individu repense son territoire.

La notion de vitesse est finalement à manier avec précaution pour les chercheurs, car selon les époques, les cultures et les perceptions, elle peut avoir plusieurs significations. La vitesse n'est pas seulement présente dans les transports, elle est omniprésente dans la société ; dès lors, on peut se demander s'il existe un « âge de la vitesse[59] » ?

Étienne FAUGIER
Université de Neuchâtel

58 « Le monde à l'ère de la vitesse », *Esprit*, 6 juin 2008, p. 110-191.
59 André Siegfried, *Aspects du XXe siècle*, Paris, Flammarion, 1955.

VITESSE ET *FRONTIER* DANS LA FICTION AMÉRICAINE

Dans ses *Mémoires de Hongrie*, Sàndor Màrai constate l'obsession pour les montres des soldats soviétiques qui libèrent et envahissent son pays en 1945 « Les hommes vivant au sein des grandes civilisations harmonieuses ne connaissent pas la notion de "record", le concept du temps mesuré et fragmenté ; ainsi les Chinois ou les Grecs de l'Antiquité, indifférents au temps qui passe, ne percevaient que d'amples unités, tel l'*olimpikon*, intervalle entre deux Jeux olympiques ; la mesure anxieuse du temps, signe d'une certaine panique, n'apparaît qu'en période de crise, avec le triomphe de l'utilitarisme… L'industrialisation soviétique aurait-elle exacerbé la conscience que les Russes avaient du temps[1] ? » Faire d'une telle obsession du temps un caractère central de notre modernité est devenu un lieu commun, notamment théorisé par le sociologue allemand Hartmut Rosa dans son fameux livre, *Accélération. Une critique sociale du temps*. Rosa y fait le constat que dans nos sociétés modernes « le temps a tué l'espace[2] ».

Nous allons centrer le propos sur les États-Unis, qui en la matière donnent le ton, semble-t-il. Nous nous demanderons en particulier s'il est si assuré que, dans la vision du monde transmise par bon nombre de romans américains, l'espace soit supplanté par le temps : À lire des auteurs comme Don DeLillo ou Thomas Pynchon, John Hawkes ou Jim Harrison, on a bien plutôt le sentiment que c'est encore et toujours l'espace qui, au moins depuis Fenimore Cooper, reste premier. L'espace américain, c'est une sorte d'horizon vers lequel on se dirige en permanence, de plus en plus vite peut-être, mais en lui conservant son pouvoir d'attraction mythique. Le concept de frontière, d'essence

1 Sàndor Màrai, *Mémoires de Hongrie*, trad. G. Kassai et Z. Bianu, Paris, Albin Michel, 2004, p. 41.

2 Hartmut Rosa, *Accélération. Une critique sociale du temps*, trad. D. Renault, Paris, La Découverte / Poche, 2013, p. 59. La formule est répétée à maintes reprises.

spatiale, continue en particulier à imprimer sa marque, à donner une part de leur forme de nombreux romans américains – c'est ce qu'on voudrait montrer ici.

Repartons de Tocqueville qui, dès 1830, avait parfaitement perçu cet état des choses : « Lorsque l'homme américain n'est pas pressé par ses besoins, il l'est du moins par ses désirs ; car parmi tous les biens qui l'environnent, il n'en voit aucun qui soit entièrement hors de sa portée. Il fait donc toutes choses à la hâte, se contente d'à-peu-près et ne s'arrête jamais qu'un moment pour considérer chacun de ses actes. Sa curiosité est tout à la fois insatiable et satisfaite à peu de frais ; car il tient à savoir vite, beaucoup, plutôt qu'à bien savoir. Il n'a guère le temps et il perd bientôt le goût d'approfondir[3]. »

L'homme américain est donc très généralement un « homme pressé », pour reprendre le titre de Paul Morand, et cette exigence de rapidité se retrouve dans la forme même de tant de romans américains. Il est frappant de constater qu'une telle propension à accélérer est manifeste dès l'entame des récits : l'époque où l'on pouvait prendre son temps pour entrer dans la fiction, où l'on aménageait des « pentes douces[4] » au lecteur, où l'*incipit* arrondissait les angles, où l'on franchissait très progressivement le seuil de l'univers fictionnel, est révolue. Des narratologues comme Jean-Luc Morhange[5] ou Andrea Del Lungo[6] ont amplement montré que c'est aux États-Unis qu'est née une nouvelle rhétorique, devenue normative pour presque toute la production de récits mondiale, que ce soit dans le roman, le cinéma, l'article journalistique, le texte pour enfants, etc. On est entré dans l'ère de l'*incipit in medias res*

3 Alexis de Tocqueville, *De la démocratie en Amérique*, cité par Nicole Aubert dans *Le Culte de l'urgence : La société malade du temps*, Paris, Flammarion, 2003, p. 273.

4 L'expression est de Jacques Dubois : « Ces habitudes de saine logique sont celles de Balzac, et des écrivains plus artistes, comme Flaubert et Zola, n'y renoncent presque jamais : les débuts de chapitres dans *Madame Bovary* ou dans *Nana* l'attestent. Par des entrées en pente douce, la plupart des romanciers désirent donc réduire les brisures qui sont toujours le défaut d'un récit par rapport au continu de la vie. » (Jacques Dubois, *Romanciers français de l'instantané*, Bruxelles, Palais de l'Académie, 1963, p. 84.)

5 Jean-Luc Morhange, « *Incipit* narratifs, l'entrée du lecteur dans l'univers de la fiction », dans *Poétique*, n° 104, Paris, Seuil, 1995, p. 387-410. Morhange analyse en détail l'*incipit* du *Rouge et le noir*, et ajoute que cette analyse « pourrait s'appliquer au début de presque n'importe quel roman français du XIXe siècle ». Et de citer, à titre d'exemple, *Le père Goriot*, *Colomba*, *Les Mystères de Paris*, *Les Quarante-cinq*, *Les Misérables*, *Le Capitaine Fracasse*, *Le Chevalier Des Touches*, *La Fortune des Rougon*, *Le Tour du monde en quatre-vingts jours*.

6 Voir Andrea Del Lungo, *L'incipit romanesque*, Paris, Seuil, « Poétique », 2003.

moderne, où sont supprimées toutes les médiations destinées à préparer l'entrée du lecteur dans le champ de la fiction[7].

On pourrait trouver de multiples raisons à ce changement de paradigme. J'en retiendrai trois : volonté et exigence de rapidité, besoin constant de mobilité, enfin et surtout, des motifs d'ordre idéologique et religieux, en lien avec l'importance qu'a pris le concept de *frontier* dans la pensée et l'imaginaire américains.

RAPIDITÉ

L'ère de l'urgence se met donc à envahir le roman – cela aussi, Tocqueville l'avait perçu en son temps : les Américains « n'ayant qu'un temps fort court à donner aux lettres », il leur faut « des livres qu'on se procure sans peine, qui se lisent vite, qui n'exigent point des recherches savantes pour être compris. [...] Il leur faut surtout de l'inattendu et du nouveau. [...] Ils ont besoin d'émotions vives et rapides, de clartés soudaines, de vérités ou d'erreurs brillantes *qui les tirent à l'instant d'eux-mêmes et les introduisent tout à coup, et comme par violence, au milieu du sujet*[8]. » Ne trouve-t-on pas là une définition très exacte du début *in medias res* à l'américaine, qui précipite le lecteur au cœur de l'événement, donné immédiatement, dans toute sa brutalité ? L'effet dramatique d'un tel début est accentué du fait que cette ouverture, qui suppose connu un monde dont le lecteur ignore tout, rend énigmatique l'histoire dans laquelle on le plonge comme par effraction : « Le concept d'*in medias res*,

7 Une mise au point est d'emblée nécessaire. L'*in medias res* initial n'a évidemment pas été inventé par les romanciers américains. Certains écrivains naturalistes ont notamment usé de cette forme d'entrée en matière, au nom de l'idée du « morceau de vie coupé en pleine étoffe » préconisé par le maître, Zola (qui pourtant n'a guère pratiqué l'*incipit in medias res*). Voici quelques exemples : « La femme allait-elle être condamnée à mort ? » (Edmond de Goncourt, *La Fille Élisa*) ; « Leurs cigares charbonnaient et puaient comme des fumerons » (Joris Karl Huysmans, *En ménage*) ; « "Zut !" s'écria tout à coup le père Roland... » (Guy de Maupassant, *Pierre et Jean*). Toutefois, ce mode d'entrée en matière reste encore marginal (pour davantage de détails sur ce point, je me permets de renvoyer à mon ouvrage, *Événement et roman. Une relation critique*, Amsterdam / New York, Rodopi, 2012, en particulier p. 143-150).

8 Alexis de Tocqueville, *De la démocratie en Amérique*, 2 vol., Paris, GF Flammarion, 1981, t. II, p. 73-74.

surtout dans le roman moderne, ne doit pas seulement être lié à l'ordre des événements narrés, mais aussi à l'intensité "dramatique" du début[9]. »

Il serait faux de croire que cette nouvelle rhétorique ne soit qu'une reprise de la fameuse « tranche de vie » des écrivains naturalistes, qui voulaient eux aussi nous faire entrer dans une histoire en plein déroulement, car la différence est de taille : on ne s'intéresse pas ici à la banalité du quotidien. Ce serait même tout le contraire : on ne veut être que dans l'ère (le temps) de l'aventure – ou plus exactement dans son aire (son espace). Progrès accélérés des sciences et des techniques, besoin croissant et souci de plus en plus fort de célérité, dans tous les domaines, y compris celui de la fiction : tout cela va en effet de concert. Comme le reste alors, l'entrée dans la fiction doit être la plus rapide possible, la plus immédiate.

Un élément supplémentaire vient encore augmenter cette vélocité : le *boom* des magazines. À la charnière des XIXe et XXe siècles, le journal devient en effet un des éléments essentiels de la vie outre-Atlantique. Une figure typiquement américaine, l'écrivain-journaliste[10], devient omniprésente (on peut citer Mark Twain, Jack London, Ernest Hemingway, Norman Mailer, Truman Capote, Tom Wolfe, etc.) Le genre de la *short story*, de la nouvelle, devient prédominant[11]. L'urgence journalistique, les restrictions imposées par le format imposent leurs lois à l'écriture fictionnelle, et notamment la nécessité d'une entrée directe dans l'action, et dans une action tout de suite dramatisée, centrée sur un personnage principal. Plus question de tourner autour du pot, donc, il convient de suivre les conseils prodigués à Hemingway par son rédacteur en chef : « faites court », « commencez par une attaque vigoureuse[12] ».

---

9 Del Lungo, *op. cit.*, p. 102, 113.

10 « Les seuls auteurs que je reconnaisse pour Américains sont des journalistes. » De qui, cette remarque ? De Tocqueville encore (*op. cit.*, p. 70).

11 Marc Chénetier, constatant un retour en force de la nouvelle dans la littérature américaine depuis la fin des années 1970, l'explique notamment par la « longueur adéquate au rythme de l'existence contemporaine et à la consommation rapide d'une population qui n'aurait plus le temps de lire des romans », le « genre adapté à une époque faite de périodes d'attention plus brèves… » (Marc Chénetier, *Au-delà du soupçon. La nouvelle fiction américaine de 1960 à nos jours*, Paris, Seuil, 1989, p. 81.) À un siècle de distance les choses ont-elles vraiment changé ?

12 Cité par Marc Saporta, *Histoire du roman américain*, Paris, Seghers, « L'archipel », 1970, p. 284.

MOBILITÉ

Frénétique besoin de nouveau, poursuite incessante de l'inattendu, prolifération événementielle : dans cette « dromosphère » (le mot est de Paul Virilio) qu'est la vie américaine, il est tout naturel qu'une telle propension à bouger soit une des formes que prend la fiction. « Le temps a tué l'espace » ? Ce serait alors plutôt le contraire, tant l'imaginaire américain est, en son fond, d'abord spatial, ce que Gertrude Stein, dans un de ses livres significativement titré *Histoire géographique de l'Amérique*, explique par le fait qu'« aux États-Unis il y a plus d'espace où personne ne se trouve que d'espace où se trouve quelqu'un. C'est ce qui fait que l'Amérique est ce qu'elle est[13] ». L'appel de la forêt, c'est donc avant tout celui de l'espace, de ces grands espaces où l'on ne saurait trouver de havre stable, définitif. À la fin du XIXe siècle, l'historien Frederick Jackson Turner, le grand chantre de la *frontier*, écrivait que « le facteur du temps dans l'histoire américaine est insignifiant quand on le compare avec les facteurs de l'espace et de l'évolution sociale[14] ». Il y a bien « une maladie américaine de l'espace » (Jules Romains[15]), et on pense immédiatement à Kerouac, bien sûr – mais aussi à Faulkner : plusieurs de ses romans décrivent ainsi un voyage, au but le plus souvent incertain (*Lumière d'août*, *Les palmiers sauvages*, *Tandis que j'agonise*, *Pylône*, *Sartoris*).

Il s'agit donc toujours de se déplacer – et le plus vite possible, sur ce point on rejoint le propos de Rosa. Mais on croit trop souvent qu'il n'est qu'une façon d'accélérer : en raccourcissant le temps du déplacement. Les écrivains américains dont nous parlons en privilégient bien plutôt une

---

13 Gertrude Stein, *L'histoire géographique de l'Amérique ou La relation de la nature humaine avec l'esprit humain*, trad. G.-G. Lemaire, Paris, Bourgois, 1978, p. 8.

14 Cité par Alun Munslow, « Writing history : Frederick Jackson Turner and the deconstruction of American history », dans G. Cologne-Brookes, N. Sammells and D. Timms (éd.), *Writing and America*, Londres / New York, Longman, 1996, p. 176-194 (p. 193 ; ma traduction). Dans son étude magistrale sur la mythologie aventureuse, Sylvain Venayre écrit que « cette propension à bouger en permanence peut être lue comme symptôme d'une relation problématique à l'espace américain, à l'impossible ancrage dans cette terre constamment idéalisée » (*La Gloire de l'aventure. Genèse d'une mystique moderne. 1850-1940*, Paris, Aubier, « Historique », 2002, p. 151).

15 Cité par Maurice-Edgar Coindreau, *Aperçus de littérature américaine*, Paris, Gallimard, 1946, p. 51.

autre, en insistant et *jouant sur l'espace :* dans leur chronotope, le *topos* prend le pas sur le *chronos*, ils allongent démesurément le déplacement pour un temps fixé. Voyez les arpenteurs des contrées américaines de Kerouac, Dean surtout, nouvel Attila de *Sur la route*, cet « Ange de feu qui embrasait tout sur son parcours, [...] seul au volant de son éternité et la route filait droit comme une flèche[16] ». Loin donc de réduire l'espace, ici, on l'étire, on le distend.

Et c'est dès l'*incipit* qu'on vous fait pénétrer au cœur de cette mythologie spatiale. Si le franchissement par le lecteur de ce qui est aussi une frontière, celle qui délimite monde réel et monde fictionnel, doit désormais se faire, lui aussi, sur le mode de la rapidité et de la mobilité, si donc, en suivant la typologie d'Andrea Del Lungo, l'*incipit statique* du roman réaliste du XIXe siècle a été remplacé par un *incipit dynamique*, celui-ci reste donc essentiellement basé sur l'espace.

MYTHOLOGIE

Mythologie spatiale ? On peut alors lui trouver des explications et des motifs d'ordre idéologique et religieux – notamment à partir des réflexions de Max Weber. Pour le sociologue, on le sait, il y aurait un lien très fort entre l'esprit du capitalisme et l'épanouissement personnel que prône l'éthique protestante : réussir dans ses projets, c'est s'assurer que l'on est bien du côté des élus, puisque Dieu favorise nos entreprises, et Weber montre notamment que ce qui est condamnable, ce n'est pas l'acquisition de richesses, mais le repos dans la possession. Le modèle culturel anglo-saxon, protestant, fondé sur des relations *sans médiation* entre l'homme et Dieu, l'homme et la société, etc., a ainsi supplanté le modèle latin et catholique, où ces relations sont *médiatisées* par les grandes institutions historiques, Église et État au premier chef. Dans l'un, la relation à Dieu est directe, dans l'autre, le prêtre et toute la hiérarchie ecclésiastique servent d'intercesseurs ; de la même façon, dans l'ordre économique et politique, alors que les relations entre acteurs du

16 Jack Kerouac, *Sur la route*, trad. J. Houbart, Paris, Gallimard, « Folio », 2004, p. 366, 396.

marché de libre concurrence sont directes, celles du monde « romain » sont médiatisées par une administration centralisée.

Il est alors tout naturel que l'entrée dans l'univers du récit se fasse de la même manière, immédiate et directe – *in medias res*. Il y a là, je crois, une des clés du « modèle » culturel américain, qui reste tant ancré dans la fameuse idéologie de la frontière.

La *frontier*, ce fut d'abord celle qui figurait la limite de la « civilisation » dans son avancée vers l'Ouest. À Chicago, le 12 juillet 1893, elle fut le thème de la fameuse conférence de Frederick J. Turner : « Ce que la Méditerranée fut pour les Grecs, brisant les liens de l'habitude, offrant de nouvelles expériences, suscitant de nouvelles institutions et de nouvelles activités, tout cela et bien davantage, la Frontière, toujours refoulée, l'a été pour les États-Unis. » À la fois frontière de peuplement et de colonisation, elle n'a cessé d'avaler les terres du continent dans son avancée vers le Pacifique. Limite extérieure de cette progression, elle est « au point de rencontre entre le primitif et la civilisation[17] ». Cette quête ininterrompue de la Frontière, où se fait le contact entre forces « civilisatrices » et monde sauvage (*wilderness*), ce besoin d'expansion sont et demeurent très largement au cœur de la mentalité américaine, de ses institutions, et donc aussi de ses productions culturelles – en particulier romanesques, soumises à un « vaste courant d'*Ouestification* », selon un néologisme de Thomas Pynchon[18]. L'espèce de « fureur » événementielle de maints romans américains est bien dans cette logique : où l'événement ne sert qu'à confirmer la vérité du processus continu du progrès, auquel « les plus aptes » (formule darwinienne reprise par Turner) donnent son mouvement, et qui finit toujours par triompher de l'aléatoire de la vie. Voilà donc pourquoi on est si pressé de pénétrer au cœur de l'événement (c'est l'*in medias res*), pourquoi l'événement est donné, brut, multiplié, à tout instant.

Pour une part non négligeable, le mythe de la Frontière continue donc à informer l'écriture romanesque américaine. Tout un courant s'est ainsi développé, concentré sur l'événementiel, la vitesse du récit, la quête d'une frontière plus ou moins hypothétique, plus ou moins rêvée.

17 Frederick Jackson Turner, *La Frontière dans l'histoire des États-Unis*, trad. A. Rambert, Paris, PUF, 1963, p. 1, 3. Selon la définition du bureau de recensement américain, la zone de la Frontière est celle qui comporte une densité inférieure ou égale à deux habitants au mille carré – sans bien sûr que ce décompte prenne en compte d'éventuels indigènes…

18 Thomas Pynchon, *Mason & Dixon*, trad. C. Claro et B. Matthieussent, Paris, Seuil, 2001, p. 666.

LA FRONTIÈRE SUD
Boyle contre Fuentes

Il est instructif à cet égard de rapprocher deux romans, tous deux publiés en 1995 : l'un, *Tortilla curtain*, de l'américain Tom Boyle, l'autre, *La Frontière de verre*, du mexicain Carlos Fuentes. Ce qui est intéressant ici, c'est que ces écrivains, reprenant tous deux à leur manière le thème de la Frontière – celle, bien réelle en l'occurrence, qui sépare les États-Unis et le Mexique –, construisent deux récits très profondément différents. Certes, tous deux font de cette frontière l'événement central et fondateur de leurs romans : mêmes lieux, et aussi mêmes personnages que ces immigrés mexicains qui tentent coûte que coûte de franchir les barrières de l'Eldorado pour proposer leurs bras et gagner ainsi de quoi survivre. Les « *wet backs*[19] » de Boyle et Fuentes nourrissent de tels espoirs que parvenir à atteindre l'autre côté devient un événement gigantesque – mais qui dans les deux romans tourne bien vite au désenchantement.

Les histoires sont donc bien les mêmes, mais quelle différence dans les récits ! Et il ne s'agit pas que d'une question de talent. La fracture est beaucoup plus essentielle, qui distingue d'ailleurs plus généralement le roman latino-américain de celui des États-Unis.

On connaît les fondements culturels et historiques de cette fracture, issus notamment de la guerre américano-mexicaine du milieu du XIXe siècle. L'incompréhension, permanente, est dissimulée dans le langage lui-même[20] : « Glissant le long des murs de l'Amérique, Dionisio accordait volontiers à un seul pays le nom de tout un continent, il était prêt à sacrifier ce nom sans nom, cette localisation fantasmatique, "les

19 Le terme désigne, d'une manière péjorative, ceux qui tentent de franchir à la nage le mythique *Rio Grande*, qui marque sur une grande partie de son cours la frontière américano-mexicaine.

20 Même le vocabulaire qui sert à désigner cette frontière américano-mexicaine est révélateur. Aux États-Unis, si la *boundary* (borne, limite) est la frontière canadienne, celle du Mexique est une *border*. Or, selon l'historien Raul Fernandez, l'usage généralisé des termes *border* et *border town* (ville frontière) « s'accompagne de connotations négatives qui suggèrent l'instabilité et l'hostilité » (William G. Robbins, « L'émergence de la nouvelle histoire », dans *Autrement* : *Le mythe de l'Ouest. L'Ouest américain et les « valeurs » de la Frontière*, hors série n° 71, octobre 1993, p. 55-70 [p. 66]).

États-Unis d'Amérique", ce qui équivalait à s'appeler [...] "l'ivrogne du coin" ou [...] se réduisait à une simple indication telle que "Troisième étage à droite", par rapport à des noms dotés d'une situation, d'une histoire, d'un héritage – Mexique, Argentine, Brésil, Pérou, Nicaragua[21]... » D'un côté donc, le pays sans nom, sans passé, toujours rêvé, toujours fantasmé, de l'autre, des pays chargés d'un lourd passé qui les ancrent en des lieux pétrifiés par tant d'histoire, tant d'histoires...

Mais ce qui est alors particulièrement significatif, c'est que cet écart transparaît dans le mode même de l'écriture des deux romans – ce qui montre bien le caractère au moins autant idéologique que géographique de cette *border* américano-mexicaine. Boyle use ainsi de toutes les ficelles narratives qui restent profondément attachées à l'idéologie de la *Frontier* : son récit se veut efficace, il ménage savamment le suspense, effets de surprise et rebondissements inattendus sont constants. Accidents de la circulation, incendies, viols, inondations... toute la gamme des événements catastrophiques y passe. On est vraiment dans un récit « à l'américaine », avec tous les procédés et tics d'écriture qui vont avec – à commencer par les débuts de chapitre, systématiquement *in medias res*. La frontière, pour Boyle, reste donc ce lieu qui permet à un récit « haletant » de se déployer. L'histoire et sa narration conservent leurs caractères essentiels de vitesse et de mobilité. Ainsi, tant du point de vue diégétique (multiplicité événementielle) que narratif (procédés d'écriture, *in medias res*, mobilité énonciative, etc.), le roman de Boyle, qui, empathique avec les « *wet backs* », pensait remettre en cause les valeurs traditionnelles de la Nation américaine et de sa littérature, y reste au fond très fidèle.

C'est donc déjà dans la *vitesse* des récits par rapport aux événements racontés que transparaissent les obsessions différentes des deux écrivains – des deux mondes. Paradoxalement, si chez Boyle on va très vite, le récit des événements peut être plus long que ceux-ci eux-mêmes, et leur abondance ne les empêchent pas d'être détaillés. C'est ainsi que l'auteur marque l'importance qu'il leur accorde : ce sont eux et bien eux, leur

21 Carlos Fuentes, *La Frontière de verre*, trad. C. Zins, Paris, Gallimard, 1999, p. 77. De la même façon, dans *Frontière ou Tableaux d'Amérique*, roman du québécois Noël Audet (Montréal, XYZ éditeur, 2003, p. 217), lorsque le douanier lui dit qu'« elle est indigne d'entrer en Amérique », Maria Moreno, la Mexicaine, se rebelle : « Elle a envie de leur crier des injures, de leur dire qu'ils ont usurpé à leur seul usage le nom d'Américains, comme des prétentieux. »

multiplicité, leur rapidité, qui sont au cœur du récit. De plus, Boyle écrit une seule histoire, dont la gradation vers une fin qui apparaît au fil du récit de plus en plus inéluctable. À l'encontre, Fuentes sollicite toute l'histoire mexicaine pour raconter celle de ses « *wet backs* », et son ampleur est d'une tout autre nature. Contrairement à celui de Boyle, son roman est très discontinu, par là même toujours surprenant, y compris dans ses modes d'écriture. Constituée de neuf nouvelles ou chapitres, sa construction est très complexe : les personnages peuvent se retrouver d'un récit à l'autre, et l'écriture elle-même adopte tous les registres, du monologue intérieur joycien aux poèmes, du langage parlé au récit à la deuxième personne.

Décidément, il est bien difficile aux deux mondes mexicain et américain de se rencontrer. Dany Laferrière, réfléchissant avec un ami, haïtien comme lui, sur ce qui caractérise différentes civilisations, écrit : « On a passé en revue les obsessions des autres peuples. Pour les Nord-Américains, on a pensé que c'était l'espace (le Far-West, la conquête de la Lune, la route 66). Pour les Sud-Américains, c'est le temps (*Cent ans de solitude*[22]). » Hantise de l'espace d'un côté, omniprésence du passé de l'autre, comment franchir une telle frontière ?

L'ultime rêve qu'on peut lire dans le roman de Fuentes amène alors à s'interroger : « Est-il encore temps de nous voir et de nous accepter tels que nous sommes réellement, Yankees et Mexicains, voués à vivre ensemble à la frontière de ce fleuve jusqu'à ce que le monde se lasse, ferme les yeux et se tire une balle en confondant la mort et le sommeil[23] ? »

L'événement d'une telle rencontre est-il donc définitivement utopique ? Et quel sera l'avenir de ces deux littératures ? Celle du Mexique, et plus généralement de l'Amérique latine, pourra-t-elle continuer à nous offrir ces écrivains dont l'ampleur des histoires, la richesse de l'écriture sauront résister au « formatage » spatial de la culture du puissant voisin ? Car on peut bien parler dans certains cas d'un certain formatage, me semble-t-il. Depuis que la limite du Pacifique a été atteinte, la littérature nord-américaine aurait-elle donc piétiné, le mythe de la frontière ne finirait-il pas par tourner à vide, la kyrielle d'événements qu'il engendre se consommant elle-même dans la répétition, voire dans un remâchage

22 Dany Laferrière, *L'Énigme du retour*, Paris, Grasset, 2009, p. 140.

23 Carlos Fuentes, *op. cit.*, p. 246, 284.

des mêmes obsessions ? Nicolas Bouvier, l'écrivain voyageur suisse, fait un tel constat, un peu désenchanté : « Sur les plages de Malibu, de Venice, de Santa Monica, j'ai bien compris que le mythe de l'Ouest, le "Westward-Ho" qui est à l'Amérique ce qu'Eschyle est à la tragédie grecque, était dilué dans les vagues énormes et grises, et froides. [...] Sur les plages du Pacifique, l'Ouest s'enroule sur lui-même comme une vague heurtant la plage[24]. » Ce n'est plus *un barrage contre le Pacifique*, comme dans l'Extrême-Orient de Marguerite Duras : à son autre extrémité, l'océan deviendrait ce barrage renvoyant les mêmes vagues d'aventures, les mêmes rouleaux d'événements ramenés sur le rivage du livre par le « ressassement éternel » des mêmes thèmes...

On l'aura compris, le sentiment ici exprimé est que la littérature américaine reste fortement marquée par sa focalisation sur l'espace et la frontière. Le temps a tué l'espace ? N'y aurait-il pas alors dans cette assertion une forme de lieu commun – une *doxa* sur laquelle on peut au moins s'interroger ? On observera d'ailleurs que ce constat (tout comme celui, sempiternel, de la supposée baisse du niveau des élèves ou des étudiants) n'est pas nouveau : Goethe parlait déjà en son temps de « l'avenir vélociférique » du monde, et il ajoutait que « nous en crèverions[25] ». De même Heine : « Quelles transformations doivent maintenant s'effectuer dans nos manières de voir et de penser ! Même les idées élémentaires du temps et de l'espace sont devenues chancelantes. Par les chemins de fer, l'espace est anéanti et il ne nous reste plus que le temps[26]. » Est-ce bien ce qui se passe dans la civilisation américaine ? On l'a vu : pour augmenter la vitesse, on peut tout aussi bien agrandir démesurément l'espace que réduire le temps, et c'est très largement ce que continuent à faire les Américains : toujours plus loin, ils vont chercher d'autres, de nouvelles frontières, toujours oubliant la lenteur sous-jacente à toute cette culture de la rapidité.

Tendance permanente à oublier la lenteur qui est la condition même de toute accélération, fût-elle plus généralement fondée cette fois sur la diminution du temps comme sur l'augmentation de l'espace... Régis Debray écrit :

24 Nicolas Bouvier, *Le Hibou et la baleine*, Genève, Zoé, 2003, p. 31.

25 Voir Paul Morand, *L'Homme pressé*, Paris, Gallimard, « L'Imaginaire », 2010, p. 241.

26 Cité par Rosa, *op. cit.*, p. 431.

> Prestige du véhicule, humilité du vecteur. Pour un *homo velox* qui fend l'air, n'aura-t-il pas cependant fallu des milliers de cantonniers, de casseurs de cailloux, d'ingénieurs pour charrier, délimiter, déblayer, revêtir, entretenir ? [...] Quel homme à idées n'a pas son mot à dire sur la vitesse ? Mais où est la philosophie officiellement habilitée qui considère les *Ponts et Chaussées*, nos couloirs aériens ou la maintenance au sol ? Ce refoulement, cet escamotage invétéré des contrebas, nous en avons fait une haute culture. Lisez la meilleure littérature de chez nous, de Nerval à Morand, et vous verrez comme le phaéton snobe le pavé, l'Orient-Express, le ballast et l'Hispano-Suiza des concours d'élégance, le bitume. L'homme pressé ne paye pas ses dettes aux infrastructures[27].

N'oublions donc pas ces travailleurs de l'ombre, souvent immigrés, souvent mexicains aux États-Unis, qui nous permettent de rouler à tombeau ouvert sur nos routes... Cette obsession du « gain de temps », qui omet les casseurs de cailloux et autres cantonniers, ne serait-elle pas alors le symptôme d'un certain aveuglement sur laquelle il convient, au moins, de s'interroger ? Et cet argumentaire qui privilégie la vitesse ne serait-il pas le symptôme d'une maladie qu'il conviendrait peut-être de traiter ?

Marc COURTIEU
Université de Haute-Alsace

27 Régis Debray, « Rhapsodie pour la route », dans *Qu'est-ce qu'une route*, F. Dagognet (éd.), *Cahiers de Médiologie*, n° 2, Paris, Gallimard, 1996 ; en ligne : <http://www.cairn.info/article.php?ID_ARTICLE=CDM_002_0005>. [Consulté le 19/06/2015.]

TROISIÈME PARTIE

LA LENTEUR COMME ANTIDOTE DE LA VITESSE ?

PRENONS UN TEMPS POUR EN PARLER SINON ELLES VONT DISPARAÎTRE

La mort des langues dans le temps de la vitesse

INTRODUCTION
Un phénomène effrayant et beaucoup de questionnements

Il y a presque quinze ans, le linguiste Claude Hagège écrivait dans son ouvrage *Halte à la mort des langues* :

> A-t-on pris garde d'un phénomène effrayant ? Sait-on qu'en moyenne, il meurt environ 25 langues chaque année ? Il existe aujourd'hui dans le monde 5 000 langues vivantes. Ainsi, dans cent ans, si rien ne change, la moitié de ces langues seront mortes. À la fin du XXIe siècle, il devrait donc en rester 2 500 environ, et sans doute beaucoup moins encore si l'on tient compte d'une accélération, fort possible, du rythme de disparition [...]. Ce cataclysme déroule ses effets imperturbablement, et cela, semble-t-il, dans l'indifférence générale[1].

Cette citation nous intéresse, car elle englobe les idées centrales de notre exposé : l'accélération du rythme de disparition des langues et l'indifférence générale de la population à l'égard de ce phénomène. Mais quel est le lien entre ces réflexions et la vitesse ?

Bien sûr, l'accélération du rythme de disparition veut dire une augmentation de vitesse, mais quelle en est la raison ? Existe-t-il un lien entre l'accélération de la mort des langues et le rythme de vie précipité que nous menons aujourd'hui ? Quel est le rapport avec l'apparente indifférence générale du monde ? Pourquoi les gens semblent ne pas

---

1 Claude Hagège, *Halte à la mort des langues*, Paris, Odile Jacob, « Poches », 2002, p. 9.

être troublés à propos de ce « phénomène effrayant » ? Est-ce que cela est l'évidence d'une société obnubilée par l'envie d'aller de plus en plus vite ? Nous allons essayer de répondre à ces questions et présenter la relation entre la disparition des langues et la vitesse.

QUI S'INTÉRESSE À LA MORT DES LANGUES ?

Depuis les années quatre-vingt-dix, des auteurs comme le linguiste Joshua A. Fishman ont commencé à s'intéresser au sujet des langues menacées[2]. En 1992, l'anthropologue H. Russell publie *Preserving Language Diversity*. À la fin de cette décennie apparaît la compilation de travaux *Endangered languages*[3]. Ces études vont marquer le début d'une série de recherches autour du monde concernant l'importance des langues et leur préservation. Pour n'en mentionner qu'une, on peut nommer l'article de Luisa Maffi, Michael Krauss et Akira Yamamoto : « *The World Languages in Crisis : Questions, Challenges, and a Call for Action* », issu de la « deuxième conférence internationale sur les langues en danger » qui a eu lieu à Kyoto en 2001. Issu de ce même séminaire, l'Unesco publie un rapport, « Vitalité et Disparition des Langues », en 2002.

Le début du XXIe siècle va donc être marqué par la confirmation du phénomène de la mort des langues, et Hagège fut un des premiers à faire entendre sa voix pour défendre la diversité linguistique. Les ouvrages à ce sujet se sont multipliés jusqu'à nos jours, écrits par des linguistes, sociolinguistes ou anthropologues. Mais en dehors de ces groupes de chercheurs, qui donc s'intéresse à ce phénomène ?

La menace de voir disparaître sa propre langue engage un certain nombre de groupes de locuteurs dans la préservation de leur parler. Si nous reprenons le cas de la France, ce sont des associations qui ont commencé à se battre pour la défense de leur patrimoine linguistique.

2 Joshua A. Fishman, *Reversing Language Shift : Theoretical and Empirical Foundations of Assistance to Threatened Languages*, Clevedon, Multilingual Matters, 1991.

3 Leonore A. Grenoble, Lindsay J. Whaley, *Endangered Languages. Current issues and future prospects*, Cambridge, University of Cambridge, 1998.

En 1969, au Pays basque français nait l'association *Seaska*, qui ouvre la première école maternelle pour enseigner le basque[4]. Cette initiative a été suivie par la communauté catalane française qui, en 1976, ouvre les écoles *Bressola*. En 1977 naissent les écoles *Diwan* en Bretagne, suivies par les écoles occitanes *Calandretta*, en 1979. Finalement, en 1991, naissent en Alsace les écoles associatives *ABCM-Zweitprachigkeit*.

Pour financer ces initiatives, les parents, regroupés dans des associations locales et régionales, organisent des fêtes populaires, et des souscriptions volontaires[5]. Malheureusement, l'intérêt des chercheurs et les efforts de ces associations engagées à « sauver » leurs langues n'ont pas été suffisants et le nombre des locuteurs continue a diminuer, comme le montre notre cas d'étude : l'alsacien.

L'ALSACIEN, L'EXEMPLE D'UNE LANGUE QUI S'ÉTEINT ?

L'alsacien est un parler d'origine germanique qui regroupe plusieurs formes. « L'appellation "Dialecte alsacien" est un glottonyme (générique), qui désigne l'ensemble des sous-systèmes dialectaux. L'alsacien en tant que langue régionale est appelé par le dialectophone : *Elsassisch*, *Elsasserditsch* ou *Ditsch*[6]. » Selon Eugène Phillips, *l'Elsasserditsch* est, autrement dit, de l'allemand tel qu'on le parle en Alsace, en conclusion, une forme d'allemand[7].

Le dialecte alsacien était la langue maternelle des Alsaciens depuis la fin du IVe siècle, et même avec l'annexion de l'Alsace par la France (1648), elle continua à être le parler vernaculaire de l'ensemble de la population[8]. Jusqu'à la fin de 1918, 95 % de la population alsacienne

4 Jean Petit, *L'Alsace à la reconquête de son plurilinguisme. Eine Schwere Wiedergeburt*, Nancy, Association des Nouveaux Cahiers d'Allemand, 2000, p. 60.

5 Tangi Louarn, « Les luttes pour les langues régionales en France : un combat pour la démocratie », dans *Silence* : *Que vivent nos 75 langues régionales*, n° 429, décembre 2014, p. 9-10.

6 Albert Hudlett, *Synopsis géolinguistique. Continum des parlers alémaniques et franciques d'Alsace et Moselle germanophone*, Strasbourg, Hirlé, 2001, p. 34.

7 Eugène Pillips, *L'Alsace face à son destin. La crise d'identité*, Strasbourg, Société d'édition de la Basse-Alsace, 1978. p. 54.

8 Pour mieux comprendre l'histoire linguistique de l'Alsace, voir Paul Lévy, *Histoire linguistique d'Alsace et Lorraine* [1929], Paris, Manucius, 2004.

déclarait parler le dialecte[9]. Mais le panorama a changé et le nombre de dialectophones a diminué considérablement dans les dernières décennies.

Selon les derniers chiffres de l'Insee publiés en 2002 dans leur étude *Chiffres pour l'Alsace*, « 545, 000 personnes de plus de 18 ans avaient déclaré parler l'alsacien en 1999. Ce qui représente 39 % de la population adulte[10] ».

En 2003, l'ethnologue Marie-Noëlle Denis publie : *Le dialecte alsacien, état des lieux*. Dans ce travail, elle mentionne qu'en 1999, seulement 7 % parmi les 6 500 élèves qui fréquentent les classes bilingues parlaient le dialecte[11].

Jean Petit, auteur de *L'Alsace à la reconquête de son plurilinguisme. Eine schwere wiedergebirt*, signale que « le taux des enfants véritablement dialectophones s'est effondré à 5 % dans la décennie des années 1990, alors qu'il était encore de 80 % en 1970[12] ». En moins de vingt ans, le nombre d'enfants qui parlent le dialecte s'est considérablement écroulé.

En ce qui concerne les jeunes, l'étude publiée par l'Office pour la langue et la culture d'Alsace (OLCA) en 2012 montre que le taux de dialectophones auprès des 18-29 ans est de 12 %. C'est le chiffre le plus bas de toute leur étude. Le taux de dialectophones est de 24 % parmi les 30-44, de 54 % parmi les 45-59 et de 74 % pour les plus de 60 ans[13]. Avec ces évaluations, nous sommes en mesure de croire que l'alsacien est susceptible de disparaitre d'ici à la fin du siècle. Mais quelle est la cause de ce phénomène ?

Pour mieux comprendre, il faut tenir compte de plusieurs éléments : historiques et linguistiques, entre autres. Mais, un aspect qui nous semble très révélateur est le contexte actuel qui nous amène justement à aborder le sujet de la vitesse, plus exactement du rythme accéléré dans lequel nous vivons aujourd'hui.

---

9 Marie Noëlle Denis, « Le dialecte alsacien : état des lieux », dans *Ethnologie française*, n° 3, vol. 33., 2003, p. 363-371. Disponible en ligne : <http://www.cairn.info/revue-ethnologie-francaise-2003-3-page-363.htm>. [Tous les liens mentionnés dans cet article ont été consultés le 27.05.2015.]

10 INSEE, *Chiffres pour l'Alsace*, n° 12, décembre 2002, p. 3.

11 Marie-Noelle Denis, *op. cit.*

12 Jean Petit, *op. cit.*, p. 59.

13 OLCA / ED Institut, « Étude sur le dialecte alsacien », disponible en ligne : <https://www.olcalsace.org/sites/default/files/documents/etude_linguistique_olca_edinstitut.pdf>.

L'ACCÉLÉRATION DE LA VIE ET SES CONSÉQUENCES

Actuellement, nous entendons très souvent dans notre entourage des expressions comme : « Tout va très vite ! Je n'ai plus le temps de rien faire ! » Pour comprendre l'origine de ces commentaires, des auteurs comme le sociologue Hartmut Rosa ont créé un cadre analytique afin de définir théoriquement ce processus d'accélération[14].

D'après sa recherche, il affirme l'existence de trois catégories d'accélération. Premièrement, l'accélération technologique caractérisée par l'accélération des moyens de transport, de communication et de production. Deuxièmement, l'accélération du changement social ou, autrement dit : l'accélération de la société elle-même, caractérisée par le passage à un rythme plus rapide des habitudes, de la mode, des valeurs, des attitudes, des styles de vie et des pratiques. Et troisièmement, l'accélération du rythme de vie (social) caractérisé par la sensation que « tout va trop vite » et que « nous n'avons pas le temps[15] ».

Nous pouvons tous constater chez nous et dans notre entourage ce qu'affirme Rosa, mais pourquoi sommes-nous tout le temps en train de courir ? Pourquoi sommes-nous toujours stressés ?

Selon le professeur Karlheinz Geissler, philosophe et spécialiste en économie, pédagogie et histoire, ce phénomène n'est pas une réalité, mais un piège, car en fait le temps est toujours le même : les jours ont toujours 24 h, les années 365 jours et les saisons ne se sont pas modifiées : nous avons toujours un printemps, un été, un automne et un hiver. Ce qui a varié, pour lui, c'est que nous avons trop de choses à faire, ou tout du moins c'est ce que nous croyons[16].

---

14 Rosa reprend le travail de James Gleick : *Faster : The acceleration of just about everything*, ouvrage publié en 1999, qui traite de la vie quotidienne nord-américaine contemporaine et de son accélération observée à tous les niveaux : amour, vie, discours, politique, travail, télévision, etc. Pour approfondir le sujet, voir aussi l'ouvrage : Harmut Rosa, *Accélération : une critique sociale du temps*, Paris, La Découverte, 2013.

15 Harmut Rosa, « Aceleración social : consecuencias éticas y políticas de una sociedad de alta velocidad desincrsonizada », dans *Persona y Sociedad*, vol. XXV, n° 1, p. 9-49 ; Universidad Alberto Hurtado, Santiago de Chile, 2011, p. 11-20. Article disponible sur Internet : <http://biblioteca.uahurtado.cl/UJAH/856/txtcompleto/txta131099.pdf>.

16 Karlheinz Geissler, *Alles hat seine Zeit, nur ich hab keine*, München, Oekom Verlag, 2011.

Donc, si ce n'est pas le temps qui s'est accéléré lui-même, qu'est-ce qui nous fait courir et nous donne la sensation de « ne plus avoir le temps » ?

Revenons une nouvelle fois à Rosa, pour qui l'accélération est provoquée par plusieurs facteurs. Le premier à être énoncé est le *moteur économique :*

> La source la plus évidente d'accélération sociale dans les sociétés occidentales est, évidemment, le capitalisme. Dans une économie capitaliste, le temps de travail apparaît comme un facteur crucial pour la production, économiser du temps signifie générer des gains [...]. Pour préciser, le fonctionnement du système capitaliste repose dans la circulation accélérée des biens et du capital dans une société orientée vers la croissance[17].

Dans cette logique, croissance et accélération sont directement liées, car il existe le besoin d'augmenter la production tout en réduisant le temps de production. C'est de là que vient l'équation proposée par Benjamin Franklin en 1748 : « *Time is money*[18]. »

Mais pour être performant dans ce modèle, il ne faut pas seulement être compétent, il faut toujours innover, générer des nouvelles techniques, technologies et produits pour être toujours en concurrence, pour générer plus de bénéfices. En conséquence, le cercle de production, distribution et consommation s'accélère constamment. Pour Rosa, ces éléments expliquent l'existence d'une compétition sans fin pour l'accélération technologique dans les sociétés capitalistes. En complément des idées de Rosa, Geissler corrobore que le système économique est grandement responsable de l'accélération actuelle, car il nous fait vivre au rythme des machines qui fonctionnent 24 h sur 24.

Finalement, nous considérons important de préciser que le fait de ressentir plus fortement les décisions économiques du capitalisme dans notre vie quotidienne est le résultat de la globalisation qui s'est imposée depuis les années 1980, marquée par une diminution de pouvoir des États Nation. À partir de cette décennie, les gouvernements ne régulent

17 « *La fuente más obvia de aceleración social en las sociedades de Occidente es, por supuesto, el capitalismo. Dentro de una economía capitalista, el tiempo de trabajo figura como un factor de producción tan crucial que ahorrar tiempo es equivalente a generar ganancias* [...]. *En resumen, el funcionamiento del sistema capitalista descansa en la circulación acelerada de bienes y capital en una sociedad orientada al crecimiento.* » (Rosa, *op. cit.*, p. 22 ; je traduis.)

18 Phrase utilisée par Franklin dans le texte *Advice to a Young Tradesman, written by an Old One*, en 1748. Disponible sur Internet : <http://www.craigcarey.net/spring2014eng370/files/2014/02/Franklin-Advice-and-Hints.pdf>.

plus le marché, au contraire, ils sont plutôt sous sa tutelle. Depuis, la mondialisation est un phénomène ressenti plus directement dans le quotidien et détermine les formes concrètes de notre vie[19].

S'il est clair après ces explications que le facteur économique est décisif dans l'accélération observée dans le monde actuel, ce n'est pas la seule cause de cette augmentation de la vitesse. Le deuxième facteur que Rosa présente pour nous aider à comprendre l'accélération qui se manifeste dans l'actualité est ce qu'il appelle le *moteur culturel :*

> L'accélération du changement social dans les sociétés occidentales est totalement liée aux idéaux culturels dominants de la modernité. Ceux-ci ont donné une priorité à l'idée de changement, fragilisant ainsi l'équilibre entre tradition et innovation[20].

Pour comprendre comment nous en sommes arrivés à cet idéal, Rosa reprend les idées de l'historien et politologue Friedrich Ancillon, qui déjà en 1828 signalait que les individus avaient tendance à chercher la « vraie vie » dans le changement. Selon Rosa, cet idéal, proposé par Ancillon, se base sur la croyance que la « vraie vie », « la bonne vie » est la « vie comblée[21] », riche en expériences et en développement des compétences.

En reprenant des auteurs comme le philosophe Hans Blumenberg, la pédagogue Marianne Gronemeyer et le sociologue Gerhard Schulze, qui ont analysé l'évolution de la conception de la joie dans la société, Rosa avance l'idée que cette vie comblée réside dans un changement d'ambition.

Pendant plusieurs années (surtout pendant celles où l'Église avait une forte influence), les gens aspiraient à avoir une vie paisible pour avoir une « vie supérieure » après la mort. Néanmoins, cela s'est transformé en une ambition de tout vouloir faire, c'est-à-dire goûter tout ce que le monde offre. Cela est devenu pour Rosa l'aspiration centrale de l'homme moderne[22]. Néanmoins, dans cette idée réside un problème : la

---

19 Voir l'article de Zaki Laïdi, « La mondialisation comme phénoménologie du monde ». Consultable sur Internet : <http://www.laidi.com/papiers/monde.pdf>.

20 « *La aceleración del cambio social en las sociedades occidentales está indisolublemente conectada con los ideales culturales dominantes de la modernidad. Estos han cambiado gradualmente el equilibrio entre tradición e innovación hacia la prioridad del cambio* » (Rosa, *ibid.*, p. 24 ; je traduis.)

21 Rosa renvoie au concept de « *fullfilled life* ».

22 Rosa, *op. cit.*, p. 24.

quantité de possibilités est tellement vaste qu'elles ne peuvent pas être réalisées dans la durée d'une vie. Comment faire donc pour satisfaire ces ambitions ? Selon Rosa, la solution à ce problème fut d'accélérer, car si nous arrivons à faire une action dans la moitié du temps, si nous arrivons à doubler la vitesse, nous arriverons à tout faire, ou au moins à avoir le double d'expériences. « Dans cette logique culturelle, si nous continuons à augmenter la vitesse de la vie, avec le temps nous arriverons à vivre plusieurs vies dans une seule[23] [...]. » Mais un nouveau problème apparaît, car les techniques qui nous permettent d'accélérer créent des nouvelles possibilités qui occupent notre temps.

L'exemple par excellence de ce phénomène est Internet, car bien que cette technologie puisse nous faire gagner du temps, elle génère en même temps de multiples domaines d'échanges, services et amusements. Nous avons probablement tous déjà vécu l'expérience de se connecter sur un site qui nous amène à un autre et celui-là à un autre encore, et cela pendant beaucoup de temps[24]. C'est un phénomène culturel aussi connu sous le nom de *zapping*, soit l'évidence que nous arrivons à aborder toujours moins que ce qui est offert. Ainsi, paradoxalement, l'accélération technologique nous amène à manquer de temps.

Internet a modifié notre rapport avec le temps et l'espace, car le monde du *web* marche 24 h sur 24 et offre l'accès à un monde qui ne dort pas, où tout est disponible en permanence. À ce propos, dans le film *Speed* du réalisateur Florian Opitz, le psychothérapeute Dr Bernd Sprenger, explique que :

> Le fait de vivre dans une époque où il y a trop de tout : trop d'information, trop de rendez-vous, etc. nous oblige à faire un tri sélectif, donc, nous devons consacrer une bonne partie de notre temps à savoir ce qui est important ou pas, mais nous manquons de discipline, et cela nous dépasse[25].

D'ailleurs, Geissler rejoint Sprenger dans l'idée que nous avons énormément de possibilités et que cela nous pousse à devoir faire de nombreux

23 « *Dentro de esta lógica cultural, si continuamos aumentando la velocidad de la vida, con el tiempo podríamos llegar a vivir una multiplicidad de vidas dentro de una sola vida* » (*ibid.*, p. 25 ; je traduis).

24 Nous pouvons expérimenter le même phénomène avec la télévision.

25 Commentaire de Sprenger dans le film *Speed* de Florian Opitz, 2012.

choix ; en conséquence, cela réduit notre temps. Le résultat de ce phénomène est que nous expérimentons une vie où il faut se dépêcher et cela à des conséquences à plusieurs niveaux.

Rosa montre comment l'accélération du rythme de vie affecte directement la personnalité ou l'identité. Les individus ressentent cette pression d'accélérer en réponse au changement social qui les entoure et ont « peur » de perdre tout ce qui est offert par le monde. Cela se traduit dans une « obligation » de lire le journal, faire du sport, appeler et visiter leurs amis, apprendre une nouvelle langue, chercher un meilleur travail, voyager, être toujours à la mode, utiliser les nouvelles technologies. Rosa définit ce phénomène comme la « détemporalisation de la vie[26] » qui se caractérise par la sensation d'être dans « une pente glissante » et toujours sous la pression du temps. Cela nous amène à voir notre vie autrement. Les décisions sont prises de temps en temps et sont définies par les désirs et les besoins selon le contexte et les nécessités. Dans ce panorama, l'individu suit une expérience de perte de direction, de priorités, et il devient superficiel.

À cela s'ajoute le conflit entre accepter notre rythme biologique (nous avons besoin de nous reposer) et suivre le rythme des machines, propre à un monde qui ne dort pas. Ces deux aspects nous rendent malades au niveau physiologique et psychologique. Cela est en train d'achever l'humanité, le monde et, revenant à notre point de départ, aussi les langues.

LA MORT DES LANGUES DANS L'ÉPOQUE DE LA VITESSE

En 2002, le linguiste français Louis-Jean Calvet publie l'ouvrage *Le Marché aux langues. Les effets linguistiques de la globalisation*, dans lequel il expose les conséquences des démarches économiques sur l'utilisation des langues. Dans ce travail, Calvet utilise une métaphore monétaire, c'est-à-dire qu'il compare les langues aux devises. Certaines sont en

26 Pour mieux comprendre ce concept (en espagnol « *destemporalización de la vida* »), voir Rosa, *op. cit.*, p. 31-33.

hausse et d'autres en dévaluation. Dans ce contexte, nous gardons et apprenons les plus utiles, les plus profitables[27]. Mais comment une langue acquiert-elle plus de valeur qu'une autre ?

Une des principales contributions de Calvet est la construction d'un modèle pour comprendre le versant linguistique de la mondialisation et montrer les rapports entre les langues : le modèle gravitationnel[28]. Selon lui, toutes les langues du monde sont interconnectées par le bilinguisme. Il existerait donc un système hiérarchique déterminé par des rapports de force. Dans ce modèle, les langues se trouvent étagées autour de langues-pivots de niveaux différents. Au centre existe une langue « hypercentrale » autour de laquelle gravitent d'autres langues « supercentrales » qui sont à leur tour pivot de la gravitation de plusieurs dizaines d'autres langues autour desquelles gravitent enfin les six ou sept mille langues périphériques.

Dans son prototype, Calvet place l'anglais au centre, comme la langue hypercentrale et ses locuteurs vont tendre au monolinguisme. Le français, l'espagnol, l'hindi, l'arabe, entre autres, sont placés comme langues supercentrales, et leurs locuteurs vont avoir tendance à apprendre l'anglais ou une autre langue supercentrale. Et ainsi de suite, ceux qui parlent une langue périphérique vont apprendre une langue supercentrale, voir la langue hypercentrale.

Mais qui décide de la place de la langue hypercentrale ? Calvet propose plusieurs exemples, entre autres : la situation mondiale de la traduction. Il montre (en reprenant les travaux du sociologue Johan Heilbronn qui a étudié les flux de traductions au niveau international) que plus on traduit à partir d'une certaine langue, plus celle-ci est centrale. Depuis Heilbronn, environ 40 % des ouvrages traduits dans le monde sont traduits de l'anglais. Suivent le français et l'allemand avec 10 et 12 % et finalement l'italien, l'espagnol, le danois, le suédois, le polonais et le tchèque, avec 1 % et 3 % pour chacun[29]. Cet exemple

---

27 Pour approfondir ce sujet, voir Louis Jean Calvet, *Le Marché aux langues*, Paris, Plon, 2002.

28 Nous pouvons définir ce modèle selon les propres paroles de Calvet comme « une représentation abstraite des rapports entre les langues, une configuration abstraite de rapports concrets qui s'incarnent en un lieu donné, en une situation donnée et à travers des locuteurs donnés ». (« La mondialisation au filtre des traductions », dans *Hermès*, n° 49, 3/2007, p. 47. Article disponible sur Internet : <http://www.cairn.info/revue-hermes-la-revue-2007-3-page-45.htm>.)

29 Pour comprendre mieux ces exemples, voir Calvet, *op. cit.*, p. 46.

corrobore l'image du modèle gravitationnel de Calvet, où l'anglais est placé au centre, au niveau de la langue hypercentrale, et nous confirme que le versant linguistique de la mondialisation apparaît comme un marché aux langues :

> [Dans ce marché] certaines langues sont très cotées (l'anglais au premier chef, puis les langues supercentrales, espagnol, français, etc.) et d'autres dévaluées (les langues périphériques dont certains locuteurs ou certaines communautés ne veulent plus, les abandonnent, c'est-à-dire ne les transmettant plus à leurs enfants[30]).

Comme nous venons de le voir, dans ce système, les langues périphériques sont menacées, car leur transmission est plus aléatoire et son expansion ne peut reposer que sur la vitalité des communautés qui les ont pour langues premières. En d'autres termes, si les locuteurs d'une langue périphérique l'abandonnent, elle est vouée à mourir.

Pour donner un exemple, nous pouvons prendre le cas mexicain. Au Mexique, l'espagnol, la langue officielle, est enseignée à l'école, même dans les communautés qui possèdent une langue indigène comme langue maternelle. Après l'espagnol, c'est l'anglais la langue la plus professée, et cela affecte gravement la transmission des langues originelles[31]. Dans ce pays, on compte trente-deux langues « sérieusement en danger » et vingt-et-une en « situation critique[32] ».

Mais il ne faut pas aller très loin pour constater que les langues minoritaires sont en danger. Comme nous l'avons déjà signalé avec le cas alsacien, en France, les parlers régionaux sont aussi menacés. Si l'imposition d'une langue « nationale » peut obéir à d'autres intérêts que ceux du marché aux langues, cette contrainte, combinée au fait que les langues minoritaires souffrent actuellement de la concurrence avec des « langues dominantes » (hyper ou supercentrales) accentue leur mise en danger.

---

30 *Ibid.*, p. 48.

31 Roland Terborg et Laura Garcia Landa, *Muerte y Vitalidad de las lenguas indígenas y las presiones sobre sus hablantes*, Universidad Nacional Autónoma de México, Coordinación de Humanidades, Centro de enseñanza de lenguas extranjeras, 2011.

32 L'UNESCO a établi six niveaux de vitalité / danger de disparition, selon neuf facteurs d'évaluation. Le niveau « sérieusement en danger » est le numéro 4 et le niveau « situation critique » est le 5. Pour voir les spécifications : <http://www.unesco.org/languages-atlas/index.php?hl=fr&page=atlasmap>.

CONCLUSIONS
Il faut continuer à parler sinon nous allons perdre beaucoup

Nous pouvons conclure premièrement que dans ce monde actuel accéléré, guidé par l'économie et les lois du marché, les langues n'échappent pas à la concurrence et deuxièmement, que cette compétition précipite justement leur déclin.

En suivant ces idées, nous pouvons finalement trouver le lien entre la diminution accélérée de gens qui parlent une langue minoritaire (comme l'alsacien) et le rythme de vie auquel nous nous soumettons actuellement, car dans un monde pressé, où ce qui compte le plus est l'argent, les dialectes n'ont plus de « valeur » (surtout économique).

La perte d'importance d'une langue est, pour le sociolinguiste Matthias Brenzinger, l'une des principales raisons de leur décadence. Son travail dans les communautés d'Afrique du Nord lui a permis de constater l'importance des comportements et attitudes des locuteurs vis-à-vis de leur langue. Pour illustrer cela, il donne l'exemple des parlers *Amazighs*, propres de la région du Maghreb, qui sont en train de disparaître, car ils sont en train d'être « abandonnés » par les peuples qui les parlent. Notamment car ces locuteurs considèrent qu'il est préférable d'apprendre l'arabe et le français[33].

Ce phénomène peut s'expliquer si nous observons que lorsqu'une langue est associée au progrès et à la réussite, les sujets vont avoir tendance à vouloir l'apprendre. Par contre, quand une langue ne garantit plus l'accès à une vie aisée, les gens ont tendance à l'oublier. Pour illustrer cela, nous allons reprendre deux expériences de notre terrain d'étude : la ville alsacienne de Munster, où nous avons constaté que l'alsacien a justement perdu sa valeur parmi les jeunes.

Suite à une conversation avec un jeune Munsterien de trente ans, nous avons retenu ce commentaire : « Quand j'étais plus jeune, au CP, on traitait de "ploucs" ceux qui parlaient alsacien, et je crois que c'est à cause de ça que beaucoup de gens de ma génération n'ont plus voulu

---

33 Matthias Bresinger, « Language Endangerement in Northern Africa », dans *Langage diversity endangered*, Berlin / New York, De Gruyter, « Mouton Reader », 2008, p. 123-139.

parler le dialecte. » Cette dépréciation peut être la conséquence d'un évènement historique, car quand la l'Alsace fut annexée par la France, le français était considéré comme « la langue du maître », et la bourgeoisie alsacienne l'a adopté comme sa langue, pour se différencier du reste du peuple, majoritairement paysan[34]. Depuis, l'alsacien a commencé à perdre du prestige et malheureusement, l'actualité n'a fait qu'accentuer ce phénomène.

Second exemple : nous avons rencontré un groupe d'adolescents de Munster qui devaient avoir entre treize et quinze ans, et à qui nous avons demandé : « Que pensez-vous de l'alsacien ? » Un garçon a répondu franchement : « L'alsacien, ça ne sert à rien. » Ses paroles ne peuvent être plus illustratives.

Ces deux exemples montrent clairement que le dialecte a été et est encore dévalorisé parmi les Munsteriens, qui ne voient plus l'intérêt de le parler, car cela n'a pas d'importance pour leur avenir. De notre point de vue, ces jeunes alsaciens ne voient plus l'intérêt de parler « la langue des vieux », car ils n'en ont pas besoin pour réussir leur vie : la plupart vont aller étudier à Colmar, Strasbourg, Mulhouse, ou même Paris, et vont faire leurs études en français. D'ailleurs, si l'on se promène un peu dans ces grandes villes alsaciennes, il est plus facile d'entendre parler arabe, anglais, italien, espagnol ou chinois qu'alsacien. Cela nous amène à conclure qu'il existe un autre lien entre la vitesse et la disparition des langues.

Plusieurs fois, nous avons entendu ce commentaire : « Dans le Bas-Rhin l'alsacien est plus vivant que dans le Haut-Rhin. » Quand nous avons demandé à une amie ethnologue habitant dans la vallée de Munster de nous expliquer cela, elle nous a dit : « En fait, dans le Bas-Rhin la vie est encore plus rurale, les gens habitent encore dans des petits villages. Là-bas même les jeunes parlent le dialecte. »

Nous pouvons situer la ville de Munster entre ces deux mondes, entre la ville et la campagne. Aux alentours de la ville existent encore plusieurs fermes qui se consacrent à la fabrication du célèbre fromage de Munster. Dans ces fermes vivent encore des personnes âgées qui n'ont jamais appris le français. Ces personnes sont nées à une autre époque, où tout allait plus doucement, et peut-être pouvons-nous nous aventurer

34 Eugène Philipps, *Les Luttes linguistiques en Alsace jusqu'en 1945*, Strasbourg, Salde, 1986, p. 37.

à dire qu'elles n'étaient pas en contact avec le monde « moderne » et n'étaient pas influencées par ses idéaux. Mais comme nous venons de le voir, le monde a changé. Il s'est accéléré, fragilisant ce mode de vie plus posé, altérant ainsi la transmission de plusieurs connaissances, dont le dialecte.

En regardant ces éléments, nous pouvons mieux comprendre pourquoi dans les villes, « filles de la modernité », le français domine et dans les communautés rurales, dans les fermes, entre les paysans qui travaillent encore en famille, où plusieurs générations cohabitent, l'alsacien est plus vivant. Cela explique pourquoi dans le Bas-Rhin, où existent plus de communautés rurales, l'alsacien est plus parlé.

Dans ce contexte, l'accélération de la vie n'est pas seulement une menace de la disparition des langues, mais aussi une « atteinte » aux autres façons d'apprécier la vie. À ce propos, l'anthropologue Wade Davis dit : « Une langue n'est pas seulement un groupe de paroles ou de règles grammaticales, c'est une vielle forteresse de sagesse qui reflète les différentes formes d'être, de penser et de connaître le monde[35]. » Ce commentaire montre justement une des conséquences les plus négatives de la mort des langues : l'homogénéisation et la perte de la diversité culturelle.

Avec des arguments comme celui de Davis, nous pouvons mieux comprendre pourquoi pour Hagège la mort de langues est un phénomène « effrayant », car si une langue meurt, avec elle ne meure pas seulement un parler « obsolète », mais toute une richesse de savoirs et une vision singulière du monde.

Si nous considérons que la langue de chaque peuple est la fenêtre qui nous donne la possibilité de découvrir ses idées et son approche de la nature et du monde, la conservation de la diversité linguistique représente non seulement la protection de la diversité culturelle, mais surtout de la diversité des pensées et nous permet de percevoir qu'il existe (justement) d'autres rythmes de vie.

Si nous regardons cela de près, nous trouverons que la plupart des langues en danger appartiennent justement aux peuples qui se battent pour préserver leurs traditions, leurs mœurs, leur façon de vivre, qui

35 Commentaire extrait des la conférence « TED : Dreams from endangered cultures », 2007. Disponible sur Internet : <http://www.ted.com/talks/wade_davis_on_endangered_cultures>.

essayent d'échapper à la machine d'accélération qu'impose le modèle capitaliste de l'économie globale.

Malheureusement, nous les avons perdus de vue, car nous sommes très occupés à courir (après le travail, nos *e-mails*, nos rendez-vous, nos obligations, notre argent, après le temps qui file), nous n'avons plus de temps pour les regarder, car si nous faisons une pause, si nous perdons une seconde, nous pouvons tomber (cette « pente glissante » dont parlait Rosa). Nous avons « peur » de perdre ce que le monde (commercial) nous offre, de tomber dans le chômage, la pauvreté, l'oubli, la désocialisation. Et cela nous rend malades, stressés et frustrés.

Ainsi, nous pouvons conclure que ce n'est pas que nous soyons indifférents, comme le signale Hagège. C'est plutôt, comme le dit Rosa, que nous sommes devenus superflus et la vague de la vitesse nous a ramené d'autres valeurs, d'autres inquiétudes. Les langues ne font plus partie de ce qui doit occuper notre temps (autrement que dans l'idée de les utiliser à des fins professionnelles ou économiques). C'est pour cela que nous avons eu envie de prendre un peu de temps pour en parler, de cette mort, pour braver l'indifférence. Et peut-être ainsi, en parlant un peu, calmement, nous pouvons participer à leur sauvetage, à la préservation de notre patrimoine et à la défense de la diversité mondiale.

Pavel DEL ANGEL MONTIEL
Université de Haute-Alsace

LES VERTIGES DE LA VITESSE

À propos des *mèmes* internet[1]

INTRODUCTION

Nous nous intéressons dans cette étude à la communication par internet pour en décrire les techniques et les effets éventuels sur les pratiques de la construction du sens. Vers 1989, la version 2.0 du web[2] a permis de passer de la simple navigation et consultation de données à un espace plus interactif permettant le partage des informations. Ainsi, on parle de web « participatif ». À ce niveau d'évolution, la valeur ajoutée à la communication numérique – dont la rapidité est devenue légendaire – consiste désormais dans l'interaction entre les internautes, laquelle contribue à faire circuler à grande vitesse l'ensemble des éléments de la culture. Le rôle de ce type de communication dans la construction de la mémoire collective au sens proposé par Sophie Moirand et/ou

1 J'aimerais remercier Francis Yaiche ainsi que Pauline Gauquié pour leurs remarques pertinentes, qui m'ont permis de mener à bien cette étude.

2 Le terme « web 2.0 » a été proposé dans le cadre d'une conférence tenue en août 2004 qui a rendu compte de la transformation tendancielle du web en « plateforme de données partagées via le développement d'applications qui viennent architecturer les réseaux sociaux issus de la contribution essentielle des usagers à la création des contenus et des formats de publication » (blogs, wikis…). La définition a été ensuite popularisée par Tim O'Reilly, président-fondateur de la maison d'édition américaine informatique qui, dans un article publié le 30 septembre 2005, en a posé les principes. Pour lui, la clef du succès dans cette nouvelle étape de l'évolution du web réside dans l'intelligence collective. « Le web 2.0 repose sur un ensemble de modèles de conception : des systèmes architecturaux plus intelligents qui permettent aux gens de les utiliser, des modèles d'affaires légers qui rendent possibles la syndication et la coopération des données et des services. Le web 2.0, c'est le moment où les gens réalisent que ce n'est pas le logiciel qui fait le web, mais les services. » Voir : <http://www.ladocumentationfrancaise.fr/dossiers/internet-monde/web2.0.shtm>. [Tous les liens cités dans cet article ont été consultés le 23.05.2015.]

Anne-Marie Paveau[3] n'est pas à sous-estimer si nous mettons en évidence le lien entre la production médiatique (une masse de données, consistant le plus souvent dans la circulation des dires dont toute la culture est imprégnée) et la constitution du stock de souvenirs de discours retenus.

En fait, puisque le web participatif permet d'accélérer et, par là, de réactiver l'interaction[4], de nouveaux modes d'échange de l'information et d'intercompréhension sont offerts par le réseau. L'une de ces pratiques de la nouvelle communication numérique participative s'appelle le *mème internet*. Le mot *mème*, qui est un anglicisme (*meme*), provient de la théorie de Richard Dawkins, biologiste et éthologiste anglais. L'idée de *meme* est introduite dans son ouvrage *Le Gène égoïste* (*The Selfish Gene*[5]) où il présente le *mème* parallèlement à la génétique : à l'instar des gènes transmis de génération en génération, certains phénomènes culturels sont transmis, imités et transformés socialement. Le terme a été repris par les internautes et popularisé, et l'utilisation commune du mot *mème* n'a en définitive pas grand-chose à voir avec la proposition initiale de Dawkins, qui renvoie à un concept beaucoup plus large. Dans sa forme la plus sommaire, un *mème internet*[6] est donc un élément d'une culture qui se ramène à une idée simple diffusée rapidement à travers le réseau et qui peut prendre la forme d'un hyperlien, une vidéo, un site internet, un *hashtag*, une photo ou simplement un énoncé. Dans cette contribution,

---

3 Voir à ce propos : Sophie Moirand, *Les Discours de la presse quotidienne. Observer, analyser, comprendre*, Paris, PUF, 2007, p. 114-149 ; et Anne-Marie Paveau, *Les Prédiscours. Sens, mémoire, cognition*, Paris, Presses Sorbonne Nouvelle, 2006, p. 86-112. Pour Moirand, le mot *mémoire* réfère non seulement à la faculté d'acquérir et de stocker des informations, mais aussi aux opérations très complexes de restitution des souvenirs de faits ou de dires. En reprenant les travaux actuels sur la mémoire en psychologie cognitive, Paveau souligne que la mémoire permet une catégorisation des connaissances et fournit des cadres pour la nomination des expériences nouvelles selon six grands types d'association permettant la récupération et l'activation d'éléments enregistrés en mémoire : l'opposition, la similitude, la superordination, la subordination, la causalité et la contiguïté.

4 Conformément d'ailleurs à l'avis exprimé par Christophe Deleu à l'époque de l'arrivée du web 2.0 : « Tous les moyens permettant de gagner de la vitesse ont toujours été exploités par les médias. » (Voir : Christophe Deleu, « Médias et nouvelles technologies : le journaliste pressé », *Les Cahiers du journalisme*, n° 5, 1998, p. 206-216 [ici : p. 209].)

5 Richard Dawkins, *The Selfish Gene*, New York, Oxford University Press, 1976.

6 D'après l'*Oxford English Dictionary*, un « mème » est plus exactement un élément d'une culture ou d'un ensemble de comportements qui se transmet d'un individu à l'autre par imitation ou par un quelconque autre moyen non génétique : « *an element of a culture or system of behaviour passed from one individual to another by imitation or other non-genetic means* » (<http://oxforddictionaries.com/definition/meme?q=meme>).

nous nous intéresserons à une seule de ces formes du *mème*. Il s'agira des photos créées et diffusées par les internautes à l'aide d'un générateur de *mèmes* disponible sur l'Internet[7].

Les photos-*mèmes* commencent leur vie quelque part sur Internet et sont soumises à des modifications, diffusées, modifiées à nouveau, amplifiées pour… disparaître enfin. Ainsi, chacun peut devenir créateur de *mèmes* et chacun peut se retrouver du côté du public, chacun à tout instant peut prendre part à la communication. Tout comme les gènes transmettent des caractéristiques biologiques, les *mèmes* se transmettent d'une personne à l'autre et sont, exactement comme les gènes, soumis à des mutations imprévues.

TYPES DE MUTATIONS

Nous aimerions présenter les mutations subies par les *mèmes*-photos sur l'exemple devenu culte du *Ridiculously Photogenic Guy* (désormais *RPG*). Le 31 mars 2012, le jeune New Yorkais Zeddie Little participe à la course annuelle de Cooper River Bridge à Charleston, en Caroline du Sud. Ayant aperçu un ami sur le bord de la route, il arbore son plus beau sourire pour le saluer et se fait figer dans cette expression par un photographe-amateur, Will King, qui affiche ensuite la photo sur son *Facebook*. C'est ainsi que Zeddie Little, sans le savoir ni le vouloir, est devenu un *mème* : sourire éclatant, dents blanches, cheveux au vent, beau comme une image : en quelques heures, sous le surnom de *Ridiculously Photogenic Guy* (soit « le type ridiculement photogénique »), le New-Yorkais aura fait le tour du Web[8].

Depuis, cette image, exactement comme les autres *mèmes* internet, a subi plusieurs modifications à l'aide de générateurs de *mèmes*. On peut les cataloguer en mutations iconiques, énonciatives et mixtes, ces dernières étant la jonction des deux premières catégories. Ces métamorphoses nécessitent une description plus détaillée.

---

7 Par exemple sur le site suivant : <http://choualbox.com/generateur/makememe>.

8 Pour voir ces *mèmes*, on peut se reporter à cet article : <http://www.liberation.fr/ecrans/2012/04/25/ridiculously-photogenic-guy-de-la-risette-a-la-risee_959780>.

MUTATIONS ICONIQUES

Ainsi, les mutations iconiques qui consistent en des altérations de nature picturale et fonctionnent sans ajout de commentaire verbalisé (sans sous-titre) peuvent être sous-catégorisées en deux groupes encore. Le premier consiste à incruster une autre image ou photo dans la photo d'origine. Dans ce cas, on va parler de mutation iconique de type *in* car la modification s'opère dans la photo d'origine, par exemple dans le *mème* où l'on voit une nette opposition entre le « type ridiculement photogénique » et le type ridiculement NON-photogénique. Ce dernier a d'ailleurs donné lieu à une série de mêmes à part construits sur l'antithèse évidente par rapport au *RPG*[9].

Dans le second cas, on dira que la conversion est de nature picturale de type *out* (le *RPG* est découpé de la photo d'origine et incrusté dans une autre photo facilement interprétable pour le public de *Harry Potter*[10]).

MUTATIONS ÉNONCIATIVES

La mutation énonciative, celle qui nous intéressera le plus, consiste à ajouter dans l'image un commentaire, une sorte de sous-titrage. Le commentaire prend souvent une forme binaire, sa topographie est fixe car elle est plus ou moins imposée par le générateur de *mèmes*. De la sorte, la première séquence de texte collé est placée en haut de l'image, la seconde en bas, mais il est possible aussi de se limiter à une seule ligne de commentaire[11]. Parfois, mais c'est plus rare, le texte est placé dans des bulles de type bande dessinée. Dans le cas du *RPG*, le jeu consiste surtout à lui imaginer et à verbaliser ensuite des « super pouvoirs » allant de pair avec sa perfection plastique, comme dans le *mème* indiquant : « Il fait du jogging et toute la ville fait de *même.* »

Comme autres sous-titres insérés dans la même photo, il y a par exemple : « Il fait de la figuration dans un film et gagne un oscar », « Il regarde l'objectif et la photographe tombe enceinte », « Il couche avec ta copine et c'est toi qui t'excuses »…

---

9 Voir : <http://www.funnyjunk.com/funny_pictures/3557304/Ridiculously+Unphotogenic+Guy/133>.

10 On peut retrouver ce montage ici : <http://www.smosh.com/smosh-pit/memes/best-ridiculously-photogenic-guy-meme>.

11 Dans un travail à part, on pourrait s'interroger d'ailleurs sur le fonctionnement de ces commentaires, par exemple dans l'ordre de thème en rhème.

MUTATIONS MIXTES

La mutation mixte, énonciative et iconique à la fois, consiste en une évolution picturale et énonciative, par exemple dans un *mème*[12] où la mutation picturale de type *out* s'accompagne d'un ajout énonciatif, les deux métamorphoses étant nettement de nature dialogique dans le sens rétrospectif, c'est-à-dire celui du renvoi à l'énonciation antérieure[13].

FONCTIONS ET FONCTIONNEMENT DES *MÈMES*

Beaucoup de *mèmes*, comme dans le cas du *RPG*, ont avant tout une fonction ludique visant clairement au simple divertissement. Cependant, leur côté humoristique et ironique peut aboutir, au niveau du discours politique, à de véritables commentaires rapides, brillants et aigus. En fait, les autorités et les événements politiques sont sources de *mèmes* par excellence, aptes à toute sorte de mutations tant au niveau iconique qu'au niveau énonciatif.

À notre avis, un nouveau mode de communication politique est né, et il est prêt à produire un énorme impact sur l'opinion publique. Comme le remarque à juste titre Fred Hailon[14], la médiation du sens par le réseau défait la perspective traditionnelle horizontale/verticale de la communication traditionnelle. Ainsi, le réseau offre des échanges communicatifs spontanés et non guidés. Par sa rapidité (*feedback* instantané possible) et l'accès ouvert et facile à tout échange communicatif avec autrui, le *mème* a permis d'activer les interactions scripteur-lecteur,

12 Voir « Jogs. Into Mordor » : http://www.smosh.com/smosh-pit/memes/best-ridiculously-photogenic-guy-meme>.

13 Voir : Jacques Bres, Aleksandra Nowakowska « Dialogisme : du principe à la matérialité discursive », *Recherches linguistiques*, 28, dans Laurent Perrin (réd.), *Le sens et ses voix. Dialogisme et polyphonie en langue et en discours*, Metz, Université Paul Verlaine, 2006, p. 21-44.

14 Fred Hailon, « Contribution à une sémantique médiatique numérique (nouvelles pratiques médiatiques numériques et savoir de sens commun. *Contribution to digital media semantics (new digital media practices and common sens knowledge)* », *Studii de Linguistica*, numéro thématique : *Écritures et genres numériques. Digital forms of writing and genres*, sous la dir. d'Aleksandra Nowakowska et François Perea, vol. 4, 2014, p. 93-109 (ici : p. 98).

ce qui a contribué à la coproduction et à la coréalisation d'information rendues possibles par le nouveau dispositif numérique.

À la rigueur, l'apparition de chaque *mème* correspond à une nouvelle unité de sens. Les internautes sont rentrés dans la *praxis* communicative d'une manière qu'on peut dire globalement non professionnelle (les *mèmes* sont souvent criblés de fautes de langue, y compris de fautes d'orthographe « graves »), mais extrêmement créative, spontanée et surtout performative. Le *mème* ne s'installe pas dans le réseau pour subsister ou vivoter : tout au contraire, il attend une réponse, et ce, sur deux plans au moins. Le premier *feedback* vient de la communauté des internautes participant activement à l'échange communicatif qui génère les mutations iconiques et énonciatives décrites ci-dessus. Le second *feedback*, plus décalé dans le temps à l'instar de l'échange plus traditionnel, vient du public, des simples consommateurs de *mèmes*.

Avec les *mèmes* « Yes we tax » et « Le changebent c'est baintenant[15] », nous avons de modestes exemples de *mèmes* politiques. Soulignons qu'ils se produisent à grande échelle sur le web, forment des séries entières et peuvent être modifiés à chaque instant par chaque internaute.

L'interaction fondée sur le dispositif numérique a ainsi permis aux internautes d'entrer dans une véritable *praxis* communicative où les participants de l'échange créent les normes et les principes, mais rien n'est prédéterminé et automatique sur le réseau. En effet, les *mèmes* sont diffusés par les internautes conformément au système pair-à-pair (*peer-to-peer*, souvent abrégé en *P2P*) qui est un modèle de réseau communicationnel proche du modèle client-serveur, mais où chaque client est aussi un serveur.

Pour comprendre et suivre l'évolution des *mèmes*, la connaissance du contexte est nécessaire. Une différence délicate se profile cependant entre les *mèmes* de type purement ludiques, comme le *RPG*, et les *mèmes* politiques. En fait, de nombreux *mèmes* de divertissement font référence à un élément peu connu du grand public et sont destinés à une audience limitée, capable de comprendre la référence. Les *mèmes* politiques sont fondés sur les images des personnages politiques/publics, dont l'identité est notoire et avec lesquels le repérage du référent est

15 On peut retrouver ces *mèmes* à ces adresses : <http://lagauchematuer.fr/wp-content/uploads/2015/08/hollande-taxes-1.jpg> et <http://golem13.fr/le-changebent-cest-baintenant-humex-rhume/>.

immédiat. Cependant, l'ensemble des mêmes qui émergent en ligne se rapportent souvent à un événement politique/public réel dont la connaissance est indispensable pour une interprétation réussie. En fait, l'invasion des *mèmes* sur le réseau contribue à construire de véritables « moments discursifs », pour emprunter les éléments de l'approche de Sophie Moirand[16].

La diffusion des *mèmes* internet a plusieurs autres caractéristiques pertinentes surtout dans le contexte de la communication politique. Leur propagation est d'abord immédiate par rapport à l'événement réel (vertiges de la vitesse !), les commentaires arrivant sur le web en quelques minutes à peine après l'événement. Ensuite, elle est non contrôlée (car à ce qu'il me semble, il n'est pas possible de contrôler ce type d'interactions dans une démocratie), et en dernier lieu, elle a un caractère quantitatif très marqué, la production des *mèmes* se fait à une échelle industrielle. Ainsi, parmi les centaines de *mèmes* qui font leur apparition chaque semaine, seule une poignée passe réellement à la postérité.

Comme nous avons déjà pu le voir dans les exemples, le *mème* a toujours un caractère dialogique (ou interdiscursif au sens large). Lorsqu'un *mème* évolue, il emprunte en effet souvent des éléments (iconiques et énonciatifs) à d'autres *mèmes* antérieurs – ce qui les rend parfois rapidement incompréhensibles pour les non-initiés. Cependant, le dialogisme des *mèmes* a plus qu'une seule dimension. À part la dialogisation[17] *interne* évoquée, limitée au circuit des *mèmes*, il y a aussi une dialogisation de type *externe* qui consiste à puiser dans les énonciations antérieures et dans tous les textes de culture possibles (au sens le plus large possible), la culture recouvrant, pour emprunter la définition à Catherine Kerbrat-Orecchioni « l'ensemble des savoirs et croyances, dispositions et normes, manières de dire et de faire propres à une communauté particulière[18] ». Ainsi, la perfection plastique du *RPG* qui

---

16 Sophie Moirand, *op. cit.*, p. 4 : il s'agit d'une abondante production médiatique (« diversité des productions discursives ») qui surgit à propos d'un fait du monde réel, par exemple l'attentat de Madrid le 11 mars 2004.

17 À propos de la dialogisation linguistique, voir : Jacques Bres, Aleksandra Nowakowska (éd.), *op. cit.*

18 Catherine Kerbrat-Orecchioni, « Système linguistique et *ethos* communicatif. *Language as system and cultural rules of communication* », *Cahiers de praxématique*, n° 38, 2002, p. 35-57 (ici : p. 42).

est à l'origine de la production de sens humoristique fait certainement un écho discursif au discours publicitaire qui met en avant la beauté physique et en fait un objet culte de désir[19]. Quant aux sources de la dialogisation des *mèmes*, les internautes puisent en particulier dans la (pop)culture : dans les films, la littérature, les médias d'information (*Harry Potter*, *Star Wars*, séries télévisées, bande dessinées). Dans le cas des *mèmes* politiques, la dialogisation externe permet le rappel immédiat, humoristique et/ou ironique des promesses politiques non tenues et des déclarations oubliées. Dans ce cas, les *mèmes* portent atteinte à l'*ethos* communicatif des autorités politiques, *ethos* compris à la manière de la *Rhétorique* d'Aristote, installé dans la fameuse triade *logos/ethos/pathos* en désignant les qualités morales que l'orateur montre implicitement dans son discours, sans dire *expressis verbis* qu'il est raisonnable, équilibré, honnête ou aimable, tout cela pour assurer la réussite de son entreprise oratoire.

CONCLUSION

L'histoire du web 2.0 montre que le dispositif technique est véritablement constitutif de l'activité cognitive. La perception du monde, l'imagination et enfin la mémoire sont catalysées par la communication sur le réseau. Exactement comme le système iconique, le langage et ses manifestations n'existent que dans la circulation et la transmission sociale, alimentée par la mémoire collective. Même si les sous-titres des *mèmes* représentent des énoncés structurellement modestes, leur aspect qualificatif (portée performative, aspect dialogique) est indéniable et montre clairement que le mot est une unité structurante, très dynamique, praxéologique et anthropologique à la fois. Par le mot ainsi conçu, le sujet se définit et se réalise en tant que sujet parlant, pensant et agissant sur la base de la mémoire discursive et collective qui semble elle-même être alimentée par les nouveaux modes de transmission de sens où l'élément humoristique ou ironique joue un rôle très important.

19 Les internautes visent dans leurs mèmes les croyances communes dans le lien indissociable entre la perfection des apparences et la perfection psychique et actionnelle.

En résumé, les *mèmes* internet sont donc des énoncés décalés par rapport à un contexte, recontextualisés à plusieurs reprises, en combinaison avec des images, à effet humoristique ou ironique. Ils ont toujours un caractère dialogique (intertextuel/interdiscursif) car ils sont le lieu de différentes mutations intersémiotiques qui reprennent un élément ou un phénomène culturel pour le décliner en masse sur l'Internet.

Elżbieta BIARDZKA
Université de Wrocław

« ON VA TOUT DE MÊME COMMENCER À DANSER »

Joë Bousquet ou la vitesse

En pensant à Lucia.

DE QUOI S'USER LES YEUX

Joë Bousquet a passé le plus clair, mais aussi *le plus sombre* de son existence alité à Carcassonne. Il n'en était pas moins entouré des plus remarquables peintures de son époque : les murs de sa chambre se recouvraient des toiles de Magritte, Bellmer, Fautrier, Lhôte, Dali, Tanguy, Miro, Picabia, Masson, Klee, Dubuffet ou Max Ernst. Ces œuvres constituaient pour Bousquet les intersignes nécessaires au déploiement de sa présence. Quelquefois prises dans le réseau des intersignes, des dames, assez nombreuses, mystérieuses, venaient quotidiennement rendre visite à Bousquet. Celles-ci hantent ses journaux, peuplent sa correspondance. Bousquet les nimbait de rêve et de désir, de son amour même. Ces femmes à saveur d'impossible, nous les connaissons sous les noms idéalisés de Blanche-par-Amour, Poisson d'or, la Souterraine, Blanche-Abeille ou encore de la Passante bleue et blonde. Mais ce n'est pas seulement affaire de fantasmes, puisque la chambre de la rue de Verdun est aussi un bouillant foyer intellectuel. On y rencontre, dès les premiers temps, des penseurs du Sud venus bénéficier de la camaraderie de Bousquet : René Nelli, Louis-Claude Estève, Ferdinand Alquié, mais aussi Jean Mistler (et plus encore Stéphanie, son épouse), ou bien le poète, qui dans le cercle de Bousquet fait figure d'aîné insurpassable, François-Paul Alibert. D'autres personnalités, plus célèbres, venues de loin, se presseront chez Bousquet : Éluard, Aragon, Paulhan, Valéry, Gide, Simone Weil. Des témoignages nous sont parvenus. « Pour accéder à lui », constate Pierre Guerre :

> on traversait des couloirs obscurs, des paliers obscurs, on passait des portes obscures. Joë Bousquet vivait allongé derrière une tenture lourde, presque impénétrable. Il fallait s'encombrer d'elle, repousser dans le noir les plis de l'étoffe, chercher longuement la coupure pour pénétrer. Cette halte obligée, cet arrêt aveugle pour tous ceux du dehors, témoignait que tout, de l'extérieur, arrivait amorti dans le sanctuaire en désordre où il avait été contraint, pour un temps sans limitation, de se créer une existence singulière[1].

Bousquet est donc au cœur du labyrinthe. On a pu voir en lui une araignée au milieu de sa toile. C'est effectivement par lui que de nombreux dialogues se tissent, entre pensée, poésie et peinture. Et la spéculation va bon train. Scolastique, doctrine cathare, mais aussi romantisme (allemand de préférence), symbolisme ou bien surréalisme naissant – tout semble passer par la chambre de Bousquet. Il faut trouver la clé de l'être et du langage. Jean Paulhan est le grand patron. Mais c'est aussi, pour parler comme Rimbaud, la clé de l'amour que Bousquet essaie de retrouver. Bousquet tente par exemple de ranimer, à travers la pensée d'un Duns Scot, le débat du « connaître et de l'aimer[2] ». Et c'est l'impossible connaissance charnelle que le gisant de Carcassonne rejoue sans cesse, dans ses lettres à Marthe, à Ginette, à Germaine (Poisson d'or), à la jeune Linette. Ou encore dans le délire érotique du *Cahier noir*. Tout n'est alors jamais affaire que de regards. Un regard qui désire, qui dénude, qui perce. Mais aussi le regard d'un « rêveur définitif », qui séduit André Breton aussi bien que Bachelard.

Bousquet, en artisan du regard, dédie à Denise Bellon, la photographe qui vient lui rendre visite de 1946 à 1947, un texte autobiographique sur lequel elle pourra, dit-il, « user ses beaux yeux[3] ». L'écriture de Bousquet nous *use les yeux*, c'est vrai. Sans doute va-t-elle trop vite.

---

1 Cité dans Pierre Cabanne, *La Chambre de Joë Bousquet. Enquête sur une collection*, Marseille, André Dimanche, 2005, p. 8.

2 Son ouvrage posthume en témoigne, *Les Capitales ou de Jean Duns Scot à Jean Paulhan* (1955), Montolieu, Deyrolle, 1996, p. 81.

3 Il s'agit de *D'une autre vie*. Voir le fac-similé de ce document dans Denise Bellon, Joë Bousquet, *Au gîte du regard*, Carcassonne, Centre Joë Bousquet, « Cahiers Joë Bousquet et son temps », 2003, p. 67-101.

« Nous peinons à le suivre[4]. » Nous proposons d'appréhender la vitesse chez Joë Bousquet, en tant que caractéristique propre à son écriture, à l'expression de sa pensée, à sa lisibilité ou à son illisibilité.

Une remarque s'impose quant au *corpus* bousquetien, combien vaste ! L'étendue du canon – plus de deux mille pages rien que pour la partie dite romanesque – témoigne, en soi, d'une rapidité dans l'exécution. Journaux, volumes de correspondance, nouvelles, poésies, romans, mais aussi traité spéculatif – l'œuvre hétérogène de Bousquet se présente comme un terrier ou un rhizome. *Traduit du silence* (1941), par exemple, qui est une sorte d'anthologie organisée par Jean Paulhan à partir des journaux de Bousquet, opère la synthèse, résume l'intention de l'écrivain, autant – ou aussi mal – que n'importe quel ouvrage de Bousquet. D'emblée se pose la question de la méthode à adopter vis-à-vis de l'œuvre proprement in-fini de Bousquet. Estimant que l'essentiel de Bousquet se trouve partout au sein de son *corpus*, aussi bien dans les journaux, dans la correspondance, dans l'œuvre romanesque que dans les poèmes, quitte à tomber sous le coup de l'arbitraire ou de la partialité, on ne peut opérer que par prélèvements successifs et ne proposer qu'un aperçu du vaste rhizome bousquetien. L'impuissance du lecteur est grande, tant la pensée de Bousquet va vite. Hubert Juin ne s'y trompe pas[5], lorsqu'il souligne la nette opposition entre la méthode surréaliste – la vélocité de l'écriture automatique – et ce qu'il nomme l'« écriture-Bousquet », laquelle tombe comme la foudre, subite et sans appel. L'*écriture-Bousquet*, en cela que l'on s'accorde à dire que l'expérience poétique de Bousquet ne se détache pas de la vie de Bousquet. Il n'y a qu'un pas pour y voir une réincarnation par l'écriture, ou, plus justement, la fabrication nouvelle d'un corps sombre de mots supportant une pensée aveuglante, qui file à la vitesse, ni plus ni moins, de la lumière.

4 C'est ce que constate Hubert Juin (Suzanne André, Hubert Juin, Gaston Massat, *Joë Bousquet*, Paris, Seghers, « Poètes d'aujourd'hui », 1958, p. 33).

5 Dans son élégante préface à *La Connaissance du soir* (Paris, Gallimard, « Poésie », 1981, p. 12) : « Il écrit à la façon de l'orage, sans savoir où il frappe. L'écriture-Bousquet est un lieu déchiqueté. » Ses remarques, à la même page, sont très justes également au sujet de la vitesse de Bousquet : « Dès qu'il découvrit le surréalisme et la méthode de l'écriture automatique, Joë Bousquet leur accorda l'attention la plus vive. Il serait abusif cependant de prétendre qu'il accepta tel quel l'automatisme. Il exigeait de l'écriture autre chose – et d'abord, comme il le dit lui-même, qu'elle le surprenne. C'est sur la nature même de cette surprise qu'il faut s'interroger. L'auteur de *La Tisane de sarments* avait l'ambition d'écrire *avant lui* : le langage, d'une certaine façon, le devançait. »

L'ÉVÉNEMENT : LA NUIT MONTE

Une balle allemande atteint le lieutenant Joseph Bousquet à la moelle épinière, lors de la bataille de Vailly, le 27 mai 1918. Cette blessure fait de Bousquet le gisant de Carcassonne. Gilles Deleuze y voit un « événement pur[6] », et l'on répugne à dissocier la blessure de Bousquet de l'activité poétique qui en découle. L'événement qui fait devenir Bousquet le poète qu'il est revient indéfiniment sous sa plume. Cette blessure a été *reçue* par Bousquet, tel un sacrement, comme il l'explique dans une lettre à Poisson d'or : « Est-ce beaucoup prétendre que d'assigner à ma blessure le caractère un peu à part d'un sacrement[7] ? » Il s'en ouvre, aussi, à Denise Bellon, se remémorant alors le début de son interminable nuit : « Je suis tombé devant Vailly, à 7 heures du soir. Le bataillon allemand que j'avais contre-attaqué en est sorti aussitôt, ou très peu après, avec la nuit qu'avant de tomber j'avais anxieusement regardée s'élever dans le ciel[8]. » *La nuit monte.* C'est déjà la connaissance du soir, mais ce n'est pas la mort. Bousquet écrira à Poisson d'Or : « La vie renaît sans cesse. Et même celui qui est tué ne perd qu'une apparence. J'ai bien dû être tué, vous le savez, le 27 mai 1918. Mais la mort m'a trouvé trop lourd à emporter[9]. » Le cadavre, du latin « *cadere* », est bien ce qui tombe, mais, *tombé* à Vailly, Bousquet le grabataire est un mort d'un genre particulier qui laisse entendre à l'aimée qu'il est *trop lourd pour la mort.* Profonde cohérence de l'imaginaire bousquetien : la mort qui nous emporte avec

6 « La blessure qu'il porte profondément dans son corps, il l'appréhende dans sa vérité éternelle comme événement pur, pourtant et d'autant plus. Autant que les événements s'effectuent en nous, ils nous attendent et nous aspirent, ils nous font signe : "Ma blessure existait avant moi, je suis né pour l'incarner." » (*Logique du sens* [1969], Paris, Minuit, « Critique », 2005, p. 174.) Ferdinand Alquié, qui sera le professeur de Deleuze, ne dit pas autre chose dans un article paru dans le numéro 303 des *Cahiers du Sud* : « Aussi, blessé à mort, [Bousquet] ne nous semblait-il pas plus mortel. Il avait cessé d'être le fils de la Nature pour devenir celui de l'événement. De tout événement futur, il nous paraissait donc devoir demeurer la conscience et l'écho. » (« Joë Bousquet et la morale du langage », repris dans *Philosophie du surréalisme*, Paris, Flammarion, « Champ Philosophique », 1977, p. 179-182.) Voir aussi ce que Bousquet écrit à Stéphane Mistler, le premier mars 1935 (?) : « tout fait *événement* dans ma vie » (*Lettres à Stéphane et à Jean*, Paris, Albin Michel, 1975, p. 111).

7 *Lettres à Poisson d'or* [1967], Paris, Gallimard, « L'Imaginaire », 2006, p. 30.

8 « D'une autre vie » [1947], *Note-Book*, suivi de *D'une autre vie*, Mortemart, Rougerie, 1982, p. 60.

9 Lettre datée du 16 août 1937 (*Lettres à Poisson d'or*, *op. cit.*, p. 35).

elle, Bousquet la surnommait la « ramasseuse de sarments[10] ». Or, celle-ci a négligé, ce jour-là, de le *ramasser*, de le reconnaître comme mort. Au prétexte singulier de la lourdeur, tandis que la nuit montait dans le ciel.

L'ARAIGNÉE

Tout l'inverse d'un corps subtil, le corps du gisant et le *corpus* qu'il nous lègue, sont des masses denses et nocturnes qui réclament leur matin, un nouveau soleil. C'est que Joë Bousquet est aussi comparable à cette Araignée labyrinthe (*Agelena labyrinthica*), dont nous parle le naturaliste Jean-Henri Fabre, homme du Sud, tout comme Bousquet. « C'est spectacle superbe, écrit Fabre, que celui du labyrinthe de notre Araignée, chargé des pleurs de la nuit et illuminé par les premiers rayons du soleil[11]. » Car l'œuvre essentiellement nocturne de Bousquet a toutes les caractéristiques, au matin d'une lecture forcément infinie, d'un labyrinthe scintillant, irrigué de pleurs. Précisément comme une toile d'araignée recouverte de rosée.

Une entité du nom de Mygale apparaît dans le roman de Bousquet intitulé *La Tisane de sarments*, et passe furtivement dans *Traduit du silence*. Mygale n'est autre que le nom que Bousquet attribue à une de ses nombreuses *personae*. Dans ses *Souvenirs entomologiques*, Fabre décrit le terrier de la Mygale maçonne, qui est une créature rapide comme l'éclair, véloce comme la pensée rhizomatique de Bousquet :

> En péril, celle-ci vite accourt chez elle ; d'un coup de griffette, elle fait bâiller la fissure ; elle entre, elle disparaît. La porte se ferme d'elle-même, munie au besoin d'une serrure de quelques fils. Jamais larron, dérouté par la multiplicité des arcades, toutes pareilles, ne découvrira comment la poursuivie a disparu soudain[12].

---

10 Voir dans son roman intitulé *La Tisane de sarments* [1936] : « Il y a un autre fait que je veux noter avec l'attention scrupuleuse du savant, une incidence poétique qui s'est produite dans les limites de mon amour sous la menace de la Mort que j'ai vue tant de fois m'apparaître sous l'aspect d'une Ramasseuse de Sarments, rose et ridée comme ces vieilles métayères que l'on rencontre dans les vignes, un foulard en serre-tête, une chemise blanche passée par-dessus leurs vêtements d'hiver. » (*Œuvres romanesques complètes* 1, Paris, Albin Michel, 1979, p. 308.)

11 *Souvenirs entomologiques. Études sur l'instinct et les mœurs des insectes* [1925], Paris, Robert Laffont, « Bouquins », 1985, vol. 2, p. 772.

12 *Ibid.*, p. 784-785.

La Mygale dans son terrier, c'est précisément Bousquet au cœur de son œuvre. Tout comme l'araignée décrite par Fabre, le poète fait « bâiller la fissure », nous laissant tout juste de quoi entrevoir la vérité rapide et nue de ce que l'écriture de Bousquet vise à consoler.

LA NUIT EST LENTE ET LE JOUR TARDE À POINDRE

Le recueil de poèmes publié par Bousquet en 1947 est placé sous le signe de la *cognitio vespertina*, la connaissance du soir, notion augustinienne que l'on retrouve chez Saint Thomas d'Aquin ainsi que chez Saint Bonaventure (auteurs pratiqués par Bousquet). Chez Bousquet, la nuit des choses se prolonge dans le matin des mots. La connaissance du soir est indissociable de la *cognitio matutina*[13]. Les notes tenues par Bousquet dans ses cahiers en témoignent largement. L'écriture bousquetienne se déploie à la faveur d'une nuit lente, dans la longue attente de la rapide clarté de l'aube. Mais sans

13 Comme l'écrit Bousquet : « Sagesse souveraine d'une théologie efficace qui est enfin descendue sous nos arbres, a erré dans nos embarras de voitures ; a dû secrètement ensevelir son nom pour prononcer en toute rigueur son dernier mot ; et réunir comme aurait dit Bonaventure, la connaissance du soir, la connaissance du matin et la connaissance du soir. » (*Les Capitales*, *op. cit.*, p. 66.) Voir aussi *Summa Theologica*, 1. 58. 6 : « *Cognitia ipsius primordialis esse rerum, dicitur cognitio matutina : et haec est secundum quod res sunt in Verbo. Cognitio autem ipsius esse rei creatae secundum quod in propria natura consistit, dicitur cognitio vespertina : nam esse rerum fluit a Verbo sicut a quodam primordiali principio, et hic effluxus terminatur ad esse rerum quod in propria natura habent.* » Passage cité dans l'ouvrage de Tiziana Suarez-Nani : *Connaissance et langage des anges selon Thomas d'Aquin et Gilles de Rome*, Vrin, « Études de philosophie médiévale », 2000, p. 71, note 4. L'explication de l'auteur est magistrale, à la même page : « Par analogie avec le jour temporel, qui débute au matin et se termine le soir, le jour spirituel a un principe et un terme noétiques, relatifs à l'ordre de présentation de l'objet connu. Or, la connaissance principielle ou originaire d'un objet est celle qui le saisit dans sa cause, alors que la connaissance de son terme est la connaissance de l'objet en lui-même, en tant que terme final de l'action qui l'a produit. La connaissance primordiale des choses est donc celle qui les saisit dans le Verbe divin, où se trouvent les archétypes de toutes choses : c'est la "connaissance du matin". La connaissance de leur terme est celle qui saisit les choses en elles-mêmes, dans leur propre nature : c'est la "connaissance du soir". » Remarquons également que Bousquet intitule un court texte « Connaissance de midi », daté du 25 août 1949 (repris dans *La Romance du Seuil*, Mortemart, Rougerie, 1976, p. 19-20), et ce, semble-t-il, toujours dans la perspective de Saint Bonaventure pour qui il est aussi une *cognitio meridiana*.

doute que la nuit de Bousquet est toujours déjà saturée par l'attente de cette aube qui tarde à poindre. « Tu es l'homme de la nuit dans une image du jour » écrit Bousquet dans *L'Homme dont je mourrai*[14]. Ce qui revient à dire que le jour et la nuit entrent dans un rapport de réciprocité. « C'est une autre pensée que propose Bousquet, constate Évelyne Grossman, une pensée qui donne à lire la nuit dans le jour [...], une pensée qui renverse la clarté logique de la pensée rationnelle pour y trouver l'obscurité féconde qu'elle dissimulait[15]. » L'irrationalisme de Bousquet a souvent été souligné, notamment par René Nelli. Il s'agit ni plus ni moins d'un renversement de la logique. Mais jour et nuit sont cependant noués à l'endroit du veilleur de Carcassonne, qui fait de son écriture l'instance double d'une énonciation d'où s'échappe une parole diurne autant que nocturne. L'écriture de l'homme immobile est, à cet égard, vitesse aussi bien que lenteur. La vitesse de la pensée, servie par la vitesse de l'écriture, en appelle à une lecture vigilante. C'est avec lenteur et même acharnement qu'il faut lire Bousquet[16]. « Le jour qui vient de s'écouler, écrit-t-il dans *Traduit du silence*, était la pureté même. J'avais eu peur, cependant, dès le matin, de ces longues heures qu'il me faudrait, pensais-je, traverser les yeux ouverts, avec un corps brisé par une nuit sans sommeil[17]. » Pour le dire autrement, la nuit est lourde de l'attente du jour, et le jour n'en est que plus noir. Le corps gît a jamais qui n'a pas été ramassé. La nuit monte, mais le jour lui aussi est appelé à s'élever. On pensera peut-être, lisant Bousquet, aux *Hymnes à la nuit* de Novalis, ou encore à la vaine succession des saisons dans les derniers poèmes de Hölderlin. Car la nuit et le jour se succèdent et finissent par se confondre dans le temps long de l'insomnie :

> Le jour sortait devant moi d'une inconscience où je ne l'avais pas suivi, je le voyais s'élever lentement, gagner sur les premières clartés qui l'avaient annoncé, et si l'avance que j'avais sur lui me permettait de le surprendre pour une fois

---

14 *L'Homme dont je mourrai*, Mortemart, Rougerie, 1974, p. 27.

15 « L'homme expulsé de sa chair », *Joë Bousquet et l'Écriture*, François-Charles Gaudard (éd.), Paris, L'Harmattan, 2000, p. 314. Voir aussi cette lettre de Bousquet à Magritte : « Où est la nuit ? Je dis la vraie nuit, celle qui porte en elle les caractères inversés du soleil, qui régénère sa noirceur. Vous savez que la nuit du ciel n'est que l'aube du noir, elle rôde autour d'invisibles ténèbres : "La terre est enveloppée de lumière, sauf l'ombre qu'elle répand et attache à son flanc" (Scot Erigène). » (Citée dans *La Chambre de Joë Bousquet*, *op. cit.*, p. 130.)

16 Voir la lecture lente selon Barthes : « La lenteur acharnée, l'insistance soutenue, la conjonction d'une "vigilance immobile" et d'un "retard... qui confine à la fixation" produisent un effet de fascination. » (« Question de *tempo* » [1977], *Œuvres complètes*, Paris, Seuil, 2012, t. V, p. 338.)

17 *Traduit du silence*, *op. cit.*, p. 103.

> sur ses traits divins, je me trouvais ému de l'observer comme si, dans le poudroiement du soleil d'hiver, il avait ressemblé tout à fait à un jeune guerrier qui secoue en s'éveillant les brins de paille mêlés à sa chevelure blonde[18].

La lenteur de la nuit et la vitesse de l'aube avec leurs réseaux d'images lentes et rapides touchent de même à l'expérience de Bousquet. Or, l'immobilité n'est à vrai dire ni lente ni rapide ; lenteur et vitesse se traduisent plus promptement en obscurité et en clarté pour le rêveur immobile. Le soir, le matin ; la nuit, le jour ; l'obscurité, la clarté ; l'opacité, la transparence ; le corps, l'esprit, etc. : le binarisme de Bousquet semble hérité des cathares (Bousquet bénéficiait à leur sujet de la science de René Nelli). Fatalement, la dualité corps/esprit taraude le gisant de Carcassonne, et son désir pour les femmes de passage dans sa chambre n'en est que plus torturant. L'avant-dernière phrase de la dernière lettre à Poisson d'or – l'aimée vient d'annoncer à Bousquet qu'elle s'est mariée – est sur ce point significative : « Il y fallait une vision de pureté et de beauté qui ne démentît pas mon rêve en se heurtant à mon corps blessé[19]. » Rejet du corps, pureté cathare ? Peut-être. Mais le catharisme de Bousquet ne relève pas, en tout cas, du simple binarisme qui opposerait la lumière à la nuit, l'esprit à la matière, le pur à l'impur – opposition proprement manichéenne à laquelle on réduit quelquefois la pensée cathare. De fait, esprit et matière, ainsi que leurs corrélatifs (le jour et la nuit, la vitesse et la lenteur) *infusent* conjointement dans l'expérience poétique de Bousquet. C'est précisément l'opération de la tisane de sarments qui donne son titre au roman poétique de Bousquet, laquelle mêle le rêve à la mort.

Lenteur et lourdeur de la nuit de Bousquet : « Le jour trop lent à se lever alors que tous les hommes ont des souliers de fer[20]… » Ou encore, cet autre constat de lenteur, toujours dans *Traduit du silence* : « Je vais lentement dans mon émotion, comme un aveugle à qui l'on aurait dit qu'il fait le jour derrière lui[21]. » Redisons-le : la veille de Bousquet n'est autre que l'attente de l'aube éternelle : « Une aube perpétuelle dans mes yeux ouverts essuie le front du jour et c'est tout le temps l'heure et ce n'est jamais l'heure. Mon cœur sonne minuit dans les abîmes du jour toujours levant[22]. »

---

18 *Ibid.*, p. 103.

19 *Lettres à Poisson d'or*, *op. cit.*, p. 231.

20 *Traduit du silence*, *op. cit.*, p. 75.

21 *Ibid.*, p. 53.

22 *La Tisane de sarments*, *op. cit.*, p. 299.

LES INTERSIGNES

Il faut dépasser l'immobilité. Mais l'écriture seule ne suffit pas à extraire Bousquet de sa condition de gisant, de la fatalité du corps et de la blessure. C'est ainsi que l'ubiquité tend à devenir pour Bousquet le vrai nom de la vitesse. Ce don est garanti à Bousquet par des intersignes qui lui permettent de déjouer toute forme d'immobilisme.

Les peintres sont pour Bousquet les intercesseurs de la lumière. Il voit notamment en Max Ernst une manière de mage qui « tend des pièges au réel[23] », et il fait de Tanguy « l'oiseleur des lumières[24] ». Les intersignes constituent donc le leurre, l'essentiel miroir aux alouettes qui permet à Bousquet de ramifier sa présence, d'étendre ses pouvoirs au-delà du tombeau de la rue de Verdun. Les peintres permettent à Bousquet d'« abol[ir] la loi qui [lui] interdisait d'occuper plusieurs lieux à la fois dans la province de l'exil[25] ». Ici et ailleurs, nulle part et partout, l'Araignée tisse des liens, établit la magie des intersignes. Ernst effectue le portrait de Stéphane Mistler, et Bousquet d'écrire à cette femme pour laquelle il conçoit une forme d'amour qui ne saurait dire son nom : « Ernst, c'est le premier rayon qui a lui dans ma chambre, et je ne suis pas allé encore au fond de ce vertige que la rencontre de ses œuvres m'a donné[26]. » Vertige lumineux d'Ernst, lumière combien rapide dans la longue nuit de Bousquet.

Toujours avec la belle Stéphane Mistler, l'art reste l'intersigne par excellence. Il s'agit cette fois-ci d'une sculpture d'Hans Arp : « Je vous ai envoyé les numéros de *Cahiers d'art*. Avez-vous reconnu la sculpture d'Arp que vous aviez vue dans ma chambre, où elle est encore, attendant que vous la regardiez à travers cette photographie qui lève son voile de mariée, comme toutes ces photographies où se consomme le miracle de la

23 Lettre à Stéphane, *op. cit.*, p. 27-28 : « … et aussi qu'il apparaisse naturel à Ernst, au lieu de philosopher, de plonger à son gré dans l'univers intérieur où il se découvre sa patrie, son vocabulaire, le signalement des amis qu'il aura, même s'ils habitent Carcassonne. Un univers à découvrir pour un homme maître de la matière et de la forme et qui, à travers cette maîtrise, tend des pièges au réel. Ce n'est pas de la peinture, direz-vous ? Ce n'est plus de la peinture. C'est de la magie. »

24 Cité par Gaston Massat dans *Joë Bousquet*, *op. cit.*, p. 99.

25 *La Tisane de sarments*, *op. cit.*, p. 214.

26 Lettre datée d'avril 1934 (*Lettres à Stéphane et à Jean*, Paris, Albin Michel, 1975, p. 102).

création[27] ? » La belle Stéphane est mariée, et Bousquet lève littéralement son voile, à travers l'intersigne procuré par la sculpture de Hans Arp.

L'amour est décidément à réinventer, mais à travers l'art. Un autre intersigne est ainsi consommé par Bousquet. Il s'agit de *Schéhérazade* de Magritte. L'impossible aimée, cette fois-ci, est une étudiante aux yeux verts, Jacqueline Goubeyre, Linette. La gouache de Magritte devient alors le « lien » entre les chambres de Linette et de Joë[28].

La peinture n'est pas tant le lieu d'une signification unique qu'une sorte de passage, de porte de communication avec l'au-delà fantasmé de la chambre. Pierre Reverdy note que l'au-delà est ce qui est « en dehors de notre étroite peau[29] ». L'au-delà tout épidermique de Bousquet est précisément de cet ordre. Mygale dans son terrier cherche son au-delà, pour le trouver, souvent, dans « un élan plus fort que le temps[30] ». Cette quête pareil « élan » passe aussi par les affinités électives entre Bousquet et les peintres. L'intersigne permet au poète de s'échapper instantanément de sa condition de gisant. Car il est entendu pour Bousquet que « l'immobile est toujours ailleurs[31] ».

Bousquet contourne l'impossibilité du mouvement en se faisant maître des intersignes. La vitesse de l'écriture-Bousquet trouve sa modalité la plus claire en le regard artiste qui permet d'étoiler la présence du Veilleur, de le relier à ceux qui marchent, à celles, surtout, qui donnent de la croupe, et dont il rêve, plus encore que le corps, la nudité transparente[32].

Dans sa jeunesse, avant l'événement de la blessure, Bousquet s'enfuyait, par une porte dérobée, au fond d'une armoire dont la porte était un

---

27 *Ibid.*, p. 29.

28 Voir la lettre de Bousquet à Magritte, datée du 29 septembre 1948, mentionnée par Nicolas Brimo dans son introduction à Joë Bousquet, *Lettres à une jeune fille*, Paris, Grasset, 2008, p. 9.

29 *Le Livre de mon bord (1930-1936)*, *Œuvres complètes*, Paris, Flammarion, « Mille & une pages », 2010, t. II, p. 659.

30 *Traduit du silence*, *op. cit.*, p. 33.

31 *La Tisane de sarments*, *op. cit.*, p. 320.

32 « Je reconnaissais à travers sa beauté la transparence de la lumière et il me semblait que toute la réalité refermait ses portes dans l'éclat de son corps où j'étais lié comme dans son ombre à la lumière où j'étais vivant. » (*Le Cahier noir*, Paris, La Musardine, 1997, p. 70). Ou encore, tel passage plus osé mais non moins lumineux : « Cette croupe me repoussait de la clarté qu'elle répandait. Elle me traversait de la lumière comme en écartant sur elle les ténèbres qui me traînaient avec elle, et c'est dans la lumière de mon enfance que je la voyais s'envelopper de sa blancheur, découvrir à mon amour une image magnifique dans les voiles soulevés de l'innocence et de la splendeur charnelle. » (*Ibid.*, p. 104.)

miroir[33]. Bousquet est essentiellement en fuite. Il est *de l'autre côté.* Comme il le constate dans *Le Meneur de lune* :

> … Être, c'est pour moi fuir, et saisir, ce serait creuser l'abîme éternellement fouillé sous mes pas par le temps, par l'espace dont je suis fait.
>
> Dès que je m'anime un peu, aussitôt que je cesse, un seul instant, de me laisser vivre, avant même de former la pensée que j'existe, je cherche à entrer dans une heure qui n'est pas encore, je n'ai de force que pour cela : j'allume une cigarette comme si j'anticipais sur l'instant où elle sera consumée. J'écris à un ami pour dissiper les journées qui nous séparent, je creuse une brèche dans le temps pour y engloutir l'espace[34].

La fuite de Bousquet est aussi une tentative désespérée de rapprocher les êtres. C'est en cela que les intersignes sont pour Bousquet nécessaires à l'amour et à l'amitié.

L'Araignée creuse. Le regard perce, les intersignes relient. Les tableaux d'Ernst, de Magritte ou de Tanguy permettent au gisant de traverser le miroir. Au sujet de la toile d'Ernst intitulée *Forêt*, il écrit :

> Saisi d'une émotion alors inconnue à la vue de la peinture, j'arrachais à pleines mains les manchons de liège, me blessai aux très longs clous qui les fixaient à la baguette et demeurai haletant devant cette image enfin nue comme un miroir sans fond, où la matière ligneuse se renouvelait comme un million d'oiseaux d'air dans une cascade. Devant un portrait de la matière, je n'avais pu supporter que la matière fût[35].

Bousquet le néantiseur (ou doit-on parler d'un néant tisseur ?) tâche de passer de l'autre côté de la matière. Il creuse. Il dépiaute le tableau d'Ernst. Ce cathare à la diable, au corps si lent, si lourd, ne saurait supporter celui qu'il nomme son « frère l'ombre[36] ».

Il faut effectuer une sorte de trouée dans la représentation. Derrière la matière, retrouver le temps pour le déjouer, ou bien partir en quête d'un autre élan, « plus fort que le temps ». L'être en fuite, au plus noir de sa solitude, cherche à creuser une « brèche dans le temps pour y engloutir

33 Comme nous le rappelle Édith de la Héronnière dans *Joë Bousquet. Une vie à corps perdu*, Paris, Albin Michel, 2006, p. 33-34. Voir aussi le récit qu'en fait Gaston Massat : « Joë s'enfuit par l'armoire à glace sans fond qui donne sur une porte. Bousquet est pris au piège des miroirs. » (*Joë Bousquet*, *op. cit.*, p. 83.)

34 *Œuvre romanesque complète*, Paris, Albin Michel, 1979, vol. 2, p. 292.

35 *Note-book*, *op. cit.* p. 61.

36 Titre d'un des poèmes de *La Connaissance du soir.*

l'espace ». Mais l'inverse n'en est pas moins vrai : toujours en quête de cet « élan plus fort », Bousquet pratique également des brèches dans l'espace *pour y engloutir le temps*. Ces fissures sont précisément celles par lesquelles on aperçoit Mygale en fuite dans son terrier. Les intersignes sont alors de véritables trouées lumineuses dans la longue et lente nuit de Bousquet.

Le Premier Retour (1927), tableau du peintre russe Georges Malkine, représente une ampoule[37]. Bousquet décrit merveilleusement cette œuvre qui ornait un des murs de sa chambre :

> C'est tout simplement l'éclair d'une lampe électrique qu'on allume dans une cuisine, cet éclair qui ne vous ouvre que dans une espèce d'éblouissement les yeux fatigués par l'ombre des rues… Tu as remarqué comment dans ce rayonnement, tous les détails échappent ; et Malkine, pour mieux mettre cela en évidence, a peint dans un rayonnement coloré la lampe électrique, une bouteille de lait dont la blancheur absorbe et fixe le rayonnement, lui donne un corps, la porte, toute petite au loin, et pour mieux introduire la vie dans le tableau […] une araignée surprise par la lumière, qui fuit[38]…

Ce tableau figure l'intersigne bousquetien par excellence : une ampoule est là qui éclaire la longue nuit de Bousquet. Mais c'est aussi, au loin, l'espoir d'une porte dans le mur, le passage impossible vers l'Autre. Et l'araignée, animal totem de Bousquet, toujours prête à fuir, se tient non loin de la bouteille de lait.

DANCING IN THE DARK

À la rapidité de l'écriture-Bousquet répond fatalement la lecture lente du poème. Bousquet nous dépasse ; il va trop vite. La lisibilité n'est peut-être affaire que de rythme, de concordance ou d'accord entre la vitesse de la pensée poétique, et celle de la lecture. L'illisible ne serait alors pour nous que la sensation éprouvée face à une vitesse excessive.

37 Il est reproduit dans l'ouvrage de Pierre Cabanne, *La Chambre de Joë Bousquet*, *op. cit.*, p. 117.

38 Lettre à Ginette Augier, *La Chambre de Joë Bousquet*, *op. cit.*, p. 116.

L'ironie veut que Bousquet aimât la vitesse. Si la puissante Bugatti bleue de son ami Ducellier le transporte hors de Carcassonne, elle le ramène surtout à sa jeunesse, et à l'espoir d'un corps rendu à la danse :

> Heureusement que James [Ducellier] vient d'essayer une Bugatti formidable, la cinq litres, et qu'elle sera à lui à la fin du mois. C'est le modèle qui fait du 150. Il me semble déjà que je l'essaie, avec toute la curiosité de mes vingt ans, qui, à ces vitesses, me console de n'avoir plus de jambes en suggérant que peut-être – à la fin – on va tout de même recommencer à danser[39].

Mais peut-être, lisant Bousquet, convient-il de faire vrombir pour de bon le moteur de la Bugatti bleue, celle qui fait du 150, et qui encourage le poète immobile à rêver à la danse. Justement, en 2006, Bruno Geslin fit danser Joë Bousquet, à travers le corps de Denis Lavant. Intitulée *Je porte malheur aux femmes, mais pas bonheur aux hommes*, cette adaptation théâtrale de l'œuvre de Bousquet confère ainsi à l'illisible Bousquet un surcroît de mouvement et de vitesse, donnant à voir le corps de la danse et de la nuit, sur fond de Frank Sinatra :

> *Dancing in the dark 'til the tune ends*
> *We're dancing in the dark and it soon ends*
> *We're waltzin' in the wonder of why we're here*
> *Time hurries by, we're here and we're gone*
> *Lookin' for the light of a new love*
> *To brighten up the night, I have you love*
> *An' we can face the music together*
> *Dancing in the dark*

Mathieu JUNG
Université de Strasbourg

39 Lettre à Stéphane Mistler, 5 juillet 1933 (*Lettres à Stéphane et à Jean*, *op. cit.*, p. 71-72).

ÉLOGE DE LA VITESSE LENTE DE L'ÉTUDE

> Elle met des cheveux raides
> Sur son cerveau fleurant crépu
> Et son pas de nouveau déploie
> La vitesse lente du rêve
> Et toi, derrière, marche ou crève[1].

La thèse que je défendrai est la suivante : en matière d'éducation, rechercher la vitesse, c'est confondre la fin et les moyens, c'est même se tromper de fin. La vitesse de la transmission n'est pas celle de la communication, la transmission est plus lente. La vitesse de l'apprentissage n'est pas celle de l'enseignement, l'apprentissage est plus lent. La recherche de la rapidité, de la réactivité n'est qu'un moyen au service d'une fin non explicite et pour tout dire non recevable d'un point de vue éducatif. On ne s'étonnera donc pas qu'en conclusion je fasse l'éloge de la vitesse lente de l'étude.

COMMUNIQUER N'EST PAS TRANSMETTRE

Un certain nombre de dispositifs récents se font fort de satisfaire nos attentes les plus variées : *Chronopost*, *Amazon* et autres *Drive In* s'allient pour nous offrir au plus vite ce dont nous rêvons… et dont nous ne nous soucions plus guère après l'avoir obtenu. Or, le désir de savoir naît

1 Claude Nougaro, « Rue de Douai », 1981.

d'une énigme et non d'un trop-plein, ce sont nos manques qui nous signifient notre condition d'êtres limités et qui nous mobilisent, qui nous conservent en mouvement. Dans ce sens, la tâche du pédagogue est de soumettre le principe de plaisir au principe de réalité[2].

Vouloir tout et tout de suite, chercher absolument à raccourcir le temps entre une idée et sa réalisation, c'est renoncer à surseoir à l'action au bénéfice de la réflexion, c'est laisser la vitesse accaparer toute notre attention. Occupés à piloter les bolides que nous sommes devenus, nous perdons conscience de qui nous sommes, de notre historicité. La vitesse nous confine à l'instantané, à l'immédiat, et donc à ce qui, justement, se vit sans médiation symbolique, elle nous aide à nous fuir. « La dévaluation rapide de l'expérience (au sens d'une connaissance éprouvée par l'ancien), au profit de l'expérience (au sens d'une aventure nouvelle à mener par de jeunes conquérants[3]) » a par exemple conduit à déconsidérer le discours faisant fond sur les acquis des générations précédentes au profit de celui de la nouveauté considérée comme une valeur en elle-même. La vieillesse est là conçue comme un problème social et non plus comme une source de sagesse, de tempérance[4].

Habitons-nous alors les situations dans lesquelles nous vivons, ou n'y sommes-nous présents que de manière fantomatique ? Debord relevait dès 1967 que « toute la vie des sociétés dans lesquelles règnent les conditions modernes de production s'annonce comme une immense accumulation de spectacles. Tout ce qui était directement vécu s'est éloigné dans une représentation[5] ». Le spectacle devient ainsi le rapport social dominant entre les personnes. Dans ces conditions, la liberté de choix ne s'exerce plus que sur des simulacres, « l'occupation totale de la vie sociale par les résultats accumulés de l'économie conduit à un glissement généralisé de l'avoir au paraître, dont tout "avoir" effectif doit tirer son prestige immédiat et sa fonction dernière[6] ». Il en résulte un écart entre le sujet et la situation dans laquelle il est placé, du fait de l'impossibilité pour lui d'agir pour l'influencer, la modifier[7].

2 J. Filloux, « Clinique et pédagogie », *Revue française de pédagogie*, n° 64, 1983, p. 17.

3 C. Heslon, « Aléas de l'avancée en âge et ressources du jeu identitaire : de nouveaux enjeux pour l'âge adulte », *Carriérologie*, n° 8 / 1-2, 2001, p. 110.

4 Aristote, *Éthique de Nicomaque*, Paris, Garnier-Flammarion, 1965, III, p. 10.

5 Guy Debord, *La Société du spectacle*, Paris, Gallimard, 1967, p. 3.

6 *Ibid.*, p. 9.

7 M. Weisser, « Situation », *Le Télémaque*, n° 37, 2010, p. 15-30.

Ce sentiment de décalage par rapport à ce qui est vécu peut être repris sous l'éclairage de la médiologie de Debray[8], qui oppose communication et transmission. La première concernerait les interactions synchroniques entre individus alors que la seconde s'occuperait des interactions diachroniques entre générations[9] ; à l'une la vitesse extrême de l'information, à l'autre la méditation opiniâtre d'un héritage. Mais sont-elles de valeur équivalente d'un point de vue éducatif ?

Notons pour commencer que l'information ne prétend pas à la vérité, mais à l'utilité, les énoncés d'un journaliste ou d'un publicitaire sont rarement falsifiables, le témoignage y supplantant l'enquête. L'apparition récente du *fact checking* (vérification par les faits !) ou de pages comme celle des *Décodeurs* sur le site du *Monde* le montre *a contrario* : si certains textes journalistiques bien identifiés cherchent à débusquer les erreurs, approximations ou mensonges, c'est que les autres ne le font pas. De plus, dès qu'utilisée, l'information est oubliée au plus vite pour ne pas encombrer notre mémoire. Je sais que telle compétition sportive s'est achevée par le succès de telle équipe ; cette information ne vaudra au plus que jusqu'à la prochaine rencontre. De plus, elle reste isolée, sans mise en relation avec d'autres pour faire système. *Savoir que* relève ainsi du renseignement et non de l'enseignement[10], c'est la forme la plus volatile et la plus passive de l'acte d'apprendre.

Ensuite, information disponible ne signifie ni information pertinente, ni information comprise, et encore moins information transférable, ou information réinvestie dans une explication. On observe chez nombre de nos apprenants une grave confusion des sources. Pourtant, tout ne se vaut pas d'un point de vue pédagogique, ou d'un point de vue scientifique. L'avantage des moyens électroniques de diffusion de contenus réside dans leur souplesse, leur vitesse et leur disponibilité ; il se paie cher cependant : les « auteurs » sont de la sorte directement mis au contact de leur lectorat potentiel, sans plus ces intermédiaires/médiateurs que sont les éditeurs, les comités de rédaction, les professionnels de l'édition. Ce qui fait que n'importe quoi peut être lu par n'importe qui, et trop souvent cru par n'importe qui. L'apprentissage nécessite d'autres démarches et d'autres

8 R. Debray, *Introduction à la médiologie*, Paris, PUF, 2000.

9 *Ibid.*, p. 2.

10 O. Reboul, *Qu'est-ce qu'apprendre ?*, Paris, PUF, 1980, p. 19.

mécanismes, ne serait-ce que l'exigence d'une réflexion rationnelle à partir de prémisses dignes de foi.

Et de fait, « l'idée qu'on peut assurer une transmission (culturelle) avec des moyens (techniques) de communication constitue l'une des illusions les plus typiques de la société de communication, propre à une modernité de mieux en mieux armée pour la conquête de l'espace, et qui l'est de moins en moins pour la maîtrise du temps[11] ». En effet, coopérer n'est pas faire société, il y faut l'Histoire en plus. La transmission d'objets culturels se conçoit comme un processus de réinterprétation jamais achevé. Les références théoriques sont un appel à l'autorité d'un auteur ; cette autorité cependant « n'a pas son fondement dans un acte de soumission et d'abdication de la raison, mais dans un acte d'acceptation et de reconnaissance[12] ». La compréhension « n'est pas adéquatement décrite si on distingue un objet existant en soi et un sujet qui accède à ce dernier. En vérité, il est de la nature même de la compréhension historique que la tradition qui nous est transmise élève la voix au cœur du présent et doive être comprise au sein de cette médiation ou mieux, en tant que cette médiation[13] ». À notre époque foncièrement individualiste, il est frappant de considérer que nous nous dépouillons volontairement de ce qui justement enracinerait solidement notre identité si fortement revendiquée, à savoir notre Histoire, notre patrimoine culturel.

Le temps des médias ne peut ainsi être le temps de l'enseignement : le *zapping* comme comportement habituel d'accès aux canaux de communication n'est pas compatible avec la durée exigée par la réflexion argumentée portant sur l'héritage transmis. Cela semble d'ailleurs constituer une difficulté à l'entrée dans le métier d'étudiant : un cours magistral de deux heures est forcément « ennuyeux », et ce qui est ennuyeux doit être rejeté. On lui préférera des scoops qui « font le *buzz* », mais qui ne laissent que peu de traces en mémoire. « Le drame est alors que le *savoir que* se donne pour un savoir et rend par là même le *savoir théorique* impossible ; on n'apprend plus parce qu'on croit savoir. L'information est dogmatisme dès qu'elle prétend à la vérité au lieu de se contenter d'être utile.[14] » Mais pourtant, l'apprenant ne peut se

11 R. Debray, *op. cit.*, p. 5.
12 H. G. Gadamer, *Vérité et méthode*, Paris, Seuil, 1976, p. 117.
13 *Ibid.*, p. 171.
14 O. Reboul, *op. cit.*, p. 32.

laisser aller à la *doxa*, tant de nombreux savoirs se construisent contre l'opinion, contre la perception première[15]. Et comme de plus la théorie est systématique, qu'elle articule des concepts entre eux, alors que l'information est ponctuelle, désorganisée, on ne peut décidément pas l'aborder de façon discontinue, erratique.

La transmission des savoirs, des œuvres de l'esprit humain exige lenteur, ténacité, circonspection...

ENSEIGNER N'EST PAS FAIRE APPRENDRE

Si donc on enseigne des savoirs durables plutôt que des informations périssables, reste à les choisir parmi tous les acquis disponibles et encore d'actualité et à les rendre enseignables. C'est l'objet des opérations de transposition didactique[16] : passage du savoir savant ou des pratiques sociales de référence au savoir à enseigner, puis au savoir enseigné. Ce qui implique un certain retard didactique.

Une théorie nouvelle, avant de passer dans le système de formation, devra avoir fait la preuve de sa robustesse en résistant aux premières tentatives de falsification. Depuis Popper[17] en effet, la science ne prétend plus dire le vrai, mais se contente prudemment de soumettre à la communauté des énoncés falsifiables... mais non encore falsifiés. On conçoit donc qu'il faudra plus de temps pour identifier un savoir susceptible de survivre assez longtemps pour se prêter aux opérations de transposition suivantes.

Elle aura aussi été mise en demeure de confirmer sa fécondité. En particulier, dans la perspective utilitariste que nous développerons ci-dessous, une théorie nouvelle ne sera retenue que si elle se montre capable d'être transférée à des applications technologiques et si elle engendre des processus de production efficaces, et mieux, efficients. Faire mieux avec

15 G. Bachelard, *La Formation de l'esprit scientifique*, Paris, PUF, 1938.

16 Y. Chevallard, *La transposition didactique. Du savoir savant au savoir enseigné*, Grenoble, La Pensée sauvage, 1991 ; M. Tardy, « La transposition didactique », dans J. Houssaye (éd.), *La pédagogie : une encyclopédie pour aujourd'hui*, Paris, ESF éditeur, 1993, p. 51-60.

17 *Conjectures et réfutations*, Paris, Payot, 1963.

moins de moyens, tel doit être le slogan du professionnel compétent. L'invention de la machine à vapeur, moteur de la première révolution industrielle, en est un bon exemple.

Elle aura, enfin, dû se prêter à des réécritures successives, à plusieurs niveaux de formulation, afin de pouvoir être mise à la portée d'apprenants d'âges et de capacités diverses, tout en veillant à ce qu'un niveau de formulation donné ne constitue pas d'obstacle épistémologique pour les suivants[18]. La notion de distance a été ainsi conceptualisée en mathématique en 1906, pour n'apparaître qu'en 1971 dans les programmes du collège, tout d'abord sous les aspects de la distance entre deux points, puis entre un point et une droite[19]. Gageons que dans la suite des études, elle ne se limite pas aux espaces à deux dimensions.

Robustesse, fécondité, progressivité et compatibilité des niveaux de formulation : voilà de premières raisons pour résister au *diktat* de la vitesse s'agissant de la mise en forme des savoirs à transmettre.

Le passage à l'acte d'enseigner poursuit cette mise en abime, prolongeant du savoir enseigné au savoir appris. Quelle est en effet l'activité de l'enseignant ? Il fait découvrir à ses apprenants des savoirs initialement neufs à leurs yeux, avec lesquels il va les familiariser, jusqu'à les rendre finalement obsolètes, c'est-à-dire compris, extraits de la mémoire de travail pour être déposés dans la mémoire à long terme. Deux vitesses distinctes s'affrontent là : celle de l'enseignement et celle de l'apprentissage[20]. Que l'enseignant expose le savoir ou le fasse (re) découvrir par ses apprenants, ce qu'il est en train de transmettre n'a rien d'inédit pour lui, il le comprend vite, il l'a d'ailleurs compris depuis longtemps, la notion ne lui pose plus de difficulté. Ce qui le pousse à accélérer le pas. Si, de plus, il met en œuvre une méthode pédagogique habituelle avec des exemples usités, il aura tendance à aller encore plus vite. Mais cette vitesse dessert ses ambitions de transmission de savoirs.

Du côté de l'apprenant, la situation est en effet bien différente. Il faut plus de temps pour comprendre un énoncé que pour l'entendre, il faut plus de temps pour assimiler un cours que pour le prendre en note. Le système des crédits européens met d'ailleurs ce phénomène en évidence

18 G. Bachelard, *op. cit.*

19 Y. Chevallard, *op. cit.*

20 R. Adjiage & M. Weisser, « Étude comparée de deux pratiques enseignantes lors d'une séquence de résolution d'un problème de modélisation », *Éducation et Didactique*, vol. 7, n° 3, p. 55-78.

quand il compte de 25 à 30 heures de travail pour un ECTS, soient 1 500 à 1 800 heures par an (60 ECTS), alors que la durée des cours en présentiel en licence n'est que de 500 heures annuelles. Aller trop vite durant les cours, c'est empêcher que les acquis sédimentent, que les apprenants les intègrent de façon cohérente à leur propre système d'interprétation, de représentation du réel. On observe alors trop souvent que dans ce cas, le savoir est mobilisé durant les épreuves d'évaluation, mais n'est pas transféré ensuite aux situations professionnelles, sociales, personnelles à l'occasion desquelles il devrait faire la preuve de sa pertinence. Le travail personnel de l'étudiant devient un facteur primordial de réussite. Là encore, la vitesse est à combattre. Tout réussir, tout de suite, dans un minimum de temps, se réalise souvent aux dépens de la qualité de la formation. Obtenir, vite, un diplôme avec une moyenne minimale de 10/20 signifie tout au plus que si l'on a réussi la moitié des évaluations, on a aussi échoué à l'autre moitié. Et l'employeur ne s'y trompe pas, qui ne prolonge pas un contrat à durée déterminée après une période d'essai. Un gain initial de temps s'avère préjudiciable à moyen terme.

Par ailleurs, les recherches en psychologie de l'apprentissage[21] montrent que chaque fonction psychique apparaît deux fois au cours du développement de l'individu : d'abord comme une activité collective, sociale et donc comme fonction interpsychique ; puis comme activité individuelle, comme propriété intérieure de la pensée de l'apprenant, comme fonction intrapsychique. Ce qui signifie que tout nouvel apprentissage gagne à être partagé, débattu entre pairs dans un premier temps, avant de pouvoir être assimilé par chacun ultérieurement. Ce principe doit avoir un impact sur nos méthodes pédagogiques et même sur l'architecture de nos établissements. Si l'amphithéâtre et le cours magistral peuvent rendre service, la petite salle propice aux travaux de groupe, encadrés ou non par un enseignant, favorisera le réinvestissement et l'appropriation du savoir.

De surcroît, l'apprenant n'est pas maître de son temps. L'imbrication de ces deux processus aux temporalités divergentes est gouvernée par l'enseignant. C'est lui en effet qui répartit le programme sur l'ensemble de la durée de la formation, c'est lui qui ajuste la vitesse d'avancée de chaque cours, c'est lui aussi qui marque l'ouverture et la clôture des différents types d'activités qui se succèdent au cours d'une séquence : temps de la problématisation, temps de la découverte, temps de l'entraînement,

21 L. S. Vygotsky, *Pensée et langage*, Paris, La Dispute, 1934.

temps de l'évaluation, etc. L'apprenant se retrouve embarqué pour un voyage dont il ne maîtrise que très peu le déroulement ; il voit défiler un paysage dont il ne reconnaît que certains éléments alors que d'autres passent inaperçus à ses yeux ou lui restent indéchiffrables. La vitesse du périple l'empêche de reconstruire la cohérence d'un panorama qu'il a perçu sans pouvoir l'organiser. Et c'est bien entendu ce qu'il y a de plus neuf qui est ainsi négligé, perdu dans la hâte d'arriver.

L'apprentissage des savoirs, l'appropriation des œuvres de l'esprit humain nécessitent alors lenteur, reprise, ratiocination…

ÊTRE COMPÉTENT, POUR QUOI FAIRE ?

Transmettre des savoirs mûrement réfléchis, en laissant le temps d'apprendre aux apprenants… mais pour quoi faire ? Voilà la dernière question qui nous occupera dans ce chapitre.

Après l'apparition des référentiels métiers dans les entreprises, passage de la gestion du personnel à la gestion prévisionnelle des emplois et compétences, après la réécriture des formations professionnelles du point de vue des tâches de l'opérateur et plus selon les logiques disciplinaires, voilà que l'approche par compétences fait aussi intrusion à l'Université[22]. Un premier temps a consisté à faire rédiger des fiches RNCP pour tous les diplômes, licences généralistes et masters Recherche compris. Et quand on sait que RNCP signifie « Répertoire National de la Certification *Professionnelle* » (c'est moi qui souligne), il est loisible de se demander quelle est la cohérence de cette injonction. Un second temps a vu la diffusion d'un document officiel intitulé *Référentiel de compétences des mentions de licence*[23]. C'est donc que désormais notre mission est de former des étudiants compétents et par voie de conséquence employables. La compétence se trouve ainsi au point d'intersection des discours du MESR, des employeurs, des formateurs… et des apprenants

22 M. Weisser, « L'efficacité à l'aune des valeurs éducatives », dans Sandoss Ben Abid-Zarrouk (éd.), *Estimer l'efficacité en éducation*, Paris, L'Harmattan, 2015.

23 MESR, Référentiel de compétences des mentions de licence (2015), consultable en ligne : <http://www.enseignementsup-recherche.gouv.fr/cid61532/les-referentiels-de-competences-en-licence.html>. [Consulté le 26.03.2015.]

en mal d'insertion professionnelle. Difficile de ne pas accéder à une demande aussi unanime.

Mais qu'est-ce qu'une compétence ? Nous retiendrons pour les besoins de l'exposé qu'elle signifie la plasticité des conduites, l'adaptation rapide aux situations problèmes, la réactivité. Les tâches routinières ont en effet été confiées à des automates, à des robots, seul le traitement des complications reste réservé à l'espèce humaine. Nous sommes dans le domaine de la vitesse, de la résolution quasi instantanée des dysfonctionnements, ou même de leur prévention, bref, dans le domaine de l'expertise professionnelle. Apprendre à nos étudiants à agir vite et bien, soit.

Cela ne suffit pas cependant ni à faire une éducation ni à justifier l'existence de l'Université. Le maréchal-ferrant avait des compétences, virtuoses sans doute, mais périssables. L'utile a une destinée précaire, certains diplômes professionnels sont attribués avec une date de péremption ou assortis d'une obligation de formation continue. Les savoir-faire technologiques se périment ou du moins évoluent si vite que même les CPC (commissions professionnelles consultatives), dans lesquelles siègent les représentants des employeurs et des salariés, peinent à rédiger des référentiels de formation de niveau CAP, Bac Professionnel qui soient reconnus comme pertinents par ces mêmes employeurs à l'issue des deux ou trois ans que dure la formation d'un élève.

À l'inverse, Molière continue à me parler de mes semblables et de moi-même, Mozart reste beau et génial, le théorème de Pythagore n'a pas été falsifié... Mieux encore : l'art peut se réinterpréter indéfiniment, comme l'a fait Modigliani avec les masques africains, ou Picasso avec les *Ménines*, et chaque reprise lui confère un sens nouveau qui n'annule pas les précédents (on pourra faire la même remarque à propos de l'exégèse des textes sacrés). Alors qu'après l'invention du moteur à explosion, les fardiers à vapeur ont définitivement disparu de nos routes pour être confinés dans les musées.

Être compétent, acquérir un pouvoir de faire, et rapidement, et facilement (que l'on pense à toutes les machines, vraies prothèses qui multiplient nos faibles moyens physiques), nous dissuade trop souvent de chercher à savoir : le *comment* prend le pas sur le *pourquoi*. On assiste alors à des événements regrettables. *Quid* de l'enseignement de disciplines qui ne sont pas faciles à dériver en compétences ? On pensera entre autres à la littérature, à la philosophie. *Quid* de l'enseignement de disciplines « inutiles », au sens où elles ne sont que très rarement requises par un référentiel métier ? On pensera entre autres au grec, au latin. L'étude de ces domaines du savoir humain doit-elle disparaître ? C'est en tout cas ce que l'on observe régulièrement. Ce qui ne peut être évalué, monnayé en compétences, ne vaut pas la peine d'être appris : telle pourrait être la position commune de nos étudiants, de leurs futurs employeurs, et parfois de notre tutelle. Mais si ces savoirs ne sont pas transmis par l'Université, si ces domaines ne sont plus étudiés à l'Université, où le seront-ils ? C'est regrettable sur un plan humain : des pans entiers de notre héritage non seulement disparaîtraient, mais de plus ne feraient plus l'objet d'une réinterprétation, d'une actualisation ; transmettre les Humanités, ce n'est pas vouloir les préserver de toute modification, c'est au contraire leur redonner vie et souffle à chaque génération. Et c'est même dangereux sur un plan strictement économique : qui nous dit que ces savoirs ne (re)deviendront pas utiles à l'avenir ? Qui est capable de dire à moyen terme à quoi ressembleront les emplois de demain ? Et qui peut nous assurer que l'emploi salarié continuera d'être la forme dominante de nos sociétés ? Il est d'invention bien récente, on l'oublie trop souvent.

Une focalisation exclusive sur l'économique, à travers un prétendu pragmatisme, fait l'impasse sur la réflexion portant sur un projet de société, l'insertion professionnelle tenant lieu de vivre ensemble. À une époque de chômage plutôt massif, cela exclut de fait nombre d'« actifs », entraînant une dégradation de l'estime de soi fort préjudiciable à l'individu et rendant encore plus difficile son éventuelle réinsertion professionnelle et sociale.

Il n'est pourtant pas d'éducation sans valeurs : enseigner, étymologiquement, vient de « désigner », « faire signe vers » ces lignes de fuite que sont des valeurs partagées. De plus, une valeur, pour être éducative, doit dépasser l'ordre du plaisir (satisfaction immédiate d'un désir individuel), l'ordre de l'utile (dont l'efficacité, l'efficience), et même l'ordre du collectif, du groupe social d'appartenance. Ce qui les transcende, ce sont les valeurs de l'humain, par-delà les différences individuelles ou sociales[24]. Dans le cas contraire, chaque individu se crispe sur une identité monochrome qui lui tient lieu d'étendard, qui le fait exister à ses yeux et aux yeux d'autrui, dans un « jeu entre l'identité assignée

24 O. Reboul, *op. cit.*, p. 39.

et l'identité intériorisée[25] ». Or, « la culture est de plus en plus "multidimensionnelle" (dans sa définition anthropologique, je suis peut-être français, mais j'ai aussi des appartenances religieuses, professionnelles, sexuelles, étrangères, etc.) et les identités que l'on véhicule face aux Autres se multiplient, invoquant ainsi une sorte d'"émiettement" des appartenances[26] ».

Si donc l'une des missions des lieux de formation, dont l'Université, est de rendre les apprenants compétents et par là employables, cela ne saurait suffire. L'homme n'est pas qu'un salarié, et ce qu'il transmet aux générations suivantes, c'est sa Culture (ou ses cultures, voir ci-dessus), pas ses compétences techniques. Même l'UNESCO souligne les risques inhérents à cette dérive : « Il s'agit là d'une différence cruciale entre les moyens et les fins. Considérer les qualités humaines sous l'angle du rôle qu'elles jouent dans la promotion et le maintien de la croissance économique, si important que cela puisse être, ne nous dit rien des raisons qui conduisent pour commencer à rechercher la croissance économique, et ne nous renseigne guère non plus sur la mesure dans laquelle le développement de ces qualités humaines contribue directement à nous permettre de mener des vies plus libres et plus gratifiantes[27]. » Si l'éducation se réduit à la formation (en particulier à des compétences professionnelles), elle ne vise plus l'humain dans l'homme, mais seulement ses capacités de producteur. La compétence devient alors un outil d'effacement du politique, ce qui débouche sur des sociétés sans réflexion sur ce qui fonde leur vivre ensemble, dans lesquels la mise en avant de traits culturels isolés, décontextualisés, et parfois largement fantasmés ne sont plus que des arguments pour s'identifier et se compter, en opposition à d'autres groupes construits sur des caractéristiques tout aussi friables[28].

Ne prétendre qu'à former le professionnel expert qui réagit vite, c'est se tromper de finalité, c'est même prendre un moyen, les compétences du travailleur, pour une fin !

---

25 G. Stoiciu, « L'émergence du domaine d'étude de la communication interculturelle », *Hermès*, n° 51, 2008, p. 35.

26 F. Dervin, *Définition et évaluation de la compétence interculturelle en contexte de mobilité*, 2004, p. 2 ; en ligne : <http://users.utu.fi/freder/mob.pdf>. [Consulté le 26.03.2015.]

27 *Rapport mondial sur l'éducation 2000 : le droit à l'éducation : vers l'éducation pour tous, tout au long de la vie*, Paris, UNESCO, 2000, p. 89.

28 D. Cuche, « Nouveaux regards sur la culture. L'évolution d'une notion en anthropologie », *Sciences humaines*, n° 77, 1997.

ÉLOGE DE LA VITESSE LENTE DE L'ÉTUDE

Prendre le temps de transmettre des compétences utiles à l'insertion professionnelle, mais aussi une culture humaniste indispensable à l'humain en nous, associer le *comment* et le *pourquoi*, telle semble être la finalité nécessaire d'une éducation réussie. On soulignera par exemple que, s'il existe des sociétés animales, il n'existe pas de culture animale, même pas au sens de transmission intergénérationnelle d'usages du quotidien, et encore moins s'agissant d'œuvres artistiques ou de théories scientifiques. Sans transmission culturelle, on assiste à une déshistoricisation de l'actualité : « La disparition de la perspective historique fait remonter les brisures ethniques et fragilise le lien civique. Quand un homme n'appartient plus au temps, arrive le moment où il n'appartient plus à l'humanité[29]. »

À l'inverse, la fréquentation des œuvres de l'esprit humain nous tire hors de nos groupes d'appartenance, en général imposés par les circonstances, pour nous verser dans une communauté bien plus large : « Quand je lis Homère, je fais société avec le poète, société avec Ulysse et Achille, société aussi avec la foule de ceux qui ont lu ces poèmes. [...] En eux tous et en moi je fais sonner l'humain. Cette société n'est point à faire ; elle se fait ; elle accroît le trésor de sagesse. Et les empires passent[30]. » La conclusion de ce propos d'Alain nous ramène à notre thématique : les empires passent, les sociétés se transforment de jour en jour, mais la Culture s'enrichit continuellement ; alors que les premiers évoluent vite, dans l'espace (il est alors question de frontières), la seconde s'étend continûment dans le temps (il est alors question de génération) ; alors que les premiers se caractérisent par leur rapidité de mutation, la seconde s'accommode de la lenteur d'une interprétation toujours renouvelée. « Gardienne de l'intégrité d'un *nous*, et pas seulement de la mise en rapport de deux ou plusieurs *moi*, la transmission est solidaire de la construction d'identité, qui concerne l'être plus que l'avoir des individus[31]. »

---

29 R. Debray, *op. cit.*, p. 210.

30 Alain, Propos LXX, *Propos sur l'éducation*, Paris, PUF, 1932.

31 R. Debray, *op. cit.*, p. 12.

Ce dialogue continu avec les œuvres de l'esprit humain est cependant rendu difficile par nos mœurs actuelles : la vitesse de la communication dématérialisée ne nous laisse pas de temps morts, et encore moins de temps pour nous ennuyer ; il y a toujours un écran connecté à portée de main pour échanger quasi instantanément n'importe quoi avec n'importe qui, vite et brièvement (le *SMS* ou le *Tweet* plutôt que le texte). L'oisiveté, le loisir ne sont cependant pas le désœuvrement, et « celui qui s'adonne à l'étude cherche à comprendre par le fait même qu'il n'est pas contraint de réussir, qu'il a le temps, le loisir de s'étonner[32] ».

C'est pour toutes ces raisons que j'ai voulu faire l'éloge de la vitesse lente de l'étude, l'éloge du loisir que l'on se donne de réfléchir, de confronter les interprétations, d'opposer les argumentations, l'éloge de la transmission gratuite de savoirs inutiles mais indispensables.

> La vitesse est la forme d'extase
> dont la révolution technique
> a fait cadeau à l'homme[33].

Marc WEISSER
Sciences de l'Éducation,
UHA / LISEC

32 O. Reboul, *op. cit.*, p. 84.
33 M. Kundera, *La Lenteur*, Paris, Gallimard, 1995, p. 10.

INDEX

RÉSUMÉS

Marie-Laure FREYBURGER-GALLAND, « Les mots pour dire la vitesse »

Du vélocipède à la tachycardie, il n'y a qu'un tour de roue que l'on peut parcourir avec célérité. L'article fait très rapidement – et tout simplement – le tour des mots utilisés pour exprimer la vitesse en français, en remontant prestement jusqu'à leurs origines grecques et latines…

Bernard HEIZMANN, « La vitesse, objet impossible et solution d'écriture »

Il s'agira d'interroger la notion de vitesse à travers plusieurs œuvres littéraires dans lesquelles elle est présente, ou thématiquement et diégétiquement, ou narrativement ; elle est aussi chez certains des auteurs considérés l'objet d'une réflexion spécifique, en matière d'écriture notamment. La question est d'envisager la vitesse comme objet littéraire, comme effet et comme principe d'expérimentation et d'écriture.

Anthony SAUDRAIS, « Les machines dans la tragédie en musique de Quinault et Lully. Une esthétique de la vitesse sur la scène de l'Académie royale de musique »

Bien avant l'arrivée du cinéma, la France découvre, au temps de Mazarin, l'opéra italien et son univers de machines avec la venue de Giacomo Torelli. Genre spectaculaire à la pointe des progrès techniques, la France intègre progressivement ce monde de la vitesse à l'image d'un pouvoir absolutiste en voie de mécanisation. De *Cadmus et Hermione* (1673) à *Armide* (1686), l'opéra exhibe un monde merveilleux où les machines n'ont de sens, de vraisemblance esthétique, que dans la réalisation de la vitesse.

Claire McKeown, « “Rapidité et action”. Techniques impressionnistes chez Henry James et Herman Bang »

En 1889, Henry James exprima dans ses carnets sa difficulté à composer l'histoire de *La Muse tragique* sans qu'elle devienne excessivement longue, et conclut que la solution était de l'écrire en mettant l'accent sur « la rapidité et l'action ». L'année d'après, Herman Bang définissait une littérature impressionniste en insistant sur la nécessité de représenter le mouvement et la vitalité. L'article montre en quoi les choix des deux auteurs participent d'une esthétique impressionniste fondée sur la vitesse.

Augustin Voegele, « Vitesse psychique et lenteur romanesque chez Jules Romains »

Jules Romains accorde à la vitesse le pouvoir de faire du sujet qui se déplace le centre ontologique du monde. Dans *Les Hommes de bonne volonté*, immense roman simultanéiste, il pratique une narration à vitesse absolue. Pourtant, le roman-fleuve semble interminable au lecteur. C'est précisément cette impression de lenteur et de longueur que doit souffrir celui qui veut connaître l'ultra-vitesse.

Thomas Zenetti, « “Qui ne sait ce qu'est le temps ne pourra jamais comprendre la moindre image”. Le roman *La Découverte de la lenteur* de Sten Nadolny »

En apparence un roman biographique, *La Découverte de la lenteur* relate la vie de l'explorateur John Franklin (1786-1847). Le lecteur découvre successivement toutes les facettes de la lenteur du protagoniste et les stratégies de ce dernier pour y parer. Mais la découverte de la lenteur se mue en découvertes grâce à la lenteur. Ce livre peut être compris comme un regard critique sur notre ère dromocratique – ce qui expliquerait également son succès auprès du grand public.

Gabriella Bandura, « La force cognitive de la vitesse dans l'écriture-hérisson à la Chevillard »

Cet article propose d'interroger les effets de la vitesse qui travaille les fragments répétitifs en série du roman *Du hérisson* d'Éric Chevillard à travers les acquis des sciences cognitives. Pour ce faire, l'article étudie le concept d'autopoïèse rendant compte de l'auto-organisation du vivant, toujours en mouvement. Ce modèle est susceptible de servir comme cadre de pensée pour suivre le rythme vertigineux de la dynamique de l'écriture-hérisson.

Abdelhak BOUAZZA, « Abdelwahab Meddeb ou l'écriture du non-lieu. Le cas de *Talismano* et *Phantasia* »

Cette communication vise essentiellement l'étude de l'effet de vitesse à travers l'écriture. Elle avance sans grand risque que la marque de fabrique des deux romans *Talismano* et *Phantasia* est la déambulation sous le signe du mouvement. Comme s'il avait une caméra à la main, le narrateur passe par tous les lieux et capte des scènes ; mais ces mêmes lieux convoquent d'autres espaces pour que des souvenirs lointains resurgissent soudainement à la manière de la madeleine de Proust.

Hélène PARVEAU, « L'acte créateur comme contrepoint à l'accélération de la société »

Dans une société où la tristesse et l'ennui tendent à croître, cet article pose la question de la création de l'œuvre d'art comme contrepoint à l'accélération. Il s'agira d'interroger l'acte créateur, de le décortiquer, pour comprendre la qualité et le potentiel de re-liaison au monde, qu'il est susceptible de réserver.

Aurélie CHONÉ, « Le voyage en Inde à l'épreuve de la vitesse. Quelques réflexions d'écrivains-voyageurs depuis la fin du XIXe siècle »

À travers quelques récits de voyageurs germanophones parus de 1875 à aujourd'hui, l'article montre comment les contradictions du voyageur, tiraillé entre le désir de tout voir et celui de se ressourcer, se reflètent dans la forme de l'écriture viatique, dans la narration, le style, la typographie et la matière du livre. Cette écriture témoigne-t-elle, par son existence même au sein du monde moderne et contemporain, de la permanence d'un espace qui permet de se jouer des vertiges de la vitesse ?

Nathalie SOLOMON, « Vitesse et altérité. L'angoisse du voyage impossible au XIXe siècle »

Chez certains écrivains de la génération romantique, la tendance à assimiler modernité et inexistence pure et simple de l'altérité s'étend à partir des années 1840 aux modes modernes de transport qui suppriment la possibilité même du voyage, par exemple parce que la vitesse des trains floute le paysage. Cette contribution propose une réflexion sur l'angoisse qui saisit les voyageurs romantiques à partir des années 1840 devant cet effacement de l'altérité du monde.

Tommaso MELDOLESI, « Les vertiges de la vitesse à travers l'expérience du rail dans quelques pages de littératures entre les XIXe et XXe siècles »

Les vertiges de la vitesse, au XIXe siècle, sont strictement liés au renouvellement de la société, causé par la Révolution industrielle. Il s'agit d'un phénomène transversal qui touche plusieurs cultures et des auteurs de plusieurs langues. Des écrivains français comme Gérard de Nerval, Victor Hugo, Benjamin Gastineau, Guy de Maupassant, Marcel Schwob, des auteurs italiens comme Italo Svevo, Luigi Pirandello ou Achille Bizzoni, aussi bien qu'espagnols, tel Azorín, seront concernés par cette analyse.

Étienne FAUGIER, « Historiciser la vitesse. L'exemple de l'automobilisme »

Avec une démarche historienne et en prenant l'exemple de l'automobilisme (Mathieu Flonneau), l'article montre dans quelle mesure les individus ont été mentalement préparés à faire usage de la vitesse motorisée de manière démocratique. Cet article s'appuie principalement sur les littératures automobiles, soit les revues des clubs, les guides touristiques, l'iconographie et les textes législatifs.

Marc COURTIEU, « Vitesse et *frontier* dans la fiction américaine »

Selon Hartmut Rosa, dans nos sociétés modernes, « le temps a tué l'espace ». Dans la civilisation américaine, cela se traduit par la poursuite d'une ligne d'horizon toujours repoussée. C'est ce caractère qu'on mettra en évidence dans la fiction américaine moderne, en montrant les figures que cela peut prendre du point de vue de la conduite de la narration (quête éperdue de la *frontier*, multiplication des péripéties).

Pavel DEL ANGEL MONTIEL, « Prenons un temps pour en parler sinon elles vont disparaître. La mort des langues dans le temps de la vitesse »

L'intérêt pour la diversité linguistique fait de plus en plus partie des discussions dans les cercles scientifiques, notamment chez les linguistes, car toutes les deux semaines une langue disparaît. Ce phénomène s'accélérant, nous pouvons déjà prédire qu'à grande vitesse, nous allons perdre une bonne partie du patrimoine linguistique et culturel de l'humanité. Il s'agit ici précisément de prendre le temps de parler de la mort des langues.

Elżbieta BIARDZKA, « Les vertiges de la vitesse. À propos des *mèmes* internet »

Cette étude s'intéresse à la communication par internet pour en décrire les techniques et les effets éventuels sur les pratiques de la construction du sens. Il montre comment la création continue des « *mèmes* », dans le contexte du web participatif, contribue à faire circuler à grande vitesse l'ensemble des éléments d'une culture.

Mathieu JUNG, « "On va tout de même commencer à danser". Joë Bousquet ou la vitesse »

L'œuvre de Joë Bousquet est un ensemble hirsute, placé sous le signe de l'ouvert, de l'in-fini et de la brisure. L'article aborde cette œuvre comme un traité sur la vitesse. Vitesse implacable des images et des mots, qui confine à la transparence, mais aussi, peut-être, aux limites du lisible sinon du dicible.

Marc WEISSER, « Éloge de la vitesse lente de l'étude »

Communiquer ou transmettre ? Telle est l'alternative devant laquelle nous place Régis Debray. La prééminence actuelle des médias, des réseaux sur l'école, le goût prononcé de l'époque pour le scoop plutôt que pour l'héritage amènent à s'interroger sur les relations difficiles entre vitesse et étude, entre rapport au temps et rapport au savoir.

TABLE DES MATIÈRES

DEUXIÈME PARTIE

VOYAGE ET VITESSE

TROISIÈME PARTIE

LA LENTEUR COMME ANTIDOTE DE LA VITESSE ?

IMPRIM'VERT®

Achevé d'imprimer par Corlet Numéric,
Z.A. Charles Tellier, Condé-en-Normandie (Calvados), en juin 2018
N° d'impression : 149227 – Dépôt légal : juin 2018
Imprimé en France